丛书主编 ▸ 李 铁

中国城镇化进程中的非农就业问题和政府治理结构研究

RESEARCH ON NON-AGRICULTURAL EMPLOYMENT AND GOVERNANCE STRUCTURES IN THE CONTEXT OF CHINA'S URBANIZATION

李 铁 范 毅等◎著

图书在版编目（CIP）数据

中国城镇化进程中的非农就业问题和政府治理结构研究/李铁等著.—北京：中国发展出版社，2013.10
（城镇化与社会变革丛书/李铁主编）
ISBN 978-7-80234-998-8

Ⅰ.①中…　Ⅱ.①李…　Ⅲ.①农民—劳动就业—研究—中国
Ⅳ.①D669.2

中国版本图书馆 CIP 数据核字（2013）第 209015 号

书　　　名：中国城镇化进程中的非农就业问题和政府治理结构研究
著作责任者：李　铁　范　毅等
出 版 发 行：中国发展出版社
（北京市西城区百万庄大街 16 号 8 层　100037）
标 准 书 号：ISBN 978-7-80234-998-8
经　销　者：各地新华书店
印　刷　者：北京科信印刷有限公司
开　　　本：700mm×1000mm　1/16
印　　　张：14.75
字　　　数：219 千字
版　　　次：2013 年 10 月第 1 版
印　　　次：2013 年 10 月第 1 次印刷
定　　　价：45.00 元

联 系 电 话：（010）68990642　68990692
购 书 热 线：（010）68990682　68990686
网 络 订 购：http：//zgfzcbs.tmall.com
网 购 电 话：（010）88333349　68990639
本 社 网 址：http：//www.develpress.com.cn
电 子 邮 件：bianjibu16@vip.sohu.com

总　序

中央政府又一次把城镇化作为拉动内需和带动经济增长的引擎，使得城镇化问题再次成为了社会关注的热点，巧合的是，两次提出城镇化问题都和国际金融危机有关，上一次是亚洲金融危机，而这一次是全球金融危机。作为长期从事城镇化政策研究的团队，我们已经形成的研究积累对于中国的城镇化问题应该有着清醒的认识，但是对于社会，对于各级政府、企业家、学者和媒体人来说，如何去理解城镇化问题，就涉及将来可能出台什么样的政策，以及相关政策如何落实。因此，我们的研究团队决定把多年的研究成果公诸于世，以“城镇化与社会变革”系列丛书的形式出版。丛书的名称定位之所以以改革为主题，就是要清楚地表明，未来推进城镇化最大的难点在于制度障碍，只有通过改革，才能破除传统体制对城乡和城镇间要素流动的约束和限制，城镇化带动内需增长的潜力才能得到真正释放。

丛书出版之际，出版社总编邀请我作序，一方面希望从宏观的角度来评价十八大以来的城镇化政策要点，另一方面希望对国家发改委城市和小城镇改革发展中心（以下简称“中心”）从事城镇化政策研究的历程做一个简要的回顾。毕竟我全程参与了中心的组建和发展，也基本上经历了从城镇化政策研究到一系列政策文件出台的大多过程。其实，我内心的想法，无论目前把城镇化政策提到怎样的高度，毕竟与可操作的政策出台以及贯彻落实都还有很长的距离。我能更多地体会到，这项研究，凝聚着许多长期从事农村政策研究和城镇化研究的领导和专家的心血，也汇集了一些地方基层政府的长期实践。我们只是作为一个团队集中了所有的智慧，利用我们的平台优势把这些成果和资料积累下来。

1992 年，我在国家体改委农村司工作，有一次参加国土经济学会在新华社举办的关于小城镇问题的研讨会，原中央农研室的老领导杜润生先生发言，提到小城镇对于农村乡镇企业发展和农村资源整合的重要意义，回来后感受颇深。在年底农村司提出1993年度研究课题重点时，把小城镇和城镇化问题作为六个重点研究课题的选题之一，报告给了时任国家体改委副主任马凯同志。我记得其他选题还有农村税费改革、城乡商品流通和土地问题等等。马凯副主任只是在小城镇这个课题上画了一个圈，要求我们重点进行研究。这一个圈就决定了我后半生的命运，至今已经20年了。当时马凯同志分管农村司工作，他之所以要求我们从事小城镇和城镇化问题的研究，他的基本论断是“减少农民，才能富裕农民”。

在后来的城镇化研究中，很多人不理解，为什么当时中央提出“小城镇，大战略”？特别是一些经济和规划工作者，他们认为城镇化政策重点不应该是积极发展小城镇，而是应该发展大城市，可是谁也不去追问。当时城镇化的提法还是禁忌，户籍问题更是没人敢提。几千年来确保农产品供给问题似乎成为一种现实的担忧；已经形成的城乡福利上的二元差距，更是各级城市政府不愿意推进户籍管理制度改革的借口。只有在小城镇，因为福利差距没有那么大，基础设施和公共服务条件没有那么好，与农村有着天然的接壤和联系，而且许多乡镇企业又直接办在小城镇，在这里实现有关城镇化的一系列体制上的突破，应该引起的社会波动比较小。1993－1995年，在马凯同志的直接领导下，我们开始了小城镇和城镇化的研究。马凯同志亲自带队到各部委征求意见，1995年4月，协调国务院十一个有关部、委、局制定并印发了《全国小城镇综合改革试点指导意见》，这是第一个从全方位改革政策入手，以小城镇作为突破口，全面实行综合改革试点的指导性意见。其中涉及的内容包括户籍管理制度、土地流转制度、小城镇的行政管理体制、地方财税管理体制、机构改革和乡镇行政区划调整、基础设施的投融资改革、统计制度等多方面。

1998年国务院机构改革，国家体改委和国务院特区办合并为国务院经济体制改革办公室，原来的16个司局缩编成6个司局，涉及大量的司局级干部重组和自寻出路。为了坚持小城镇和城镇化的政策研究，把试点工作持续下去，在各方面的支持下，我放弃了留在机关内工作的机会。1998年6月，经中编委批准，以原国家体改委农村司为主体成立了小城镇改革发展中心。从此我开始了漫长而又寂寞的城镇化政策研究之路。

1997年的亚洲金融危机，我国的外向型经济受挫，很多专家提出扩大内需的思路，城镇化和小城镇终于第一次走上了政府宏观政策的台面。1998年十五届三中全会开始提出“小城镇，大战略”，1999年，时任国务院副秘书长的马凯同志和中农办主任段应碧同志，把起草向中央政治局常委汇报的“小城镇发展和城镇化问题”的任务交给了国务院体改办。之后，我们又在国务院体改办副主任邵秉仁同志的领导下，直接参与起草了2000年6月中共中央、国务院颁布的《关于促进小城镇健康发展的若干指导意见》。这个文件下达之后，户籍管理制度原则上在全国县级市以下的城镇基本放开，农村进城务工人员只要在城里有了住所和稳定的就业条件，就可以办理落户手续，而其在农村的承包地和宅基地仍可保留。根据中央有关文件精神，2000年第五次全国人口普查后，我国把进城务工的农民第一次统计为城镇人口，我国的城镇化率一下子从原来的29%提高到36%。

2002年，党的十六大报告第一次写进了有关城镇化的内容，其中把“繁荣农村经济，加快城镇化进程”写到一起，这充分说明了城镇化对于“三农”问题的重要性。值得特别提出的是，我们的城镇化研究也从小城镇开始深入到进城的农民工，中心全体研究人员就农民工问题进行了大量的调查研究。2002年，根据马凯副秘书长和段应碧主任的安排，由中心组织人员起草了2003年国务院办公厅1号文件《关于做好农民进城务工就业管理和服务工作的通知》。

2003年，中心被并入了国家发改委，城镇化的研究工作转向了深入积累阶段。原来曾经全方位开展的改革试点工作虽然还在进行，但是实质性内容越来越少。在这一阶段反思城镇化，站在农村的角度去推进城市的各项相关改革，看来是越来越难了。了解中国的体制，城市实际上是行政管理等级的一个层面，而不是西方国家那种独立自治的城市。中国城市管理农村的体制，使得从农村的角度提出任何问题都是带有补贴和扶助的性质。而实际上，由于利益格局的确立，城市仍然没有摆脱依赖于从农村剥夺资源，来维持城市公共福利的积累和企业成本降低的局面。原来简单明了的城乡二元结构，已经被行政区的公共福利利益格局多元化了，因此要改革的内容已经远远超出了20世纪90年代凸显的城乡二元结构的范畴。原来长期研究农村改革、试图解决农村问题，现在成为城镇化出发点的思路，肯定也要相应地转型，使我们的研究团队站在城市的决策角度考虑问题。2009 年，我们开始把中心研究的重点彻底地转向城市，单位的名称也同时作出了调整，改为“城市和小城镇改革发展中心”。这种转型的最大效果就是可以更多地偏重于决策者的思维，了解决策阶层所更关注的城市角度，有利于提出更好的政策咨询建议。

中心成立 15 年来，我和同事们到 20 多个省（直辖市、自治区）的数千个不同类型、不同规模的城镇调研，积累了大量的材料，并为一批城镇特别制定了发展规划。

我们所理解的城镇化政策是改革，这也是我们长期和社会上的一些学者，甚至包括政府决策系统的部分研究人员在观点上的一些重要分歧。因为城镇化要解决的是几亿进城农民的公共服务均等化问题，关系到利益结构的调整，所以必须通过改革来解决有关制度层面的问题，仅靠投资是无法带动城镇化的，否则只会固化当地居民和外来人口的福利格局。只有在改革的基础上，打破户籍、土地和行政管理体制上的障碍，提高城镇化质量，改善外来人口的公共服务，提升投资效率才能变为可能。

幸运的是，从 2012 年起，中央领导同志对于城镇化的重视达到了前所未有的高度。在国家发改委副主任徐宪平同志的支持下，我们终于把多年的研究积累作为基础性咨询，提供给政策研究和制定的部门。虽然关于城镇化所涉及的改革政策的全面铺开还需要时日，还需要观点上进一步的统一，但无论怎样，问题提到了台面，总会有解决的办法，任何事情都不能一蹴而就，但毕竟有一个非常好的开始。

经同事们提议，是不是可以把这些年我们团队有关城镇化的研究成果出版成书？我同意了。2013 年是全国深入贯彻落实十八大精神的开局之年，是一个好时候，全社会都在关注城镇化进程。此举可以把我们的观点奉献给社会，以求有一个更充分的讨论环境，寻求共识，推进城镇化改革政策的持续出台。

国家发改委城市和小城镇改革发展中心主任

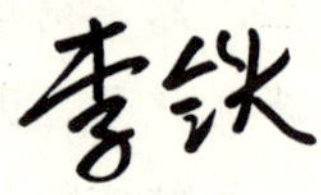

2013 年 3 月

前言 >>> PREFACE

课题的基本思路

全面繁荣农村经济，加快城镇化进程，转移农村富余劳动力，拓宽农民增收渠道，促进城乡经济协调发展，已成为21世纪以来中国政府的重要经济和社会发展战略之一，并被列为中国第十届全国人民代表大会审议通过的“十五”计划的重要目标（2001）。推进城镇化发展，是中国经济和社会发展战略的一个重大转折。它表明中国政府摈弃了以往的城乡分割的行政和经济政策，开始注重促进城乡协调发展的战略转变。研究表明，通过城镇化，在更大范围内重新配置城乡资源，促进农民向非农产业转移，进而带动经济和就业结构的调整，不仅是解决当前中国经济发展中的主要矛盾（农产品阶段性过剩和农民收入增长滞缓）的主要政策手段，也是刺激未来中国经济持续增长（通过刺激国内消费需求带动GDP增长）的动力所在。

实现城镇化的重要前提之一，在于农民是否有稳定的非农就业机会，收入能否支撑在城镇的定居和消费。从20世纪80年代以来，中国乡镇企业的迅速发展，吸引了大量农民从事非农产业，农民在乡镇企业就业的最高人数在1993～1994年期间曾达到1.4亿人。正是由于乡镇企业的发展，促进了农村小城镇的发展，由1978年的2880个建制镇发展到2005年的1.89万个。20世纪90年代中期以后，农民流动就业已成为中国经济中的一个特定现象。据估计，常年流动就业的农民规模在8000万~9000万之间，2005年底，全国进城务工和在乡镇企业就业的农民工总数超过2亿，其中进城务工人员1.2亿左右①，创造的收入占农民人均纯收入的34%以上（2004年数据）②，但是如此庞大的从事非农产业的农民群体，并没有完成从非农就业向城镇居民转换的过程。虽然在统计上，2000年的第五次人口普查已经把在城镇从事非农就业的农民作为城镇人口，使中国的城镇化率在2000~2005年的六年间增长了7个多百分点。实际上在户籍制度上，农民的非农就业和城镇化之间还没有建立起事实上的联系。过去对中国农村劳动力转移特点的概括是“离土不离乡”“离乡不离土”“进厂不进城”。换言之，尽管转移劳动力大部分是在非农产业部门就业，但他们却无法摆脱自己以世袭方式继承下来的农民身份。据统计，中国每年向城镇转移的劳动力中真正在城镇长期居住下来的只占20%~25%，这与发达国家的劳动力转移形成鲜明的对比，也是中国劳动力转移的特有现象。可以说，世界发达国家劳动力转移的同时，实现了人口的彻底转移。在中国目前的城镇化进程中，大量的农业人口转往非农行业，但是由于户籍制度的限制，使得大量人口游离在所谓的正规就业之外，不能享受相应的福利、教育等，因此，这种城镇化势必会隐藏着巨大的经济和社会风险。

中国政府在推进城镇化进程中，面临着多重困难的政策选择。从长远利益上看，推进城镇化政策是经济社会发展的必然趋势。在现实决策中却无法回避以下几个问题：①创造有利于庞大的低素质农民群体就业的条件和实施宏观经济调控政策的矛盾；②中央政府的目标和地方特别是城镇政府的目标是否吻合；③在推进城镇化进程中，把由此引发的社会矛盾分散化解在农村还是集中在城镇解决；④未来的经济增长有多大的潜力容纳如此庞大的农村人口进入城镇定居和就业；⑤最重要的，也是中央政府和地方政府共同关心的问题，在城镇化发展进程中，如此大规模的人口向城市集中可能会带来的潜在风险，使得在发展和稳定之间

---

① 2006年3月，《国务院关于解决农民工问题的若干意见》（国发〔2006〕5号），http：//www.gov.cn/jrzg/2006-03/27/content_237644.htm。

② 根据农村居民家庭纯收入构成计算，计算方法是“工资性收入”与“纯收入”的比值。

要做出重要的决策。从中央政府明确开始制定城镇化发展的战略方针以来，虽然已经提出了有利于扩大就业的经济政策和社会政策，颁布了改革城镇政府管理体制与市场经济不适应的经济和社会职能（中共中央、国务院，2000）的系列文件，但是实施效果尚不明显。虽然经济保持一定的高速度增长，但却出现了就业增长速度缓慢的矛盾。大批农民进入城镇定居仍然受着各种制度条件的约束，因此如何调整现有城镇政府的治理结构，把增加农民非农就业机会内化为城镇政府的发展目标，并转化为城镇政府的政策行为，是实现城镇化发展战略的关键所在。

迄今为止，关于城镇化的研究，一方面，集中在城镇化道路选择的理论争论方面，如是加快大中城市的发展还是小城镇的发展，以及对于城镇化重要性的认识；另一方面，在实际操作层面的研究，重点是从稳定出发，解决现实中农民进城流动就业中所遇到的社会问题。90 年代中期以来，在福特基金会的资助下，国内的研究机构在农民流动的现状、特征、影响和趋势等方面做了大量开创性的研究，这些研究为从政策上消除歧视、放宽限制、促进农村剩余劳动力流动提供了重要的依据，但是研究并没有从城镇化的高度讨论这些流动就业人口未来在城镇定居的可能。到目前为止，虽然一些研究已经提出了解决城镇政府管理体制问题在城镇化发展中的重要性，但是研究目标只是在微观层次上提出了矫正方案，也只是停留在县镇两级政府的权力分配方面，而面对更深一层次的宏观政府管理体制改革背景下基层政府的行为问题，基本上无法深入涉及。

我们认为，由于有关城镇化问题的研究所涉及的宏观政府管理体制的背景，超出了本书表述的范畴，可以在后续研究中逐步深入，但是相关经济层面和微观方面的问题，可以通过政策调整逐步解决，特别是对于城镇政府治理结构中如何把解决非农就业问题作为重点，并使城镇政府在管理制度上更加适应未来的就业优先的发展战略，进而通过稳定就业支撑农民的进城定居，最终实现城镇化的发展目标，应该是本书表述的重点。因此，本书在已有的大量关于农村非农就业和劳动力流动研究的基础上，进一步尝试研究政府的治理结构问题。其中涉及宏观政策和微观政府的管理体制改革，通过政府治理结构的改革和调整，将扩大就业总量作为城镇化的发展动机，在稳定农民就业和推进城镇化进程之间建立起利益的纽带。

研究框架和方法

本书阐述的重点之一，是对中国改革开放以来城镇化发展进程进行客观的描述。要通过了解城镇化的概念、作用以及城镇化的基本概况，引入就业和政府治理结构的主题。鉴于中国城镇化的特殊性，特别要介绍户籍管理制度的演变对城镇化进程产生的影响，以便于更清楚地了解中国城镇化发展进程中，所谓制度性障碍的症结所在。

在研究中国农村的非农就业方面，本书分为两个方面叙述。以乡镇企业发展所带动的非农就业作为基础背景描述，重点介绍流动就业的演变趋势。由于目前对流动就业的统计没有时间上的延续，特别是在现行统计方法上还存在着较大的误差，所以只能通过一些不同的统计做出推论。

在采用国际比较研究上，本书借鉴国际上非农就业和城镇化水平与经济发展阶段之间存在的统计关系，对照中国现实状况，寻找两者之间的差距。以试图分析和证明，在中国目前市场化程度日益加大的情况下，国际经验可借鉴的重要意义。

在研究和分析影响非农就业的因素中，本书结合市场和宏观政策两个方面，研究 GDP 增长和国际贸易等因素对非农就业增长变化影响。也从宏观经济政策、产业政策、环境政策、生产安全政策等方面分析对非农就业的影响。这里研究的重点是中央政府治理结构所涉及的范围。

关于政府微观治理结构研究部分，分析了基层政府的决策和公共支出行为对于吸引投资增长和促进非农就业是否有利。本书把小城镇政府作为研究重点，一方面是取决于多年的研究积累，另一方面也是考虑获取资料的难易。特别 1998 年以来，中央政府制定了一系列的政策和措施，把小城镇作为推进中国城镇化发展的突破口，在这一层面上解决相应的管理体制改革问题。改革的内容从县镇权力分配、财政体制、户籍管理、土地管理以及城镇规划等多方面展开，把完善政府治理结构放到了事关城镇化健康发展与否的重要位置。虽然在经过多年的改革试验中，取得了一定的效果，但是进展十分缓慢，这说明了微观政府治理结构改革的难点所在。因此，在政府的微观治理结构上，我们将把研究的重点放在小城镇政府上，探讨小城镇政府的功能和决策行为对扩大就业和推进城镇化的影响。

国家发改委城市和小城镇改革发展中心
（原小城镇改革发展中心）课题组
2013 年 6 月

摘要

全面繁荣农村经济，加快城镇化进程，转移农村富余劳动力，拓宽农民增收渠道，促进城乡经济协调发展，已成为21世纪以来中国政府的重要经济和社会发展战略之一，并列为中国第十届全国人民代表大会审议通过的“十五”计划的重要目标。推进城镇化发展，是中国经济和社会发展战略的一个重大转折。它表明中国政府摈弃了以往的城乡分割的行政和经济政策，开始促进城乡协调发展的战略转变。

自课题实施以来，研究的部分成果已经转化为中国政府进一步推进城镇化的政策措施：提出了解决进城务工的农民工问题的16字方针“公平对待，合理引导，完善管理，搞好服务”，随后在农民工的子女上学、工资发放、工伤保险和计划生育等方面出台了一系列的措施；制定了把扩大就业放在经济社会发展更突出的位置，通过培训提高农民就业技能，促进农民外出，统筹城乡就业的政策；确立了分类引导城镇化的原则，特别强调对在城市已有稳定职业和住所的进城务工人员，要创造条件使之逐步转为城市居民，依法享有当地居民应有的权利，承担应尽的义务；提出了城市群作为推动城镇化的主体形态，通过产业结构调整，鼓励农民向中小城市和小城镇定居；强调以经济社会发展规划为统领，建立各种专业规划相协调的规划体系。上述这些政策的出台为本研究最终提出的政策建议的实施提供了更加广阔的制度空间。

实现城镇化的重要前提之一，在于农民是否有稳定的非农就业机会，收入能力是否能够支撑在城镇定居和消费。20世纪80年代以来，中国乡镇企业迅速发展，吸引了大量的农民从事非农产业。在1993～1994年曾达到1.4亿人。正是由于乡镇企业的发展，从而带动了农村小城镇的发展，1978年小城镇只有2880个，发展到现在已有2万个左右。20世纪90年代中期以后，农民流动就业已成为中国经济中的一个特定现象。据估计，常年流动就业的农民规模在8000万～9000万人之间，到2005年已经达到1.2亿人左右，创造的收入占农民人均纯收入的46%左右。但是，如此庞大的从事非农产业的农民群体，并没有完成从非农就业向城镇居民转换的过程。虽然2000年的第五次人口普查已经把在城镇从事非农就业的农民作为城镇人口来统计（中国的城镇化率在2000~2005年的六年间增长了近7个百分点），但实际上在户籍制度上，农民的非农就业和城镇化之间还没有建立起事实上的联系。据统计，截至目前，中国向城镇转移的农村劳动力中携家眷的仅占20%~25%，但这并不意味着这些人已经有在城镇定居的可能。世界发达国家劳动力转移的同时，实现了人口的彻底转移，而在中国目前的城镇化进程中，大量农业人口转往非农行业，但是由于户籍制度的限制，使得大量人口不能享受城镇政府提供的相应的公共服务，因此，这种城镇化势必会隐藏着巨大的经济和社会风险。

中国政府在推进城镇化进程中，面临着多重困难的政策选择。从长远利益上看，推进城镇化政策是经济社会发展的必然趋势。在现实决策中却无法回避以下几个问题：一是创造有利于庞大的低素质农民群体的就业条件和实施宏观经济调控政策的矛盾；二是中央政府的目标和地方城镇特别是城镇政府的目标是否吻合；三是在推进城镇化进程中，把由此引发的社会矛盾分散化解在农村还是集中在城镇解决；四是未来的经济增长有多大的潜力容纳如此庞大的农村人口进入城镇定居和就业。中央政府和地方政府共同关心的问题是，在城镇化发展进程中，如此大规模的人口向城市的集中可能会带来的潜在风险，因而要在发展和稳定之间做出重要的抉择。从中央政府明确开始制定城镇化发展的战略方针以来，虽然已经制定了有利于扩大就业的经济政策和社会政策，颁布了改革城镇政府管理体制中与市场经济不适应的经济和社会职能的系列文件，但是，实施效果尚不明显。经济虽然保持一定的高速度增长，但就业增长速度缓慢了。

20世纪90年代中期以来，在福特基金会的资助下，国内研究机构在农民流动的现状、特征、影响和趋势等方面做了大量开创性的研究。这些研究为从政策上消除歧视、放宽限制、促进农村剩余劳动力流动提供了重要的依据。但是，研究并没有从城镇化的高度来讨论这些流动就业人口未来在城镇定居的可能。到目前为止，虽然一些研究已经指出了在城镇化发展中解决城镇政府管理体制问题的重要性，但是研究目标只是在微观层次上提出了矫正方案，也只是停留在县镇两级政府的权力分配方面。而面对更深一层次的宏观政府管理体制改革背景下所影响到基层政府的行为问题，基本上无法深入涉及。我们认为，有关城镇化问题的研究，由于涉及的宏观政府管理体制的背景，超出了本书表述的范畴，可以在后续研究中逐步深入，但是相关经济层面和微观方面的问题，可以通过政策调整来逐步解决。特别是对于城镇政府治理结构中如何把解决非农就业问题作为重点，并使城镇政府在管理制度上更加适应未来就业优先的发展战略，进而通过稳定就业来支撑农民的进城定居，最终实现城镇化的发展目标，应该是课题表述的重点。因此，本课题在已有的大量关于农村非农就业和劳动力流动研究的基础上，进一步尝试研究政府治理结构问题。其中涉及宏观政策和微观政府的管理体制改革，通过政府治理结构的改革和调整，将扩大就业总量作为城镇化的发展动机，在稳定农民就业和推进城镇化进程之间建立起利益纽带。现将课题的主要研究内容介绍如下。

一、中国城镇化的基本概况

中国城镇化水平的测度是以城镇人口占总人口的比重为依据的，但是2000年以前，城镇人口是以户籍人口统计的；而2000年以后，统计口径改为以城镇常住人口为标准，其中包括了在城镇居住半年以上的流动人口。所以，在2000年中国第五次人口普查之后，中国城镇化率由原来的30%增到36%，当年提高了6个百分点。然而，这仅仅是统计方式的变化，关键在于流动就业人口的界定。事实上应该将流动人口的主要生活和居住地作为判断人口特点的分类依据，而中国的特殊性在于，这批流动就业人口总量虽然是持续增长，但随着年龄的变化和增长，其中一部分因为没有城镇定居的权利和不能享受到城镇的公共服务，注定最终要返回农村。据统计，80%的流动就业人口没有携带家眷，也就意味着他们定居前景有不确定性。而在地方城镇政府，对于城镇人口的界定还有很大不同，虽然在统计指标上，把流动就业人口列入了城镇人口范畴，但涉及公共服务领域，统计中则把流动就业人口排除在外。因此，在城镇流动就业的农村人口因身份界定原因，无法享受到城镇政府的完善的公共服务，因此也影响到了中国城镇化率的准确性。

从新中国成立以来的城镇化发展历程看，中国政府基本上采取的是限制城镇化发展政策。如 1958 ~ 1978 年的 20 年间，城镇化水平由 16.3%增长到 17.9%，每年仅增长 0.08 个百分点。改革开放后，虽然城镇人口的增长速度加快，但是仍然严重滞后于工业的增长，1979 ~ 2000 年，城镇化平均增速为 0.82 个百分点。到 2000 年，随着城镇化发展战略的提出，在第五次人口普查中，第一次将在城镇居住半年以上的流动就业人口纳入城镇人口的统计口径。为确保统计口径的连续性，将人口增长的百分数从 2000 年向前倒推了 5 年，使得城镇化率从 1996 ~ 2004 年期间以年均 1 个百分点速度高速增长，并在 2004 年达到 41.8% 的水平。统计上的城镇人口已经达到 5.4 亿人。值得注意的是，按照户籍上的统计，中国的城镇户籍人口为 3.9 亿人，按照户籍人口计算的中国城镇化率为 30% 左右。

中国城镇化的分布特点是，在 20 世纪 90 年代以前，中国的城市中心基本分布在内陆。到了 90 年代以后，随着经济中心向沿海地带的倾斜，城市的地理分布也发生了明显的变化。在经济比较发达的长江三角洲、珠江三角洲和环渤海经济圈，已经形成了城市发展的密集区。从统计上看，在东部地区集中分布了 56.3% 的特大城市、47.7% 的大城市、49.5% 的中等城市以及 37.6% 的建制镇。从经济综合实力上看，全国排位在前 1000 名之内的小城镇，主要分布在东部地区，占 78.8%。

当中国政府宣布实施城镇化发展战略时，“城镇化”区别于国际上“城市化”的提法，最重要的是由于小城镇的存在。这里特别指出的就是，在国外城市化进程中，人口的集中经历了从农村——城市——特大城市——小城镇（逆城市化）的过程，而在中国 80 年代开始的城镇化则是农村——小城镇——城市——特大城市的过程。到 90 年代中期以后，农民工大量涌入城市，逐渐改变了城镇人口分布的特殊格局。

中国城镇化的发展是在计划经济体制下向市场经济过渡的产物。其特殊性在于，经济的严格计划和人口的行政规划有着千丝万缕的联系。特别要指出的是，在两种经济体制平稳过渡期间，没有好的经验规律可遵循，因此在推进城镇化政策制定的同时，就已经面临着传统的行政区划和人口群体的切割，被改革开放以后形成的巨大公共利益所固化。也就意味着，推进城镇化发展进程将面临更大的制度上的限制和利益上的阻力。如果回过头看一下改革开放以来城镇化发展的历程，有一个十分重要的现象会引起特别的注意，就是推动城镇化发展的动力来源于市场，来源于农民自身的内在动力，这种动力不是取决于农民是否想进入城市和小城镇，而是农民对于收入增长的渴望，当农业在人均占有资源相对稀缺的条件下，无法满足农民收入增长的需求时，中国农民在从事非农产业的过程中，发现了改变生存条件的巨大空间。农民从离土不离乡到小城镇发展乡镇企业，创建了成千上万个小城镇。随着就业需求的空间变化，开始向大城市进军，寻找自己非农就业的饭碗。由于人口随着就业需求出现的空间流向的变化，为中国城镇化的发展提供了重要的现实依据。

二、中国城镇化进程中的非农就业

中国城镇化的进程和非农就业的关系是密不可分的。从小城镇的发展离不开乡镇企业发展开始，意味着农村非农就业是改变定居方式的重要前提。特别是在城镇化发展有着明显制度性障碍的前提下，促进非农就业，一定有利于农民通过收入增长和就业方式的变化，逐步地从农业和农村中脱离出来，稳步地进入城镇化的进程。我们先看看从研究中得出的重要结论。

1. 重要结论

（1）改革开放以来，非农就业总量增长迅速，其中第三产业就业总量的增长幅度和速度要明显快于第二产业

1978～2004 年期间，非农就业总量达到 3.99 亿，增幅达到 2.81 亿，增长 2.37 倍，年均增长 4.89%，非农就业率由 29.47% 提高到 53.1%，提高了 23.62 个百分点；第二、第三产业就业总量增长分别是 9975 万和

1.8 亿人，年均增长分别是 1.4% 和 5.2%，对非农就业增长的贡献率分别为 35.5% 和 64.5%。

（2）农村非农就业实现了农民收入水平的提高

与 1995 年相比，2004 年非农产业收入由 523 元增加到 1346.2 元，占农民人均纯收入的比重由 32% 上升到 46%；非农业收入增长 823 元，占农民收入增长的 61%。

（3）东部沿海地区非农就业增长迅速

相对 1978 年，2004 年东部沿海地区的第二产业就业总量增长 2.5 倍，东部沿海地区的第二产业就业占全国第二产业就业的比重为 46.15%，上升 14 个百分点。从以上数字看，随着非农就业的增长，改变了传统上以“农业人口和非农业人口”来划分城乡人口的统计依据，而居住地划分成为现行城镇化统计方式的重要参照。

2. 基本趋势

值得注意的是，在城镇化发展进程中，如何判定在城镇就业的非农人口数量的增长，对于界定城镇化发展趋势有重要的作用。因此，本书采用定量方法分析了外贸、经济增长、资本深化和技术进步、城市规模等因素对中国非农就业的影响。以此来判断未来城镇化进程的基本趋势。

（1）GDP 就业弹性近年呈现下降趋势

由 2002 年的 0.118 下降为 2004 年的 0.108，出现了高经济增长和低就业并存的局面。第一产业就业弹性虽然快速下降，但波动较大，反映出第一产业仍可作为未来农村就业的重要蓄水池。第二、第三产业的就业弹性则呈现上升趋势，第二产业的就业弹性由 -0.316 上升为 0.473，第三产业的就业弹性则由 0.490 上升为 0.664，说明第三产业将成为未来非农就业增长的主导力量。

（2）贸易的就业效应下降

因为中国出口贸易的快速增长主要依靠资金和技术密集型而非劳动密集型产品的出口带动。1999～2001 年，加工贸易出口增幅分别为 6.1%、28.5%% 和 7.1%，而同期机电产品出口增幅为 14.7%、36.9% 和 12.8%，机电产品在出口商品中的比重由 1998 年的 36.5% 提高到 2001 年的 44.6%。

（3）“资本深化”和“技术深化”过程的加速趋势使得中国的就业弹性下降

2003年和2004年重工业部门的增长速度分别比轻工业部门高出19.6和11.6个百分点，但是重工业部门每亿元投资提供0.5万个就业机会，只及轻工业的1/3。

（4）中小企业已经成为吸纳非农就业的主要渠道

中小企业单位固定资产投资吸收的就业容量为大型国有企业的14倍，截止到2004年底，中小企业吸纳了占全国工业部门就业人口的75%以上的城镇就业人员。

（5）中国的小城市的就业弹性更高

2000年就业规模100万人以上的特大城市、50万~100万以及10万~50万的城市的就业结构比率分别为0.95：1.3：1.48。充分说明，和大中城市相比，小城市在吸引就业方面存在潜在优势。

三、流动性的农村非农就业分析

研究中国城镇化和非农就业的关系，不能不注意到一个重要的现实，就是在各类城市和小城镇存在的大量农村外来务工就业人员，他们已经构成了中国非农就业群体中的庞大的新生力量。据统计，到2005年为止，全国在城乡流动就业的外来农村人口已经达到1.2亿人，占全国非农就业总人数的三分之一以上。自从2003年中国国务院办公厅颁布了有关完善外来务工农民在城镇的管理和服务的文件之后，他们已经成为中国政府制定城镇化政策中的一个不可忽视的重要因素。

1. 2000~2004年以来农村非农就业总量增加，但是增速趋于放缓

2000~2004年农村转移劳动力总量分别为7463万、8961万、11390万、11823万，同期分别增长1498万、1589万、840万、433万。虽然外出非农就业人口的绝对量在增长，但增速在明显减缓。

2. 农村劳动力外出流动就业的机会下降，但是对农村外出劳动力的需求仍有局部增长的空间

调查显示，2004年，农村仍有将近6000多万的农村剩余劳动力没有

转移出去。而在已经外出的农村外出务工劳动力中，40 岁以下的比例占 89%，41～50 岁劳动力占 8.2%，50 岁以上占 2.8%，此年龄结构显示 40 岁以上的农村劳动力可能是6000 万剩余劳动力的主体，而这些正是难以外出的，珠三角、闽东南、浙东南等加工制造业聚集地区，重点地区估计缺工 10%左右。

3. 流动的空间分布特征是，流出以中西部为主，流入开始呈现多元化的趋势，流动的城镇类型偏向于中心城市

中部地区的农村外出务工劳动力数量高于东部和西部，三者比重分别为 27.2%、19.8%和 25.4%；东部 6 个主要流入地的比重下降，流向其他地区则增加 14.3 个百分点；从流入地看，到东部务工的占 70%，跨省务工的占 50%，在地级及以上城市务工的占 60%。流动人口在就业中流动性加大，跨省流动呈上升趋势。如 2004 年暂住人口跨省流动比重已达到 65%。

4. 农村非农就业流动政策的演变

自 20 世纪 90 年代以来，从中央政府到地方政府，在解决工资拖欠，取消不合理收费和就业限制，建立必要的社会保障，公平对待子女入学等方面，制定了一系列完善对农民工管理和服务的政策，使得进城就业农民工的待遇得到了很大改善。但是，在户籍管理，以及相应的与城镇居民平等的各项公共服务政策方面，还有着很大的距离。

四、政府宏观经济政策与非农就业

本部分主要从近些年宏观经济政策所涉及的环境、产业技术、中小企业以及建设用地等政策的演变，来研究政府的各种宏观政策实施目标与非农就业之间的关系。

1. 环境政策和企业安全政策的影响

近些年由于生态环境的压力以及企业安全重大事故的频繁发生，中央政府采取了限制、取缔“十五小”企业的一系列政策措施，环境敏感性行业的就业人数发生了快速的下降，在采掘业和造纸业尤为明显。

2. 产业技术政策对非农就业的影响

现行的很多产业政策是鼓励资本和技术密集型产业的，这样不利于就业的扩大和经济的长期稳定发展。比如政府制定的福利保障制度对于从事城市工业和农村工业的差别，不利于就业弹性大的农村工业的发展；再者对吸纳就业能力低的高新技术产业和重化工业给予过高的优惠，而在事实上给予中小企业和农村工业以过低的投资、贷款等方面的限制。以2004年贷款比重为例，化学原料高达7.5%，而服装仅为0.3%。

3. 中小企业缺乏有效的宏观政策支持

中国有中小企业3980万家（其中8人以上的大约有1000万家，大约占全国企业总数的99%）。在全国工业部门，中小企业占就业人口的75%，产值的60%，利税的40%，销售收入的60%。在全国外贸出口中占60%。目前存在的问题是缺少社会化服务体系的支撑，融资难的问题一直没有得到解决，而且中小企业中民营企业很难得到公平的“国民待遇”和明确的法律保障。

4. 控制建设用地政策对农村中小企业发展不利

近年来出于耕地保护的压力对建设用地采取了紧缩政策。全国清理开发区主要是清理县以下开发区，从2003年以来共清理6000多个乡镇各类工业小区。虽然确保了防止大面积浪费耕地现象发生，但县以下政府获得用地指标的难度越来越大。

五、小城镇政府管理体制研究

中国东部地区的小城镇和中西部地区的大部分小城镇，由于经济发展水平的差异，政府管理面临的问题也不同。前者需要根据自己管理的人口规模和经济规模，提供更完善的社会服务，因此要强化职能管理的权限，增加机构设置。而对于发展水平相对落后，没有一定的城镇规模，基本上依赖于农业发展来支撑财政增长的政府，可能面临的问题是如何进一步精简机构，削减不必要的职能，确保政府工作的正常运转，以及完成必要的公共服务。

小城镇的财政体制是非独立的，上级政府以统收统支方式直接管理小城镇的财政体制。小城镇创造的财政收入大部分在上缴给上级政府之后，由上级政府根据小城镇公共管理开支的需要适度返还，基本上保证行政事业人员开支的需要（人头办公费）。剩余部分则由上级政府负责完成转移支付、弥补自己的开支不足或者是继续上缴等。

小城镇财权和事权的不对称。税费改革前，中西部的农村小城镇主要财政来源于农业税费和摊派，而税费改革后，取消了农业税费和各种摊派，小城镇的财政来源严重不足，影响到对管辖地区的公共服务能力。对于经济发展水平较高的小城镇政府，政府职能转变严重滞后于市场发育程度，政府没有足够的公共预算提供与经济发展相适应的配套公共服务。无力解决吸引投资造成的工业污染和外来人口的管理和服务以及社会治安等问题。

由于小城镇的公共财政能力严重不足，使得一部分政府不得不依赖于以土地出让金为主要收入来源的预算外收入，来支持政府的公共支出。这样带来的后果是：一方面，导致了对耕地的大量占用，并严重侵犯了失地农民的利益；另一方面，由于预算外资金获取的短期性，加大了政府的短期性行为，出现了严重的资源浪费和形象工程。

小城镇的规划方法也面临变革。规划是政府治理结构中十分重要的内容。在小城镇，规划面临的挑战是落后于经济和社会发展的实际，受制于政府短期行为的影响，服务于政绩和视觉工程。规划的方法带有传统的计划经济的痕迹，忽视了市场配置资源的有效方式。规划很少考虑到可以通过人口的聚集对就业结构调整的作用。

六、基本判断和政策建议

1. 关于城镇化进程和就业形势的基本判断

（1）本研究认为在统计上可以保证城镇化率每年以1%的速度增长

必须指出的是，农民工的数量变化决定着中国未来城镇化的水平。如果在政策上对农民工地位重新认定，如户籍制度变革，城镇公共支出加大了对农民工的服务力度，或者是城镇对农民进城落户和举家迁入采取了较大的支持政策，也可能意味着城镇人口数量的大大增加。

（2）未来农村非农就业增长具有很大的潜力

未来中国就业增长空间来自于服务业。2004 年我国农村非农就业中，工业的比重为 28.48%，服务业（包括交通通讯、商业餐饮等）比重为 21.88%。促进第三产业的发展，需要通过规划促进城镇人口密集区的形成，进而创造出更多的服务业需求。

（3）中国的城镇化是一个漫长的进程

虽然从稳定的角度出发，可以维持现有的增长速度，但是也同时会固化城乡利益格局。因此只有加大变革的力度，才能实现城镇化的发展目标。

2. 政策建议

（1）加快促进农村非农就业，制定支持农村非农就业人员数量增长的政策

促进中小企业的发展；鼓励劳动密集型产业的发展；加强生态环境政策和企业安全政策的分类指导；建设用地政策的调整和改革；加快服务业的发展等。

（2）从调整统计指标体系开始，把农民工纳入城镇公共服务的范畴

城镇的公共支出应包括对要求各级政府延伸对农民工的服务领域，逐步实现农民工得到的公共服务水平与城镇居民相一致，从根本上消除农民进城落户的制度性障碍。

（3）分类指导小城镇政府管理体制改革

理顺县镇两级政府关系，合理划分权限和责任；应允许发展规模较快的小城镇进一步完善政府管理职能，有条件的实行省管或地级市管，或者直接设市管理；改革小城镇的规划方法；要加快中西部小城镇政府管理体制改革，并加强基础设施建设，增加公共服务能力。

目录 >>> CONTENTS

第一章　中国城镇化的基本概况

执笔：马庆斌　范毅

一、中国城镇化问题的提出

中国政府自20世纪50年代末以来，实行了限制城镇化发展的政策，方法是通过行政手段把农民强制地约束在土地上，为国家提供低价的农产品，以维持城镇的低工资和低消费，确保在封闭的国际环境条件下，获取工业的剩余价值，完成国家工业化的积累。因此人为地把人口分为城镇和乡村户口，限制人口的自由迁徙，按照计划方式，来确定城镇人口的增长水平。虽然国家的工业化积累已形成，但是由于长达几十年限制人口自由流动的政策，使大批农民滞留在农业和农村。1979年，中国进入经济体制转型期以来，人口城镇化由过去长时期低水平的停滞不前状态进入了加快发展的新阶段，但是，加快发展的城镇化明显滞后于经济发展和非农化水平。

（一）城镇化滞后于经济发展水平

转型期之前，中国的城镇化进程长时期处于低水平的停滞不前状态。1978年中国的城镇化率（即城镇人口占总人口的比重）为17.9%，与1958年的16.3%相比，20年间仅上升了1.6个百分点，而与1960年的19.8%相比，则下降了1.9个百分点。进入转型期以后，城镇化速度明显加快，1990年城镇化率上升到26.4%，比1978年上升了8.5个百分点，

马庆斌：国家发改委城市和小城镇改革发展中心原政策研究处副研究员。
范毅：国家发改委城市和小城镇改革发展中心政策研究处处长、副研究员。

2004 年又上升到41.8%。改革开放后的 20 年，城镇化水平上升了近 24 个百分点。

但是与迅速提高的经济发展水平相比，加快提高的城镇化水平却显得相对滞后。衡量一个国家的人口城镇化是否与经济发展水平相适应，通常是按国际经验作参照比较。按照著名发展经济学家钱纳里提出的发展模型或“标准结构”（见表 1.1），在人均 GNP100 美元（1964 年美元，下同）以下的时候，中国的城镇化水平（17.9%，1978）比“标准结构”高 5.1 个百分点，在人均 GNP100 美元时，中国的城镇化水平（21.6%，1983）接近于“标准结构”中的 22.0%。随着人均 GNP 的继续增长，中国城镇化水平偏低于“标准结构”的程度趋于明显增大，当人均 GNP 为 200 美元时，中国的城镇化水平（27.6%，1992）比“标准结构”低 8.6 个百分点，1200 美元时，中国的城镇化水平（41.79%，2004）比“标准结构”低 24 个百分点。即使与 1999 年的世界平均水平相比，也低 3.2 个百分点。

表 1.1　　钱纳里城镇化水平与人均收入关系标准模型

人均 GNP（1964 年美元）	<100	100	200	300	400	500	800	1000	>1000
城市化水平（%）	12.8	22.0	36.2	43.9	49	52.7	60.1	63.4	65.8

资料来源：钱纳里（1980）。

需要注意的是，按钱纳里“标准结构”进行对照，中国城镇化滞后于经济发展水平的情况完全是在进入转型期特别是 1983 年以后才出现的。也就是说，转型期之前，中国的城镇化虽然长时期处于低水平的停滞不前状态，但却并不滞后于当时的经济发展水平，甚至还是“超前”或“过度”的。而进入转型期以来，城镇化进程虽然趋于加快，但却滞后于经济发展水平，而且滞后的程度也趋增大。近年来，关于进入转型期以后中国城市化的滞后问题，已经日益引起关注。有的学者利用世界银行（1987）数据进行计算分析，认为中国的城镇化水平比同等人均 GNP 国家平均水平约低 12 个百分点，如果按购买力平价（PPP）方法计算，则低 21 个百分点（王小鲁、夏小林，1999）。当然，钱纳里的“标准结构”是否完全适合于中国实际，尚待进一步深入探讨。

（二）城镇化滞后于非农化水平

判断人口城市化是否滞后或滞后程度还可用从业人员的非农业率（非农产业从业人员占从业人员总数的比重，以 N 表示）与人口城市化率（U）的比值（NU）来度量。中国的 NU 比在 1952 年时为 1.3（以 U 为 1.0），1962 年和 1965 年都为 1.0，即 50 年代呈下降趋势，60 年代前期城镇化与非农化水平基本一致。但 1965 年以后 NU 比值趋于增大，至 1970 年增至 1.1，1975 年增至 1.3，1978 年又增至 1.7。可见，改革开放之初城镇化转入加速发展之时，正是人口城镇化滞后程度最高之日。

在钱纳里的“标准结构”中，相应于人均 GNP 不到 100 美元和 100 美元时的初级产业（主要是农业）劳动力份额分别为 71.2% 和 65.8%，人均 GNP200 美元和 300 美元时的初级产业劳动力份额分别为 48.9% 和 43.8%，据此可大体推算不同人均 GNP 水平时的非农产业劳动力份额与城市化率之间的比值：人均 GNP100 美元以下和 100 美元时分别为 2.25 和 1.55，200 美元和 300 美元时则分别为 1.22 和 1.16。可见，在“标准结构”中，NU 比大体呈现随人均 GNP 的增长而下降（趋向于稳定在 1.2 的水平上）的变化趋势，但中国的 NU 比却是随着人均 GNP 增长而呈现居高不下的状态，1978～1998 年基本上都维持在 1.6～1.7 的水平上，2004 年下降为 1.27。这种情况实际上意味着城镇化滞后于非农化的程度也在趋于增大（见图 1.1），同时也说明，城镇化滞后于非农化的情况基本上也是在进入转型期以后才出现的。

（三）城镇化滞后于工业化水平

尽管中国的城镇化有加速的趋势，但是依然低于工业化率（见图 1.1）。就工业化而言，中国已进入到工业化的中期阶段，代表工业化程度的制造业占 GNP 的比重，已超过 60 年代世界高收入国家的平均水平，但城镇化水平则停留在世界低收入国家的水平，二者极不相称。通常用工业产值与 GDP 的比值衡量一个国家的工业化水平，2004 年中国的工业产值比重是 45.9%，二产的比重为 52.9%，显然高于同期 41.8% 的城镇化水平。

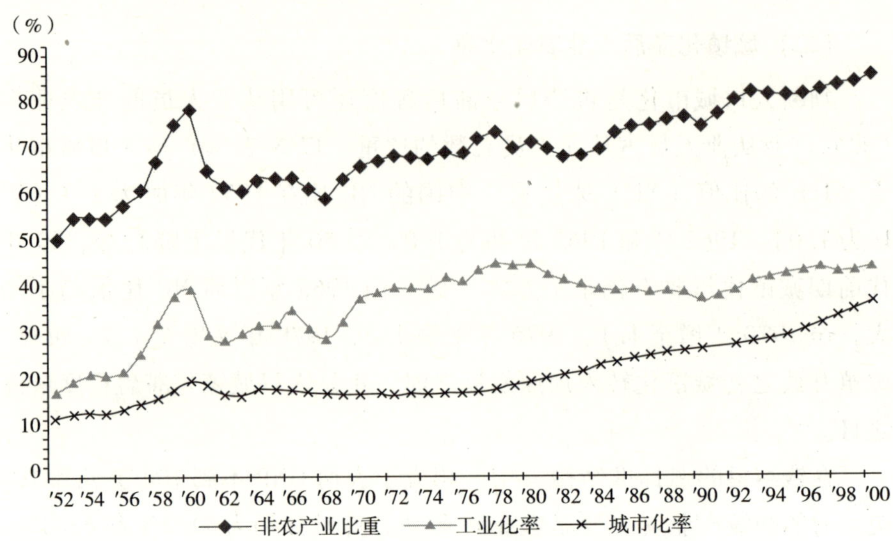

图 1.1 中国的工业化与城市化

资料来源：国家统计局编《中国统计年鉴 2002》，2002；国家统计局人口与就业统计司编《中国人口统计鉴 1995》，1995。

注：①1980 年及以后国民生产总值与国民生产总值的差额为国外净要素收入。

②1982 年以前数据为户籍统计数，1982 ~ 1989 年数据根据 1982 年、1990 年两次人口普查数据有所调整，1990 年以后数据根据 2000 年人口普查数据进行了调整。

③总人口和城镇人口中包括中国人民解放军现役军人。

从国内经济和社会发展的情况看，城镇化水平较低也带来了十分严重的后果。①人口大量地滞留在农村，造成人均占有耕地资源过少，严重地影响了农民从农业上获取收入的增长；②由于过多地农业人口供养过少的城镇人口，使得农产品的商品率低，农产品“卖难”导致的价格周期波动，也严重地影响了农民收入的增长，并带来农产品供求的危机；③农民收入过低，而且在农村处于自给自足的消费方式，直接影响到国内消费品需求不足，农村居民的商品和服务消费率远低于城镇人口，人均消费水平不到城镇人口的 1/3，农民消费水平整整落后市民 10 年。而同时，国内也面临着严重的工业制成品过剩的情况，国内需求不足对国民经济增长十分不利。特别是在 1996 年亚洲金融危机之后，中国的国际贸易环境开始恶化，通过推进城镇化来推动国内需求，带动经济增长，开始得到了各个方面的重视。

从国内需求和国际经验看，推进中国城镇化进程，有利于推动农村经济结构和农民就业结构的调整，促进农村劳动力转移，进而提高农村的人均耕地资源，增加农产品的商品供给和消费，带动农民收入增长和生活条件的改善。也有利于刺激国内消费，拉动国内消费需求，缓解工业制成品过剩的矛盾。推进城镇化，还可以加快服务业的发展，有利于调整国内的产业结构，使国民经济的发展和资源配置更为合理等等。

1998 年中共十五届三中全会指出："提高城镇化水平，转移农村人口，可以为经济发展提供广阔的市场和持久的动力，是优化城乡经济结构，促进国民经济良性循环和社会协调发展的重大措施。随着农业生产力水平的提高和工业化进程的加快，中国推进城镇化条件已渐成熟，要不失时机地实施城镇化战略。"

2002 年中共十六大报告提出"全面发展农村经济，加快推进城镇化进程"，标志着中国开始从宏观政策层面上把城镇化发展提到战略的高度。

二、中国城镇化的基本特点

与国际上普遍运用的"城市化"提法相比，中国使用"城镇化"的概念所包含的内容更为丰富。区别在于对于城市的理解不同。首先，无论是城市还是城镇，在国外基本上以人口来区分，不分大小；而在中国城市和镇是有着明显的等级差别的，从直辖市到县级市，以至于小城镇。其次，在国外城市是自治的，城市不管辖城市。在中国城市是可以管辖城市的，每一级城市或者镇都代表着中央政府对地方实行管理的不同层次。再次，国外的城市是不管辖农村的，农村自有自己的社区自治管理方式，而在中国，每一级城市或者镇都同时管辖着辖区的农村。而在县以下，包括县城在内的镇，在管理范畴中，被划定为农村管理。最重要的区别是，中国的城镇有着特殊的户籍管理制度，而在这种制度下，城镇人口是不对农村人口开放的。如果不了解这些区别，很难去了解中国城镇化过程中所出现的问题，更无法理解在中国城镇化进程中还要进行各种类型的改革。

虽然中国的《城市规划法》对城市定义为"国家按行政建制设立的直辖市、市、镇"，建制镇属于城市范畴，但是在中国现行的地方行政管理设置中，城市在改革开放以前是相对独立的行政辖区，改革开放后，许多管理农村地区的地区行政公署，直接并为城市管理，一部分具有区域管理职能的县级政府也相继改市，使原来的单一管理城市的政府，同时具有管辖农村的功能。而建制镇一直都在管理着农村，因此，虽然在城市的统计中把建制镇列入其中，但在管理上仍是列入农村范畴。改革开放以后，建制镇数量大大增加，建制镇镇区的人口规模和建成区规模增长幅度很大，而且作为小城镇，在吸引农村农业人口转移和促进乡镇企业发展方面，发挥了巨大的优势，在推进中国特色的城镇化道路中，具有十分突出的作用。所以，中国提出城镇化而不是沿用国际上普遍采用的城市化的提法，其中一个重要的原因是，把分布在广大农村的小城镇作为中国未来城镇化发展道路的重要选择之一。这也突出了这一时期中国人口转移的多元化取向，与所有发达国家曾经走过的向城市集中的城市化道路明显不同。因此，以下论述基本上是使用城镇化，在国际比较上的例外。

三、中国城镇化的基本概念和统计方法

基于上述中国城镇化的特点，有必要专门梳理一下中国城镇化的基本概念和统计方法，这有助于更加清晰地描述非农就业和政府治理结构在中国城镇化进程中的作用。

（一）基本概念

人口从农村向城市集中的过程即为城镇化，这是城镇化的各种定义中较为普遍的一种提法。虽然人口向城镇集中或迁移的过程带动了经济要素的转移并带来了经济、社会、人口、空间等多方面的变化，但是人口的集中或者是空间上的变迁，无疑是最为重要而且最具有一定可比性的变化。所以以“城镇人口占全地区总人口的百分比”这一指标衡量城镇化水平，应是目前最为准确，也最具社会公平性、最容易接受的方法。

（二）统计方法

城镇化的计算方法是依据城镇化的定义设计的，问题在于如何让指标更准确地反映真实的城镇化水平。基于可操作性、可比性的考虑，城

镇人口占总人口的比重是最常用的城市化测度指标。这样，城镇化水平测度的关键在于城镇人口的确定。

改革开放以前，或者是在2000年第五次全国人口普查以前，中国基本上采用“非农户籍人口占总人口的比重”来衡量城镇化水平，这是当时对于城镇化统计的重要依据。但随着中国农村非农产业的发展，农村人口逐渐地流向小城镇，甚至大中城市就业，同时，一些城市郊区在行政区划上逐步改变为城区，一些城镇的建设也开始向郊区扩散，使得原有对于城镇人口的统计方法不能准确地反映城镇所发生的实际情况。同时，尽管在统计上外出农村劳动力仍被视为流动人口，但是越来越多的学者和部门已注意到城市中外来人口的逐年递增对城市化及城市发展的影响，改进统计方法开始提上了日程。

中国政府在2000年进行的第五次人口普查重新确定了城乡人口标准，这是自新中国成立以来中国城镇化统计的一次十分重要的变革：一是按人口密度在1500人/平方公里以上，无论户口是农村籍还是城镇籍，均统计为城镇人口；二是引入了建设延伸区的概念，在城镇建设延伸区内的农村户籍人口按城镇人口统计；三是在城镇居住半年以上的常住人口，不论其原籍户口是否在本地，均统计为城镇户口。也就是说，现在对城镇化水平的计算方法，是以户籍管理为依据、结合考虑了人口流动等有关因素确定的，具体讲是以城镇户籍人口和居住半年以上的流动人口为统计对象（见公式1.1）。

城镇化水平 =（城镇户籍人口 + 居住半年以上流动人口）/总人口

（公式1.1）

由于统计方法的改变，中国的城镇化水平从原来的30.9%一次性增长到36.2%。为了确保统计上的连续性，把一次性增长的百分点数目平均地摊给了前5年，意味着从1996年开始，中国的城镇人口增长每年超过了1个百分点，一直延续到现在。

（三）城镇外来流动就业人口

流动人口在户籍管理制度下，一般指不在户口所在地居住的时间为三天以上，半年以下的人口。半年以上居住并没有本地户口的人列为暂住人口，或者称为外来人口。自20世纪80年代以后，由于农村居民从事非农就业的人口大量增加，从农村到小城镇务工，再后来转向城市务工的人口也在上升，使得流动人口从原来的投亲靠友、旅游更多的转为外来就业人口，且在城镇定居时间也大大加长。但这些就业人口限于户籍的原因，呈现出明显的流动就业特点，所以目前的研究中的称谓大多以流动人口、外来人口、农民工或进城务工人员等。本文界定他们为城镇外来就业人口或者是进城务工农民，意指进入城市从事非农产业的农民工（以下对他们简称城镇外来流动就业人口）。根据新的城镇人口的统计方式，凡是在城镇居住半年以上的常住人口均统计为城镇人口。虽然这些外来流动就业人口已经被统计为城镇人口，但在户籍上还是农民，还不能享受城镇户籍人口的各项福利，而且在农村还有土地和宅基地。因此，在未来城镇化进程中，在统计上和他们的身份确定上，以及他们的财产关系上，都存在着诸多悬而未决的难题。

需要指出的是，在中国多数进入城市的外来就业人口还保留了其在农村的土地，一旦遇到困难无法在城市谋生，可以回到农村有一份基本的生活保障。土地是农民生活、养老的基本保障，而进入城镇从事非农产业则成为提高其收入的重要来源。其他国家，尤其是已进入城镇化成熟阶段的资本主义欧美国家，早期的工业化和城市化往往通过使农民失去土地，成为无产者涌入城市。而在中国，大量两栖流动的就业人口，已经成为中国城镇化特殊性的重要亮点。中国政府在城镇化的政策研究中，把这样一个特殊的群体作为重要的政策对象来阐述，并提出了相应的政策措施，这将在后文中有比较详尽的描述。

四、新中国成立以来城镇化发展的回顾

（一）户籍制度

户籍制度是中国特有的人口管理制度。新中国成立以来中国户籍管理制度的演变可以划分为四个主要阶段。第一个阶段，1949～1957年，是建国初期的户口自由迁移时期；第二个阶段，1958～1978年，是严格限制户口迁移特别是严格限制农民向城镇迁移时期；第三个阶段，1979～2000年，是户籍管理制度加剧了城乡利益格局形成和固化时期；第四个阶段，2000

年至今，户籍管理制度改革时期。这四个阶段的户籍制度的形成与整个国家的经济发展阶段、发展战略和当时所处的国际环境有密切的关系。

自由迁徙阶段过程中，户籍制度对于人口的限制并不十分严格，社会公共资源并没有按照户口的所在地来分配，人口的流动相对自由。事实上影响中国城镇化进程的主要是实施严格的户籍管理制度以来的几个阶段。

1. 1958～1978年：严格限制户口迁移特别是严格限制农民向城市迁移时期

中国中央政府在1953年、1954年、1955年和1957年先后4次发出指示，劝阻农民盲目流入城市，并开始改变自由迁移政策为控制城市人口规模、限制农民进城的政策。1957年12月18日，中共中央、国务院联合发出《关于制止农村人口盲目外流的指示》，要求城乡户口管理部门严格户籍管理，切实做好制止农村人口盲目外流工作。

1958年1月9日，《中华人民共和国户口登记条例》的通过，标志着国家限制农民进城的二元户籍管理制度开始以立法的形式正式确定下来。这一条例近半个世纪以来深深地影响着中国的每一个家庭，成为新中国户籍制度史上最重要的法规。1958年4月，公安部根据《户口登记条例》的规定，制定和颁发了《关于执行户口登记条例的初步意见》。1958年9月13日，中央精简干部和安排劳动力五人小组发出《关于精简职工和减少城镇人口工作中几个问题的通知》，规定“对农村县镇迁往大中城市的，目前要严格控制”。

1961年12月9日，公安部转发三局《关于当前户口工作情况的报告》，要求对户口工作进行彻底检查整治，健全户口管理机构。同年，公安部将农业户数和人口数这一统计指标改为“非农业人口户数和人数”，这使“非农户口”和“非农人口”成为广泛使用和广为人知的概念。

1962年4月17日，公安部发出《关于处理户口迁移问题的通知》，指出“应当本着既要严格控制农村人口迁入城市，又要保障必要的正常迁移的原则，实事求是地进行处理”。1962年12月8日，公安部三局发出《关于加强户口管理工作的意见》指出，“对农村迁往城市的，必须严格控制；城市迁往农村的，应一律准予落户，不要控制”。

1963 年以后，公安部在人口统计中把是否吃国家计划供应的商品粮作为划分户口性质的标准，吃国家供应粮的户即城镇居民，称作“非农业户口”。

1975 年 1 月 17 日，第四届全国人大第一次会议通过的《宪法》历史性地去掉了关于“中华人民共和国居民有居住和迁徙的自由”的条文，公安部《关于处理户口迁移的规定》指出：“从农村迁往市、镇（含矿区、区等，下同），由农业人口转为非农业人口，从其他市迁往北京、上海、天津三市的，要严格控制。从镇迁往市，从小市迁往大市，从一般农村迁往市郊、镇郊农村或国营农场、蔬菜队、经济作物区的，应适当控制。”从此提出了中国老百姓十分熟悉的“农转非”问题。在此后又制定了若干项具体的“农转非”政策。公安部为贯彻上述规定，给全国各省、市、自治区下达了“农转非”控制指标，即“每年批准从农村迁入市镇和转为非农业人口职工家属人数，不得超过非农业人口数的 1.5‰”，从而对“农转非”实行了政策与指标双重控制的管理体制。“农转非”这个新词也就开始在中国大地上流行起来。

1978 年 3 月 5 日，第五届全国人大第一次会议通过的《宪法》也没有恢复公民的居住和迁徙自由权。这一阶段是中国城乡分割的二元户籍制度正式形成和不断完备的时期，公民的居住和迁徙自由被人为地从《宪法》中取消了，全体公民被人为地划分为不可逾越的“农业户口”和“非农业人口”。

这段时期户籍制度的最大特点是严格限制农民向城镇迁移，但是由于通过户籍管理制度限制人口流动的政策目标，还基本上是服务于国民经济积累的公共利益，尽管城乡发展水平有一定的差距，城乡利益格局基本上还是停留在行政限制的阶段。

2. 1979 ~ 1998 年：户籍管理制度加剧城乡利益格局分化时期

1978 年 12 月，召开的十一届三中全会标志着中国进入了改革开放的新时期，但是户籍管理制度改革并没有相应启动。初始的主要原因是对于农产品的供给没有充分的把握，尔后则是担心城镇的容量，特别是对于大城市作为政治和行政中心发展的忧虑，人口的扩张和社会问题的加剧以及城市贫民问题，都将成为中央政府和各级城市政府在城镇化决策中的阻力。在这样的背景下，户籍制度无法发生根本性的变化，所谓有限的政策性松动也局限于很小的范畴。

1980 年 9 月，公安部、粮食部、国家人事局联合颁布了《关于解决部分专业技术干部的农村家属迁往城镇由国家供应粮食问题的规定》。照顾的对象和条件是高级专业技术干部，有重大发明创造，在科研、技术以及专业工作上有特殊贡献的专业技术干部。符合上述规定迁往城镇落户的人员，不受公安部门正常审批的控制比例的限制。这以后，国家除了继续对城镇人口增长实行严格控制外，对若干特殊的“农转非”问题在政策上开始松动，先后解决了一批科技骨干、煤矿井下职工、三线地区其他职工的农村家属等迁入城市落户问题，部分边防海防军官农村家属也可以在原籍转为城市户口，“农转非”的控制指标由不超当地非农业人口的 1.5‰调整到 2‰，这是中国户籍管理制度 20 多年来的一次重大调整和改革。

在农村的小城镇出现的变化是允许农民自带口粮进镇经商办企业，而不解决户籍问题，因为对于小城镇人口扩张的担忧是远远低于对城市的担忧的。1984 年 1 月 1 日，《中共中央关于一九八四年农村工作的通知》决定，“1984 年，各省、自治区、直辖市可选若干集镇进行试点，允许务工、经商、办服务业的农民自理口粮到集镇落户”，这是中国小城镇户籍制度改革的先声。1984 年 10 月，国务院发出了《关于农民进集镇落户问题的通知》，规定凡申请到集镇（指县以下集镇，不含城关镇）务工、经商、办服务业的农民和家属，在城镇有固定住所，有经营能力，或在乡镇企事业单位长期务工的，公安部门应准予落常住户口，发给《自理口粮户口簿》，统计为“非农业人口”，并把他们纳入街道居民小组进行管理，使其同集镇居民一样享有同等权利，履行同等义务。这是中国进行户籍制度改革的第一个规范性的政策规定，它的重要性在于为后来在小城镇开始的真正户籍制度改革奠定了很好的政策基础。虽然自理口粮户口的实施是中国户籍制度的一项没有突破性的改革，但是还是促进了农村的一部分人口进入小城镇经商办企业。据统计，从 1984 年至 1986 年底，在不到 3 年的时间里，全国办理自理口粮户达 1633828 户，总计 4542988 人。

1992 年 8 月，在邓小平南方讲话和十四大精神的鼓舞下，公安部拟就了《关于实行当地有效城镇居民户口制度的通知》，征求各部门和地方政府意见，开始实行“当地有效城镇居民户口制度”，同年 10 月开始，广东、浙江、山东、山西、河南等十多个省先后以省政府名义下发了实行“当地有效城镇居民户口”的通知。由于“当地有效城镇居民户口”的户口簿印鉴为蓝色，故也称“蓝印户口”，这是中国户籍制度改革的一项过渡性的具体措施。1992 年全国各地掀起了卖户口热潮，范围主要集中在小城镇，农民每人可以以 4000 元到数万元不等的价格购买小城镇户口。据公安部门的统计，仅一年，全国就办理了“蓝印户口”200 万人。由于对于户口变化带来的后果并不十分清楚，并且担心会引发全国连锁性的反应，这个制度仅实施了一年就被禁止了。

小城镇之所以从 1984 年就可以实现户籍管理制度的松动，主要原因还是在于把小城镇看做是农村的范畴，在这里进行户籍管理制度改革并不影响全局。1995 年，由原国家体改委和公安部等国务院十一个部门联合颁发的《关于指导全国小城镇综合改革试点的意见》中明确提出了要在试点小城镇进行户籍管理制度改革，1997 年 7 月国务院批转公安部《关于小城镇户籍制度改革试点方案》，规定试点镇具备条件的农村人口可以办理城镇常住户口。这次在试点改革进行的改革对于中国的户籍管理制度是一次重要的实践和突破。

1998 年 10 月，十五届三中全会通过《中共中央关于农业和农村工作若干重大问题的决定》，提出了“发展小城镇是带动农村经济和社会发展的一个大战略”。实际上，这是在新中国成立以来，第一次以中央和国务院文件的名义提出了未来城镇化发展的思路，重要性在于从户籍管理制度最薄弱的地方——位于农村区域的小城镇率先进行改革。

从 1979 年到 1998 年，小城镇开始进行户籍管理制度改革的探索，但是对于各级城市来说，却没有任何户籍管理制度的松动。这二十年是中国经济发展最为迅速的时期，可是由于城乡户籍管理制度的限制，使得中国最为丰富的农村人口资源仍被限制在农村，而不能进入城镇。在经济发展最快的时期，也是城市发展最为迅速的时期，当各类生产要素纷纷从农村流向城镇的时候，而最为活跃的人口要素被排除在外，结果是加大了城乡发展的差距，使得城乡人口的利益分化严重加剧。

3. 2000年至今：中国中央政府开始制定明确的城镇化发展战略，户籍管理制度改革已经成为政府宏观政策的重要目标

2000年6月13日，中共中央、国务院下发了《关于促进小城镇健康发展的若干意见》，规定“从2000年起，凡在县级市区、县人民政府驻地镇及县以下小城镇有合法固定住所、固定职业或生活来源的农民，均可根据本人意愿转为城镇户口，并在子女入学、参军、就业等方面享受与城镇居民同等待遇，不得实行歧视性政策”。这项政策的颁布意味着户籍管理制度改革不仅仅将在小城镇全面推开，而且已经涉及县级市等中等城市。根据中央国务院文件精神，2001年3月30日，国务院批转了公安部《关于推进小城镇户籍管理制度改革的意见》，小城镇户籍管理制度改革全面推开。与此同时，中央政府废止了一些不利于劳动力合理流动的政策规定。2001年5月1日，明令取消了《市镇居民粮食供应转移证明》，终止了延续近40年的“户粮挂钩”政策。

户籍管理制度虽然率先在小城镇全面展开，但是如何在大中城市进一步推进越来越成为政策上的难点。中央政府提出的改革措施已经十分明确，但是在城市政府中存在着阻力。2002年国务院办公厅颁布的《关于做好进城农民工管理的指导意见》第一次把改善进城外来就业人口的生活和工作条件，作为重要的城镇化政策内容。此后，中央政府颁发的一系列文件，相继涉及有关问题。2004年的中央1号文件中第一次把农民工作为产业工人的重要组成部分来提出，并从进城农民工的基本权益入手，提出了一系列改革政策要点，直接解决农民工在城市中生产和生活面临的迫切问题。

2006年的“十一五规划”提出了“分类引导人口城镇化”。对临时进城务工人员，继续实行亦工亦农、城乡双向流动的政策，在劳动报酬、劳动时间、法定假日和安全保护等方面依法保障其合法权益；对在城市已有稳定职业和住所的进城务工人员，要创造条件使之逐步转为城市居民，依法享有当地居民应有的权利，承担应尽的义务；对因城市建设承包地被征用、完全失去土地的农村人口，要转为城市居民，城市政府要负责提供就业援助、技能培训、失业保险和最低生活

保障等。鼓励农村人口进入中小城市和小城镇定居，特大城市要从调整产业结构的源头入手，形成用经济办法等控制人口过快增长的机制。

虽然各类政策相继出台，但是在贯彻落实中仍存在着严重的问题，特别是各级城市政府，在办理外来农民工进城落户的条件上，仍设置障碍，也有一些城市政府试图放开限制条件，但是却面临着扩大社会保障、增加财政的公共支出、就业岗位的短缺以及社会卫生、环境等问题，因此望而却步。使得从2000年以来中央政府制定的一系列城镇化政策，难以得到落实。城镇化发展进程中首要解决的户籍管理制度改革，变成了一个长期悬而未决的政策性难题。

（二）户籍管理制度对城镇化进程的影响分析

1. 户籍制度演变的三个阶段与城镇化水平

户籍管理制度对中国城镇化进程的影响应该说是决定性的，本书可以将中国这种影响通过统计划分为三个阶段，即“自由迁移向限制迁移的转变—城乡利益分化并固化的阶段—推动城镇化实现城乡统筹阶段”（见表1.2）。中国的城镇化历程，也因此而呈现为三个明显的阶段。采用中国城乡人口增长、城镇人口增长系数（城镇人口增长量/总人口增长量）、城镇化水平等三个指标的数据，分析中国户籍制度背景下的城镇化历程。将表1.2数据绘制成图1.2、图1.3、图1.4。

表1.2　户籍制度背景下城镇化水平的变化

<table>
<tr><th colspan="2">户籍制度演变</th><th rowspan="2">年度</th><th colspan="2">城乡人口的增长（万人）（修正）</th><th rowspan="2">城镇人口增长系数（修正）</th><th rowspan="2">城镇化水平（修正）（%）</th><th colspan="2">五次普查</th></tr>
<tr><th>时间跨度</th><th>内容</th><th>城镇人口增长</th><th>乡村人口增长</th><th>时间</th><th>城镇化水平（%）</th></tr>
<tr><td rowspan="6">1949～1957</td><td rowspan="6">自由迁移向限制迁移的转变阶段</td><td>1952</td><td></td><td></td><td></td><td>12.5</td><td rowspan="6">1953</td><td rowspan="6">13.26</td></tr>
<tr><td>1953</td><td>663</td><td>651</td><td>0.50</td><td>13.3</td></tr>
<tr><td>1954</td><td>423</td><td>1047</td><td>0.29</td><td>13.7</td></tr>
<tr><td>1955</td><td>36</td><td>1163</td><td>0.03</td><td>13.5</td></tr>
<tr><td>1956</td><td>900</td><td>463</td><td>0.66</td><td>14.6</td></tr>
<tr><td>1957</td><td>764</td><td>1061</td><td>0.42</td><td>15.4</td></tr>
</table>

续表

户籍制度演变		年度	城乡人口的增长（万人）（修正）		城镇人口增长系数（修正）	城镇化水平（修正）（%）	五次普查	
时间跨度	内容		城镇人口增长	乡村人口增长			时间	城镇化水平（%）
1958～1978	自由迁移向限制迁移的转变阶段	1958	772	569	0.58	16.2	1962	18.30
		1959	1650	-437	1.36	18.4		
		1960	702	-1702	-0.70	19.7		
		1961	-366	18	1.05	19.3		
		1962	-1048	2484	-0.73	17.3		
		1963	-13	1890	-0.01	16.8	1982	20.91
		1964	1304	23	0.98	18.4		
		1965	95	1944	0.05	18.0		
		1966	268	1736	0.13	17.9		
		1967	235	1591	0.13	17.7		
		1968	290	1876	0.13	17.6		
		1969	279	1858	0.13	17.5		
		1970	307	2014	0.13	17.4		
		1971	287	1950	0.13	17.3		
		1972	224	1724	0.11	17.1		
		1973	410	1624	0.20	17.2		
		1974	250	1398	0.15	17.2		
		1975	435	1126	0.28	17.3		
		1976	311	986	0.24	17.4		
		1977	328	929	0.26	17.6		
		1978	576	709	0.45	17.9		
1979～1999	城乡利益分化并固化的阶段	1979	1250	33	0.97	19.0		
		1980	645	518	0.55	19.4		
		1981	1031	336	0.75	20.2		
		1982	1309	273	0.83	21.1		
		1983	794	560	0.59	21.6	1990	26.44
		1984	1743	-394	1.29	23.0		

续表

户籍制度演变		年度	城乡人口的增长（万人）（修正）		城镇人口增长系数（修正）	城镇化水平（修正）（%）	五次普查	
时间跨度	内容		城镇人口增长	乡村人口增长			时间	城镇化水平（%）
1979～1999	城乡利益分化并固化的阶段	1985	1077	417	0. 72	23. 7	1990	26. 44
		1986	1272	384	0. 77	24. 5		
		1987	1308	485	0. 73	25. 3		
		1988	987	739	0. 57	25. 8		
		1989	879	799	0. 52	26. 2		
		1990	651	978	0. 40	26. 4		
		1991	352	1138	0. 24	26. 4	2000	36. 22
		1992	1829	－481	1. 36	27. 6		
		1993	979	367	0. 73	28. 1		
		1994	950	383	0. 71	28. 6		
		1995	873	398	0. 69	29. 0		
		1996	776	492	0. 61	29. 4		
		1997	1039	198	0. 84	29. 9		
		1998	953	231	0. 80	30. 4		
2000 以后	推动城镇化实现城乡统筹阶段	1999	950	149	0. 86	30. 9		
		2000	6952	－6278	10. 31	36. 2		
		2001	2158	－1274	2. 44	37. 7		
		2002	2148	－1322	2. 60	39. 1		
		2003	2164	－1390	2. 80	40. 5		
		2004	1907	－1146	2. 51	41. 8		

资料来源：中国国家统计局。

注：2000 年，中国的城镇化统计口径有了很大的变化，所以出现数据突变。

数据显示，新中国成立初期至 1958 年，是人口自由迁移的时期，中国城乡人口同步增长，但是由于乡村人口基数大，而使得城镇人口的增长量低于乡村人口，但是城镇人口增长系数和城镇化水平不断提高。而在限制人口迁移的户籍制度形成，并逐渐完善的第二阶段（1958～1978 年），乡村人口增长的绝对量高于城镇人口增长量，城镇人口增长率处于极低的稳定水平，城镇化水平也呈现为突降后缓慢增长，并长期维持在低水平。1979 年后，中国户籍制度进入“有序迁移”阶段，城镇人口增长量开始高于乡村人口的增长量，城镇人口增长系数除某些年份（如

1993 年）由于经济出现波动而降低外，其他时期稳定在较高水平，城镇化水平开始快速提高。

简而言之，在户籍制度对人口迁移严格控制的时期，中国的城镇化水平处于比较低的水平，并且增长缓慢，甚至出现倒退。而1979 年以后，户籍制度对于人口迁移逐步放开后，城镇化水平迅速提高，尤其是 1982 年，由于城市建制标准的变化，使得使用城镇人口比重衡量的城镇化水平出现超常的变化。

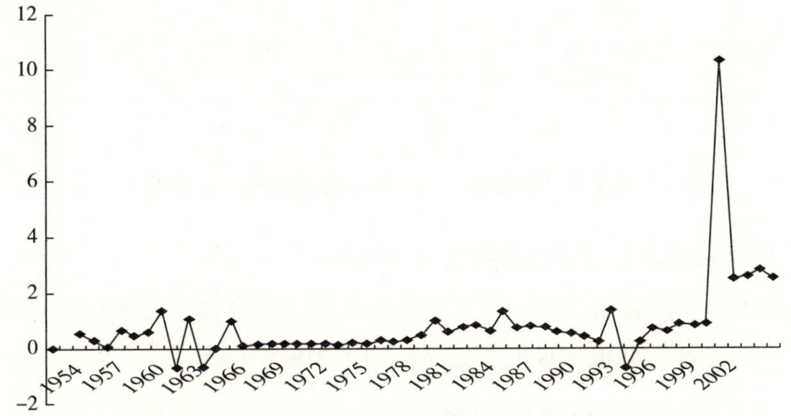

图 1.2　中国 1952 ~ 2004 年城镇人口增长系数图

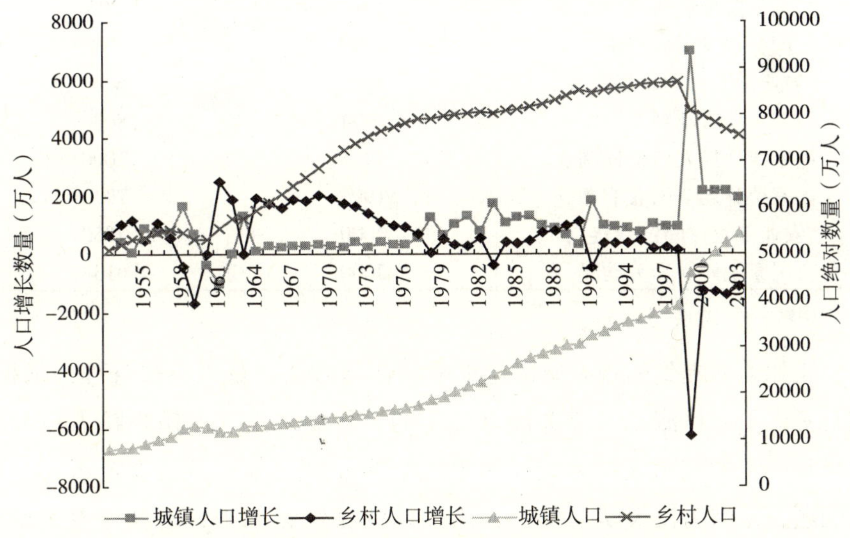

图 1.3　中国 1952 ~ 2004 年城乡人口结构转换图

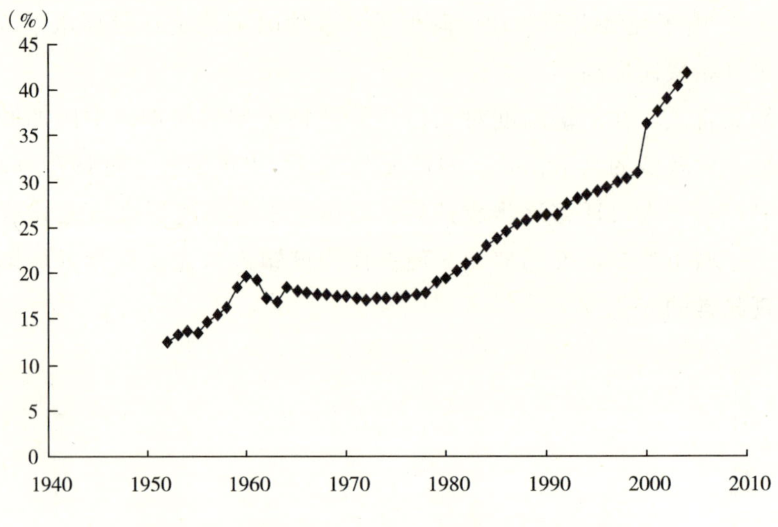

图 1.4　中国 1952～2005 年城镇化水平变化图

2. 户籍制度背景下的城镇就业市场分割

表1.3中的数据显示，户籍制度改革推动了农村劳动力转移到城市就业，这对于推动城镇化水平的提高起到了积极的作用。

表 1.3　对农村劳动力流动规模的几种调查和估计　单位：万人

数据来源	年份	数量
国务院发展研究中心	1983	200
国务院发展研究中心	1989	3000
农业部农村固定观察点	1993	6200
劳动部	1994	8000
国家统计局人口抽样调查	1995	7000
国家统计局全国农业调查	1996	7223
农业部农村固定观察点	2000	7550
国家统计局和劳动部	2000	6134

资料来源：蔡昉（2005）。

正如前面提到的现有城镇化水平的计算方法，是以户籍管理为依据、结合考虑了人口流动等有关因素确定的，具体讲是以城镇户籍人口和居住半年以上的流动人口为统计对象。本部分提出分析城镇就业市场分割的问题，是因为仅仅从总量上分析中国的城镇化水平，也就掩盖了城镇化过程中城镇户籍人口与居住半年以上的流动人口之间的就业矛盾。

改革开放以后，特别是20世纪90年代以来，农村人口进入城镇流动就业的现象已经十分普遍，户籍制度限制人口流动的作用日趋削弱。虽然城市政府面临就业竞争的压力，以保护城市居民的利益为由，以城市拥挤和治安等问题作为借口，曾经在劳动力市场上采取种种限制措施，阻碍农村人口的进城务工就业。但是，当强大的劳动力市场把农民工融入城市要素市场中，迫使城市产生了强烈的依赖之后，各种限制措施最终也只能停留在户籍管理制度的层面上。户籍管理制度本身所具有的福利、利益分配功能，成为推进中国城镇化进程的最后一道屏障。

（三）中国城镇化道路的选择

与国际城市化发展的路径最重要的区别是，中国的城镇化发展自始至终都是由中央政府主导推动的。这也是计划经济和市场经济的重要区别之一。由于其他国家人口的迁徙没有任何限制，所以在完成工业化进程中，传统农民的就业转移和定居迁徙同步进行。由于大城市可以提供较丰富的就业机会，因此国外的城市化进程基本上可以描述为农民或者是人口向大城市集中的过程。从欧洲中世纪开始的城市化运动，一直持续到18世纪、19世纪的欧美城市的发展，以及现在的拉美国家的城市化，基本上延续着这样的历程，人口向大城市集中，然后城市过度膨胀，产生严重的城市贫困问题，之后出现了逆城市化进程，郊区化，富人向小城镇转移居住等。所以，当工业化进程加速的时候，伴随着城市化出现了城市病，在这些城市化高度发达的国家，主要的社会问题基本集中在城市解决。

在中国，由于从50年代末起中央政府采取了遏止城镇化发展的政策措施，使得中国的人口被固定在户籍所在地，广大的农村人口滞留在农村，因此社会矛盾被分散在农村和城市解决。因此，中国有了长期以来困扰着政府的农村问题，这是由于中国政府限制城镇化发展的突出后果。从上述的户籍制度演变可以看到，中国城镇化水平的变动趋势。然而，在实际推动城市发展或者小城镇发展中，我们还可以看到另外一种现象，就是通过政府的指令性计划，来决定着城镇发展人口变动过程。从政策的演变看，正是由于中央政府制定了所谓的城镇化发展方针，也就是通过计划经济的方法来决定人口在哪类城镇定居的流向，因此造成了不同规模和等级的城市发展中的区别，也影响到现在城镇人口规模的大致格局，当然所谓人口规模更多地偏重户籍人口的规模。

1. 中国的城镇发展政策回顾

新中国成立以后的很长时间中，由于积累工业化资金的需要，中国确立了“将消费型城市转变为生产型城市”的方针，这一时期的发展战略思想是“积极推进工业化，相对抑制城市化”。

1955 年 9 月，国家建委给中央的报告中提出“原则上以中小城镇及工人镇为主，并在可能的情况下建设中等城市，没有特殊原因，不建设大城市”。

1963 年，由于国民经济全面萎缩，减少城镇人口作为解决难题的政策，并演化为“城市化发展的上限取决于商品量供应能力”的理论，“恐城症”和反城市化成为有影响的思潮。

值得注意的是，在 1979 年开始的经济体制改革，基本上涉及了国家的所有领域，然而，在城市化政策上，对于粮食和商品供应的恐惧心理，却延续了相当一段时间，直接影响到户籍管理制度的改革。

1980 年，中央政府明确提出采取“控制大城市规模，合理发展中等城市，积极发展小城市”的方针，这意味着对于大规模人口进入城市，还没有十分的把握来解决人口管理和商品供应问题。

1984 年，随着农村改革取得了明显的成果，粮食第一次出现了全面的过剩，意味着原来限制人口滞留在土地上确保农业生产的方式应该有所松动。产业结构的调整和户籍管理制度在小城镇的改革，开始了初步的尝试。同年 1 月的《中共中央关于 1984 年农村工作的通知》和 10 月的《国务院关于农民进集镇落户的通知》提出的重要政策是允许农民自带口粮，进镇经商办企业，这标志着在农村的集镇和小城镇，放开了人口流动的限制，但是仅仅是允许流动，而不是落户。即便如此，这一政策推动了农村乡镇企业的发展。虽然我们在后文将对乡镇企业对于非农就业的影响有专门的评价，可是最重要的事实是，正是乡镇企业的发展，带来了农民收入和乡镇公共收入的增长，促进了小城镇的发展。可以说，从 80 年代中期开始，中央所制定的这项政策直接推动了农村自发的城镇化浪潮。如果用数字说明，全国农村镇的数量由 1978 年的 2800 多个，发展到20世纪90年代中期的两万多个。在乡镇企业从事非农就业的人员最多达到1.4亿人，在小城镇虽然没有办理户口但从事流动就业的人口大幅上升。可以说，基于乡镇企业基础上发展起来的小城镇，奠定了中国城镇化进程改革的重要实践依据。

1998年10月，中共中央在《关于农业和农村工作若干重大问题的决定》中，第一次提出了"小城镇大战略"问题。2000年6月，"小城镇大战略"被《中共中央国务院关于促进小城镇健康发展的通知》进一步具体化，并开始在户籍管理制度、政府行政管理制度等多方面进行改革的尝试，中共十六大第一次把促进城镇化发展作为"十五"的经济社会发展战略。中国的城镇化迈入一个新的发展阶段。

在此期间，关于城镇化道路的选择有着鲜明的争论，一种观点认为，中国应该发展大城市，更符合经济发展规律，提高城市的规模效益，因此应该把城市化作为战略重点。另一种观点认为，应在尊重中国国情的基础上，允许城市和小城镇共同协调发展。主要分歧在于，在中国这样特殊的城镇化发展背景下，是实现人口的城镇化，还是实现多要素并存的城镇化，或者是城镇化以转移人口为重要目的，还是以建设为目标。实际上，以往的城市发展方针中，提出限制大城市的发展，主要是限制人口的进入，但城市的建设依然紧锣密鼓地在进行。因此排除了人口转移的城镇化，只能使城乡经济和社会的差距更大。

2000年的"十五"计划和2006年的"十一五"规划明确了"走符合中国国情、大中小城市和小城镇协调发展的多样化城镇化道路，逐步形成合理的城镇体系。并强调提高城镇化水平，转移农村人口，有利于农民增收致富，可以为经济发展提供广阔的市场和持久的动力，是优化城乡经济结构，促进国民经济良性循环和社会协调发展的重大措施。随着农业生产力水平的提高和工业化进程的加快，中国推进城镇化的条件已渐成熟，要不失时机地实施城镇化战略"。中央的政策基本上已经为城镇化发展的道路和模式提供了重要的指导依据。

2. 中国城镇化水平的空间分布

中国城镇化政策的演变使得不同地区城镇化水平和发展速度上存在着较大的差异。分析这些空间上的差异和变化，有助于更全面地了解中国不同地区城镇化发展的进程。

（1）中国不同地区城市发展的变化趋势

改革开放以前中国城镇分布的现状，处于封闭和战备的考虑，中国城市的中心并不是在沿海，而是基本分布在内陆地区。

到了1995年，受改革开放的影响，中国经济的重心显然移向了沿海地区，城市的发展也基本向沿海地区扩张，这显然是市场作用的结果。

到了2002年，出现的变化是，内陆城市也在迅速地发展，但是沿海的城市已经基本连成一片，也就是所谓城市密集区的形成。

（2）中国不同地区城镇化发展水平的变动

到20世纪90年代初，中国的城镇化发展水平并没有出现较大的差异，西部地区人口密度很低，传统的牧区农村人口偏少，人口集中度较高。老工业基地东北地区，相对突出一些，反映出计划经济时代的影响。但也能够看到，东部沿海地区原来城市发展相对落后的态势已经开始改变，东部珠三角和长三角地区城镇化水平的提升，明显说明开放以及市场经济的发育对这个地区城镇化水平提升的初始影响。

进入21世纪，中国的城镇化水平东部崛起的态势已经十分明显，沿海城市群兴起，大量人口向沿海发达地区的城镇集中，带动了城镇化水平的提高。

城镇化水平增长最快的地方是东部沿海地区，而西部的变化很小，原来城镇化水平比较高的地方，没有什么大的变化。

1978年以来中国城镇化的总体水平迅速提高，但是由于历史、地理和社会经济发展多种因素的影响，中国城市的空间分布特征从20世纪80年代到21世纪曾经发生过明显的改变。从新中国成立开始到20世纪90年代初，中国的城市分布和城镇化水平的分布，基本上体现了当时计划经济时期工业化分布的格局。90年代至2002年，市场机制和对外开放，使得中国城镇化在空间上发生了明显的变化，沿海地区的工业发展，带动了城镇化的发展，而且增速极快，使得中国城镇化和城市发展在空间分布上呈现不均衡的态势，从城镇建成区面积、城镇化速率以及城镇化水平都明显呈现出自东向中、西下降的梯度差异，这与中国的经济发展水平的空间不均衡性吻合。在经济发展水平较高的珠江三角洲、长江三角洲、京津唐和辽中南等地区已经形成了大中小城市和小城镇相对完整的城市密集区。

(3) 中国城镇人口规模的空间分布

分析表1.4,可以得到下面的结论:从城市数量的分布来看,中国超过100万人以上的大城市或超大城市,数量较少,仅占7.27%,而人口在50万以下的中小城市却占城市总数的83%左右,这说明中国城市发展受到了限制城市化政策的负面影响,能够吸纳就业人口,并具有强烈经济辐射作用的大城市或者中心城市发育严重不足。

表1.4　　2002年中国不同规模城市的数量和结构

城市规模	设市城市数量		城镇人口		城镇非农业人口		
	个数（个）	比重（%）	数量（亿人）	比重（%）	数量（万人）	比重（%）	平均规模（万人）
>100万	48	7.27	1.51	25.86	10661.91	41.53	222.12
50万~100万	65	9.85	0.75	12.84	4302.49	16.76	66.19
20万~50万	222	33.64	1.81	30.99	6772.85	26.38	30.51
<20万	325	49.24	1.77	30.31	3933.84	15.32	12.10
总计	660	100.00	5.84	100.00	25671.08	100.00	38.90

资料来源:《"十一五"规划战略研究》,北京科学技术出版社,2006。

表1.5　　2002年东、中、西部三大地带城镇分布

城市规模	全国（座）	东部		中部		西部	
		数量（座）	比重（%）	数量（座）	比重（%）	数量（座）	比重（%）
特大城市	48	27	56.3	14	29.2	7	14.5
大城市	65	31	47.7	26	40.0	8	12.3
中等城市	222	110	49.5	80	36.0	32	14.5
小城市	325	119	36.6	127	39.1	79	24.3
建制镇	21290	7996	37.6	6181	29.0	7113	33.4

资料来源:《"十一五"规划战略研究》,北京科学技术出版社,2006;《中国小城镇发展报告2005~2006》,中国农业出版社,2006。

如果从城镇人口规模上看,在空间上分布的不均衡更为严重(见表2.4)。2002年的资料表明,在中国的东部地区集中分布了56.3%的特大城市、47.7%的大城市、49.5%的中等城市以及37.6%的建制镇,这说明东部地区的城镇占据了中国城镇的一半左右；中部地区的特大城市比东部地区少一半，却比西部多出一倍，大城市中部和东部基本相当，但中部地区要多出西部的一倍以上。小城市和小城镇三个地区的差距并不是很大，但是如果从小城市和小城镇的经济规模相比，差距仍然是十分明显的。从全国百强县和千强镇的数量上看，东部地区占了绝对优势。例如，千强镇主要分布在东部沿海地区。超过 100 个的省、市有：浙江 268 个、江苏 266 个、广东 152 个、上海 102 个，长三角占 63.6%，珠三角占 15.2%，二者合占 78.8%。这反映出由于设市和设镇的行政审批，东西部的准入条件有很大的差别。

（4）小城镇的发展和分布情况

小城镇的发展是中国城镇化区别于其他国家最为显著的特征之一。由于长期以来中国政府采取了限制人口进入城市的政策，同时在小城镇的管理在改革开放以后相对放松，使得中国在仅仅二十几年的时间内，在农村生长出将近 2 万个小城镇，农村在乡镇企业迅速发展的同时，面对着严格的城镇化限制政策，在自身的空间内率先开始具有中国特色的城镇化进程。据统计，在 1954 年全国共有建制镇 5400 个，1957 年则减少为 3596 个。从 20 世纪 50 年代末开始，在限制人口向城市迁徙的同时，中国也在行政区划设置上，减少了建制镇的数量，到 1963 年，减少到 2877 个镇，到 1978 年，全国建制镇数量降至最低点的 2850 个。

1978 年以来，特别是 80 年代中期以后，对于农村设镇的限制逐步放松，而且取消人民公社，撤区并乡建镇，在行政区划上进行的调整和改革，使得中国小城镇数量增加很快。到 2002 年底，全国小城镇（包括城关镇和建制镇）已达 1.99 万个，其中，建制镇数量已占乡镇总数的 53.2%，镇区的平均人口为 4248 人，镇区人口总计 1.6 亿（《中国小城镇发展报告 2005 ~ 2006》）。

解读表 1.6，有如下发现：①东、中、西部小城镇发展经济差距大。2003 年，东、中、西部小城镇经济收入比为 5.5 : 1.4 : 1，财政收入比为 4.5 : 1.3 : 1，乡镇企业从业人员比为 3.4 : 1.6 : 1；②东、中、西部社会发展环境和基础设施条件差距不如经济发展差距大。社会方面，学校和医疗单位数量没有显著差别，但是市场化的社会服务，如幼儿园、托儿所数量，则存在明显差距。设施方面，以中央政府为主负责投资的路、电、通讯等经济基础设施差别不大，但是以地方政府为主负责投资的供水等环境基础设施差别较大。

以上分析表明：①小城镇的经济增长和就业创造成就突出，但经济增长的分布不均匀。中、西部小城镇经济发展指标低于全国平均水平，经济增长的贡献主要来自东部小城镇，造成这种现象的原因在于中西部小城镇乡镇企业也就是非农产业发展滞后于东部小城镇；②公共财政的差距造成了区域之间基础设施建设的差距，特别是地方政府为投资主体的基础设施的建设方面差距更为明显。从东中西部供水设施建设上的巨大差异说明地方公共财政对基础设施建设的支持能力的差异。

表 1.6　按三大经济地带分组的建制镇平均水平（2003 年）

指标	东部	中部	西部
人口	43079	35906	27310
全镇从业人员	22414	17891	14098
乡镇企业个数	653	482	402
乡镇企业从业人员	7704	3708	2268
乡村经济收入（万元）	110099	27621	20095
财政收入（万元）	2664	596	475
通电村比例（%）	100	99.5	99.3
通邮村比例（%）	99.6	99	90.7
通电话村比例（%）	99.2	95.5	86.8
通公路村比例（%）	97.6	96	92.1
通自来水村比例（%）	66.4	37	49.0
供水站	2.1	1.1	1.0
垃圾处理站	0.5	0.5	0.3
学校数	14.5	18.3	13.6
幼儿园、托儿所数	10.0	6.2	4.9
医疗卫生单位数	5.6	5.2	3.8
病床数	67.4	59.4	57.0

资料来源：根据《中国建制镇基本情况统计资料（2004）》整理和计算，中国统计出版社，2004。

区别于国际的“城市化”的提法，中国政府采用“城镇化”的概念，最重要的原因是由于小城镇的存在，这里特别指出的就是，在国外城市化进程中，人口的集中经历了从农村——城市——特大城市——小城镇（逆城市化）的过程，而在中国80年代开始的城镇化则是农村——小城镇——城市——特大城市的过程。自90年代中期开始，农民工大量的向城市涌入，逐渐改变了中国城镇人口分布的特殊格局。

综上所述，中国的城镇化的发展是在计划经济体制下向市场经济过渡的产物。其特殊性在于，经济的严格计划和人口的行政规划有着千丝万缕的联系。特别要指出的是，在两种经济体制平稳过渡期间，没有好的经验规律可遵循，因此在推进城镇化政策制定的同时，就已经面临着传统的行政区划和人口群体的切割，被改革开放以后形成的巨大公共利益所固化。也就意味着，推进城镇化发展进程将面临更大的制度上的限制和利益上的阻力。如果回过头看一下改革开放以来城镇化发展的历程，有一个十分重要的现象会引起特别的注意，就是推动城镇化发展的动力来源于市场，来源于农民自身的内在动力，这种动力不是取决于农民是否想进入城市和小城镇，而是农民对于收入增长的渴望，当农业在人均占有资源相对稀缺的条件下，无法满足农民收入增长的需求时，中国农民在从事非农产业的过程中，发现了改变生存条件的巨大空间。农民从离土不离乡到小城镇发展乡镇企业，创建了成千上万个小城镇。随着就业需求的空间变化，开始向大城市进军，寻找自己非农就业的饭碗，正是源于这个满足生存和收入增长的最微不足道的动力，从非农就业开始，启动了浩浩荡荡的农民大军进入各类城镇就业的脚步，吹响了中国城镇化战略的号角。

第二章　中国城镇化进程中的非农就业

执笔：范毅

一、农村非农就业对城镇化的影响

（一）非农就业提高农民收入，促进城镇化快速发展

改革开放以来，中国经济高速增长，不同经济部门的此消彼长通过产品市场和劳动力市场对农民收入发展产生直接和间接影响。20 年代 90 年代初期农产品供求格局发生根本性的变化之后，农民收入增长由过去的“增产增收”变成了“增产减收”，农业收入不再是推动农民收入增长的主导型力量，非农业收入逐步成为推动农民收入增长的关键性因素①。2004 年农民人均纯收入为 2936.4 元，比 1995 年增长 1358 元，其中，来自于非农产业的纯收入由 523 元增加到 1346.2 元，占农民人均纯收入的比重由 32% 上升到 46%；非农业收入增长的 823 元，占到农民收入增长的 61%，换言之，非农产业收入在总量上已经占到农民纯收入的一半左右，在增量上更是占农民收入增长的大半，在 2002 年和 2003 年，农民非农收入增长分别占到农民人均纯收入增长的 84% 和 72%。非农收入成为农民人均纯收入的重要组成部分，非农就业收入的增长成为农民收入增长的最主要部分。

非农就业一方面促进了农民收入的增长，另一方面也减少了农民对于农业和土地的依赖。农民长期在外打工就业，使得原来的乡村经济管理和行政管理通过土地承包权施加的约束相对减弱。而在农民实际就业

范毅：国家发改委城市和小城镇改革发展中心政策研究处处长、副研究员。

① 蔡昉、王德文，《经济增长成分变化与农民收入源泉》研究报告。

所在地，农民也已经逐步适应了低水平的城镇化生活方式，其收入虽然尚不能满足在大城市供养全家所需，但是保障自身的基本需求，在较低的生活水平下，足可以支撑农民在城镇维持长期的就业和生存能力。

表2.1中的数据显示：①由于工作技能的差异，使得东部的外出劳动力在各个地区的收入明显要高于其他地区的外出劳动力；②在支撑其基本生活消费的同时，还有一定的结余，作为其资本积累，这为实现其在城市的长期定居打下了一定的物质基础；③如果考虑到一些夫妻两人同时在城市务工，那么，其家庭作为一个最小的经济单元，收入已经完全可以维持其运转。

表2.1　2004年各地区农民工收入和消费支出比较　单位：元/人·月

		在东部地区务工	在中部地区务工	在西部地区务工
东部地区外出劳动力	收入	892	1115	1337
	生活消费支出	311	349	427
	收入结余	580	766	910
中部地区外出劳动力	收入	698	682	717
	生活消费支出	282	224	235
	收入结余	416	458	482
西部地区外出劳动力	收入	723	859	688
	生活消费支出	322	283	248
	收入结余	401	576	440

资料来源：国家统计局农调总队，2005。

表2.2　2005年全国农民工年平均工资与城镇居民家庭消费性支出对比

单位：元/人·年

全国农民工年平均工资	城镇居民家庭人均消费性支出		
	最低收入户	中等偏下收入户	中等收入户
6468	2855	5096	6498

资料来源：国家统计局，2005。

表2.3　2003年主要城市居民最低生活保障　单位：元/人·月

城市	省会城市居民最低保障
上海	280
北京	290
杭州	280

续表

城市	省会城市居民最低保障
天津	241
南京	220
广州	300
福州	210
济南	208
沈阳	205
石家庄	182
海口	221
武汉	210
长沙	190
长春	169
哈尔滨	200
南昌	143
太原	156
呼和浩特	153
郑州	180
成都	178
重庆	185
合肥	169
乌鲁木齐	156
南宁	190
银川	160
西宁	155
昆明	190
西安	156
兰州	172
贵阳	156

资料来源：《中国统计年鉴2004》。

表2.2的数据显示，工资水平与城市居民消费水平相比，全国农民工的平均工资已经远远高于城市最低收入户的消费水平，略高于中等偏下

户的消费水平，而略低于中等收入户，而且民工的收入水平远远高于各个省会城市的最低生活保障线（表 2.3）。综上所述，农民工的收入水平可以支撑着他们在城镇的生活和定居，而农民工具有稳定的非农就业岗位是前提。如果随着城镇化进程的加快，把进城务工人员纳入城镇社保体系，外来进城务工就业的如农民可以成为未来城镇化进程中的中坚力量。

（二）农民进城从事非农就业大幅度提高了中国城镇化率水平

2000 年，中国政府开展的第五次人口普查，第一次把在城镇就业的农村外来务工人员作为城镇人口统计，使得中国的城镇化率在一年之内提高了 5 个多百分点。随着每年农村进城务工就业的人口的增加，在此后，中国的城镇化率从原来的每年平均增长 0.45 个百分点增加到 1 个百分点以上。到 2005 年，中国城镇化率已经达到了 43%，按照这样的增长速度发展下去，到 2020 年，中国的城镇化率可基本实现 55% 的预计增长目标。

目前，对于在城镇的非农就业的农业人口是否算做城镇人口，还存在着相当大的争议。反对者的主要观点基于，一是这些外来务工人员户口在农村，有着自己的住房和承包土地，大约不到 90% 的外来务工人员的家眷还在农村，而且他们的工作处于流动性。二是外来务工人员的非农就业主要依赖于他们的年龄优势，一旦超过黄金就业期，只能回到农村从事农业劳动，也就是说，在城镇从事非农就业的外来务工人员人数是增长的，但人员是不断更新的。三是外来务工人员并没有被作为城镇居民看待，他们作为城镇人口只是统计上的概念，他们并不享受与城镇居民同等的公共福利，在社会管理和服务中，他们没有得到城镇政府的公平服务。四是认为外来务工人员的生活水平较低，低于城镇居民的平均生活水平。

关于在城镇就业的外来务工人员的身份和地位问题要从中国国情的实际出发。中国的城镇化和国际上的根本区别在于户籍管理制度，上文已经有过详尽的描述，但是不能否认，长期在城镇就业和消费的庞大人群的身份界定，应该根据他们生活和就业的实际情况而定。他们通过就业已经为城镇的发展作出了贡献，实际上就是城镇人口的一个组成部分，区别在于他们的身份和地位与原有的城镇居民的差别。统计上把农村进城的外来务工人员纳入城镇人口是中国城镇化进程中一次重要的改革，这意味着未来一系列的改革将要进行。值得注意的是，从城镇管理者的角度出发，解决外来人口问题已经成为政府工作的一个重要内容。因此，可以说明，农民在城镇实现非农就业，实际上等于完成了他们纳入城镇化发展进程中的最重要的一步。

（三）农村非农就业促进了小城镇的发展

非农就业的增长源自于农村乡镇企业的发展。自20世纪80年代以来，乡镇企业的高速增长，在带动农村非农就业增长的基础上，刺激了乡镇公共财政的增加，使得乡镇政府有足够的公共剩余投入乡镇所在地的基础设施建设。乡镇镇区也就是小城镇基础设施建设水平的改善，增加了吸引投资的能力，同时带动增加了小城镇的人口和就业的容量。一般来说，非农产业的发展，能够直接带动公共财政的增加，公共财政的增加促进城镇基础设施水平的提高，增强城镇的就业容纳能力以及城镇人口规模的扩张。仅举全国千强镇为例，千强镇人口仅占全国小城镇人口的10%，但创造的财政收入占到了全国小城镇的50%左右，平均每个镇达1.55亿元，是全国小城镇平均水平的10倍多。拥有乡镇企业个数达150万个，占全部企业数的15%。吸纳外来人口达2400多万人，外来人口占全镇总人口比例达30%。

（四）农村非农就业与城镇化——基于中国时间序列数据的分析

随着中国城镇化水平不断地提高，城镇人口增长迅速，农村非农就业的快速增长，为了验证农村非农就业与城镇人口增长之间的关系，我们应用平稳性检验、协整分析和格兰杰因素分析的方法，对二者之间的关系进行检验。农村非农就业数据来自于历年中国农村统计年鉴，城镇人口总量数据来自于历年中国统计年鉴，数据的时间跨度为1982~2004年，共23年。

在具体应用时间数据进行回归分析时，为防止伪回归现象的出现，首先必须对被检验的分析序列进行平稳性检验，即是否具有单位根。本文采用ADF的方法进行检验。其主要思想是一个不平稳随机序列y，如果经过d次差分之后变为平稳序列，则称序列具有d阶单整性，并记为

$I(d)$。其具体方法是对方程 $\Delta Y_t = \alpha + \delta Y_{t-1} + \rho T + \varepsilon_t$ 进行估计，如果常数项 α 与时间趋势项 T 不显著，可以从方程中剔除，其滞后阶数的选择原则是保证回归式的残差 ε_t 的平稳性。

Rural 表示农村非农就业总量序列，urb 表示城镇人口总量序列，然后对两个序列进行平稳性检验。从以上的检验结果可以看出农村非农就业总量序列和城镇人口总量序列在未经差分时存在某些时间趋势，且存在单方根，为非平稳序列。在对其进行一阶差分，然后进行单方根检验，发现一阶差分序列仍然是非平稳序列，且存在单方根。然后进行二阶差分检验，单位根检验结果表明，在经过二阶差分后平稳，所以农村非农就业总量序列和城这人口总量序列均为二阶单整。

为了进一步分析农村非农就业与城镇人口增长之间是否存在长期的均衡关系，下面对农村非农就业总量变量与城镇人口总量变量进行协整分析。通过上面分析可得知，两变量序列 rural 、urb 均为二阶单整满足协整检验前提，故可考虑两者之间是否存在协整关系。协整分析是指如果两个或两个以上的变量的时间序列是非平稳的，但它们的某种线性组合却表现出平稳性，则这些变量之间存在长期稳定的关系，即协整关系。

表 2.4　　农村非农就业与城镇人口总量的单位根检验结果

变量	ADF 值	检验类型 (c, t, n)	各显著水平下的临界值			是否平稳
			1%显著水平临界值	5%显著水平临界值	10%显著水平临界值	
rural	-1.89	(c, t, 0)	-4.44	-3.63	-3.25	否
urb	0.67	(c, t, 0)	-4.44	-3.63	-3.25	否
△rural	-2.59	(c, t, 1)	-4.5	-3.66	-3.27	否
△urb	-2.21	(c, t, 0)	-4.47	-3.65	-3.26	否
$\triangle^2$rural	-5.19	(0, 0, 0)	-2.69	-1.96	-1.62	是
$\triangle^2$urb	-6.84	(0, 0, 0)	-2.69	-1.96	-1.62	是

注：表中的△表示一阶差分，$\triangle^2$ 表示二阶差分；检验形式（C，T，K）中的 C、T 和 K 分别表示单位根检验方程包括常数项、时间趋势项和滞后阶数；0 是指检验方程不包括常数项或时间趋势项。

首先应用最小二乘法估计城镇人口总量和农村非农就业总量之间的回归关系，得到如下协整回归方程：

$$URB_t = \underset{(9.36)}{12234} + \underset{(19.12)}{2.12} * RURAL_t \quad \overline{R}^2 = 0.94 \qquad （公式2.1）$$

计算以上估计方程的残差 ET，然后对残差就行平稳性检验，具体检验结果见表2.5，从表4.3 的检验结果可以看出，ADF 检验统计量 -2.78 都小于显著性水平 0.01、0.05、0.1 时的临界值，因此可认为估计残差序列 ET 为0 阶平稳序列，$ET \sim I(0)$ ，这表明 URB 与 RURAL 之间存在协整关系。

表 2.5　　残差序列单方根检验表

变量	ADF 值	检验类型（c，t，n）	各显著水平下的临界值			是否平稳
			1%显著水平临界值	5%显著水平临界值	10%显著水平临界值	
ET	-2.78	（0，0，1）	-2.68	-1.96	-1.62	是

根据上述协整检验结果，城镇人口总量与农村非农就业总量之间存在长期的均衡关系，但这种均衡关系是否构成因果关系，即对于农村非农就业总量的增长与城镇人口增长之间的关系而言，是属于以下四种情况中的哪一种还需进一步验证：①农村非农就业总量是城镇人口总量的 Granger 原因；②城镇人口总量是农村非农就业总量的 Granger 原因；③农村非农就业总量显著影响城镇人口总量，城镇人口总量也显著影响农村非农就业总量，两者互为因果关系；④城镇人口总量与农村非农就业总量水平之间互不影响，即两者之间没有因果关系。由于 Granger 因果关系检验对滞后的阶数非常敏感，本文采用“依次多滞后几阶，看结果是否具有同一性”的方法。因果关系模型中的滞后期数取 m = n，且滞后期数分别取 1 -3。农村非农就业总量与城镇人口增长之间的 Granger 因果关系的检验结果（见表2.6）。

表 2.6　　Granger 因果关系检验结果

滞后期	零假设	F 值	接受零假设概率
1	城镇人口总量不是农村非农就业人口总量的原因	5.86	0.03
	农村非农就业人口总量不是城镇人口总量的原因	0.15	0.69
2	城镇人口总量不是农村非农就业人口总量的原因	7.03	0.006
	农村非农就业人口总量不是城镇人口总量的原因	0.04	0.95
3	城镇人口总量不是农村非农就业人口总量的原因	11.6	0.0005
	农村非农就业人口总量不是城镇人口总量的原因	1.93	0.17

从以上估计的结果来看城镇人口增长是农村非农就业总量增长的原因，

当滞后3期时，农村非农就业总量对城镇人口总量影响的显著性明显地增大，说明农村非农就业对城镇人口的影响存在滞后性。城镇化水平的提高，城市人口的增加，提高了集聚效应，这种集聚效应在就业方面表现为增加了非农就业需求，特别是对服务业需求增加，这样增加了对农村非农就业的需求，带来农村非农就业总量的上升。而且随着农村非农就业总量的提高，由于农业和非农业生产率之间的差异，必然会带来农民收入水平的相应提高，这样农民有了进城生活的保障。滞后3期的检验结果说明农村非农就业对城镇人口总量影响的滞后性，这种滞后性说明农民只有实现非农就业，带来收入提高，然后才会进入城镇，带来城镇人口的增长。而城镇人口总量对农村非农就业影响的效应却是直接的，城镇人口的增长能够直接带来农村非农就业需求的增长。以上的协整方程表明：每增长2.12个城镇人口能够直接带来1个农村非农就业机会。

综上所述，从上文对农村非农就业和城镇人口时间序列的分析得出二者之间存在着稳定的协整关系；在对二者的格兰杰因素分析中得出城镇人口的增长是农村非农就业总量增加的原因；从估计的协整方程得出，每增加2.12个城镇人口，能够带来一个农村非农就业机会。在对非农就业推动城镇化的机制分析中得出：①非农就业提高农民收入水平，保证农民进城后的生活。未来中国城镇化过程的主体是促进农村人口进入城镇，城镇生活相比农村需要更高的生活成本，因此必须提高农民收入以保障农民进城后的生活。从对中国农民收入结构的分析中得出，农村非农就业收入增长已经是农民收入增长的主要来源，因此提供充分的非农就业机会反过来也是促进未来中国城镇化发展的重要手段。已对中国城镇化和农民收入的实证研究也表明农民收入和城镇化之间具有双向因果关系。城镇化促进了农民收入的提高，实质上是通过农民非农就业实现农民收入结构的转变，带来农民收入的提高。②非农就业对公共财政增长的贡献，促进城镇化的进程。以上中国小城镇发展的区域性差距也说明城镇非农就业规模对城镇的公共财政收入的影响，而公共财政收入的提高促进了城镇基础设施的建设水平的提高，加快了城镇非农产业的发展，扩大了城镇非农就业容纳能力，确保城镇发展的产业基础，实现城镇发展的良性互动。

二、改革开放以来中国非农就业的发展

（一）中国非农就业总量分析

改革开放以来，中国非农就业总量增长迅速，如表2.7所示，中国非农就业总量由1978年底的1.18亿，增长到2004年底的3.99亿，增幅达到2.81亿，增长2.37倍，年均增长4.89%。中国非农就业率不断提高，由29.47%提高到53.1%，提高了23.62个百分点。中国第二产业就业总量增长9975万，增长1.44倍，年均增长1.4%，对非农就业增长的贡献率为35.5%；第三产业就业总量的增长幅度和速度要明显地快于第二产业，增幅达到1.8亿人，增长3.71倍，年均增长5.2%，对非农就业增长的贡献率为64.5%。

1. 非农就业总量的阶段性特征

非农就业增长在波动中的快速增长，第三产业就业增长逐渐成为非农就业增长的主渠道，非农就业结构发生根本性的变化。

表2.7 改革开放以来中国非农就业构成及总量状况表 单位：万人,%

年份	第二产业		第三产业		非农就业		非农就业率
	就业总量	总量增长对非农就业增长贡献率	就业总量	总量增长对非农就业增长贡献率	就业总量	逐年增量	
1978	6945		4890		11835		29.47
1979	7214	48.38	5177	51.62	12391	556	30.20
1980	7707	58.14	5532	41.86	13239	848	31.25
1981	8003	41.75	5945	58.25	13948	709	31.90
1982	8346	70.29	6090	29.71	14436	488	31.87
1983	8679	39.22	6606	60.78	15285	849	32.92
1984	9590	44.57	7739	55.43	17329	2044	35.95
1985	10384	56.15	8359	43.85	18743	1414	37.58
1986	11216	64.80	8811	35.20	20027	1284	39.05
1987	11726	46.62	9395	53.38	21121	1094	40.01
1988	12152	44.19	9933	55.81	22085	964	40.65
1989	11976	-880.00	10129	980.00	22105	20	39.95
1990	13856	50.40	11979	49.60	25835	3730	39.90
1991	14015	28.49	12378	71.51	26393	558	40.30

续表

年份	第二产业		第三产业		非农就业		非农就业率
	就业总量	总量增长对非农就业增长贡献率	就业总量	总量增长对非农就业增长贡献率	就业总量	逐年增量	
1992	14355	32. 08	13098	67. 92	27453	1060	41. 50
1993	14965	36. 42	14163	63. 58	29128	1675	43. 60
1994	15312	20. 42	15515	79. 58	30827	1699	45. 70
1995	15655	20. 08	16880	79. 92	32535	1708	47. 80
1996	16203	34. 36	17927	65. 64	34130	1595	49. 50
1997	16547	40. 52	18432	59. 48	34979	849	50. 10
1998	16600	11. 02	18860	88. 98	35460	481	50. 20
1999	16421	-107. 83	19205	207. 83	35626	166	49. 90
2000	16219	-48. 56	19823	148. 56	36042	416	50. 00
2001	16284	13. 83	20228	86. 17	36512	470	50. 00
2002	15780	-140. 78	21090	240. 78	36870	358	50. 00
2003	16077	29. 23	21809	70. 77	37886	1016	50. 90
2004	16920	41. 22	23011	58. 78	39931	2045	53. 10

资料来源：《2005 年中国统计年鉴》。

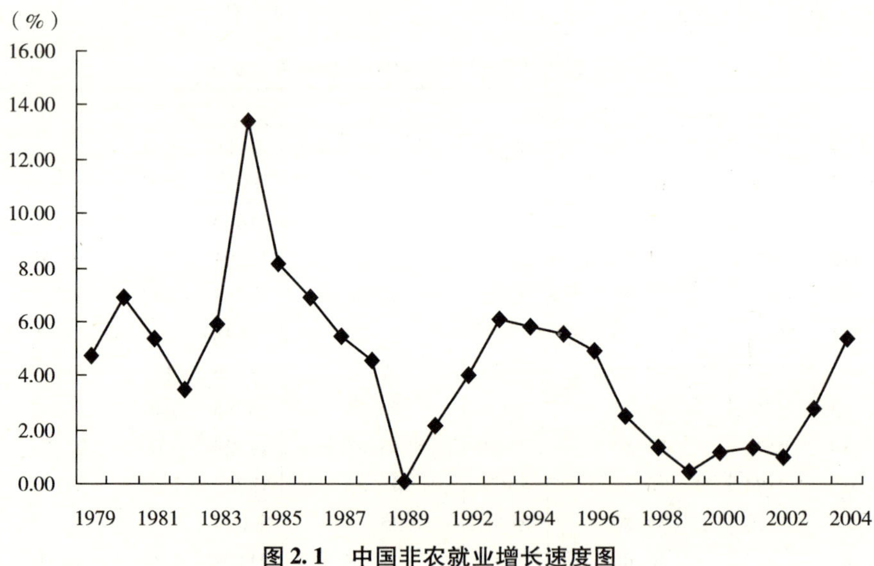

图 2.1　中国非农就业增长速度图

资料来源：《中国统计年鉴 2005》①。

① 由于 1990 年统计口径的调整，1990 年增长速度出现异常，所以剔除 1990 年数值，但并不影响其前后两个时期的速度

如图2.1、表2.7所示，按照中国非农就业的增长速度来看，中国非农就业经历了两个明显的低潮期，1989～1991年以及1997～2002年。如果以两个非农就业的低潮期将改革开放以来中国非农就业划分为以下三个主要时期，可以发现这三个时期中国非农就业结构实现了转变。

（1）1979～1988年为第一时期：第三产业增速快于第二产业，但就业总量依然低于第二产业

在这一阶段，中国非农就业总量增长1.03亿，年均增长1025万，年均增长速度6%。其中第二产业就业总量增长5207万，年均增长521万，年均增长速度5.8%；第三产业就业总量增长5043万，年均增长504万，年均增长速度7.3%；虽然从增长速度来看，在这一时期第三产业就业增长速度要快于第二产业。但是从就业增长的总量来看，第二、第三产业就业增长总量基本相等，第二产业就业增量略高于第三产业。1989年开始中国非农就业增长出现明显的下降，进入到改革开放以来的第一个短暂的低潮期，其中1989年、1991年分别增长20万、558万。

（2）1992～1996年为第二时期：第三产业的增速和增幅都明显快于第二产业，成为非农就业的主要来源

这一时期是中国非农就业增长最为迅速的一个时期。在这一阶段，非农就业总量增长7737万，年均增长1547万，年均增长速度5.3%。其中第二产业就业总量增长2188万，年均增长437万，对非农就业增长的贡献为28.3%，年均增长速度仅为2.9%；相对1978～1988年，这一时期，第二产业的就业增长幅度和增长速度都出现了明显的下降。第三产业就业总量增长5549万，年均增长1110万，对非农就业增长的贡献为71.7%，年均增长速度达到7.7%，第三产业就业增长成为非农产业就业增长的主要来源。

（3）1997～2002年为第三时期：总量增长缓慢，第三产业作为非农就业增长的主导力量

在这一阶段中国非农就业增长出现了较长时期的低位徘徊。在这6年间，非农就业总量增长2740万，年均仅增长457万，年均增长速度仅

为1.3%，中国非农就业增长进入了改革开放以来最长的一段低潮期[①]。在这一阶段由于受到国企改革、国家宏观政策的变化以及亚洲金融危机等国内外因素的影响，第二产业就业总量受到了明显的影响，个别年份就业总量甚至出现了下降，但是就这一阶段第二产业就业总量来说变化不大，但是基本上维持在1.62亿人左右，总量相比期初下降423万。第三产业就业增长3163万，年均增长527万，年均增长2.7%。在这一期间，由于受国内外环境的影响，而三大产业的就业增长率都出现了较大程度的下降，其中第二产业出现的负增长，带来了非农就业总量增长的迟缓。

随着非农就业总量的不断扩张和非农就业率的提高，非农就业结构发生根本性转变。第二产业的就业比重由17.3%上升到22.5%，增长5.4个百分点；第三产业的就业比重增长更为迅速，由1978年的12%上升到2004年的30.6%，共增长18.6个百分点。随着中国第三产业就业总量的快速增长，非农就业结构也发生了根本性的变化，1994年第三产业的就业总量超过第二产业，这样中国整体就业结构也就由“一、二、三”式转变为“一、三、二”式。第三产业就业成为非农就业的主渠道。

2. 就业结构与产值结构分析：就业结构转换仍然滞后于产值结构转换

根据库兹涅茨的研究成果得出三大产业就业结构和产业结构变化的一般趋势是：在工业化初期，随着经济的发展，第一产业的相对国民收入比重和相对劳动力比重同时下降，第二、第三产业的相对国民收入比重和相对劳动力比重不断上升。到工业化中期，第一产业的国民收入比重和劳动力比重继续减退，第二产业的国民收入比重上升，但其劳动力比重的变化却微乎其微。这说明第二产业对国民收入的增长有很大的贡献，但发展到一定的水平后，对就业的带动作用将会降低，然而我第三产业随着经济的发展，其劳动力比重上升速度快于国民收入比重上升速度，这说明虽然第三产业劳动生产率的提高并不快，但有很强的吸收劳动力的能力。以上的研究证实，中国的变化也符合这一经验规律。

① 从2003年开始，我国非农就业又呈现了快速增长的势头。

但从就业结构与产值结构的对比来看，中国就业结构转换仍然滞后于产值结构转换。偏离度是衡量产值结构与就业结构偏差的常用指标。如图 2.2 所示，改革开放以来到 90 年代中期，中国产业结构的偏离度虽有波动，但总体上仍趋于下降。然而到 90 年代中期以后，偏离度却在逐年扩大，表明中国产值结构与就业结构的偏差在不断扩大。在三大产业中，第一产业的结构偏差值最大，从业人员占全部从业人员的比重一直远远高于增加值占 GDP 的比重，而且近年来差值不断扩大，这是中国三大产业结构变动过程中存在的最突出的问题。2004 年中国第一产业产值占 GDP 的比重为 15.2%，虽然第一产业就业比重得到较大幅度的下降，但仍然高达 46.9%，产业与就业结构表现的偏差高达 31.7%，偏离度仍然高达 63.4%。中国非农产业就业比重明显地滞后于产值比重，这种滞后主要在于中国非农就业比重严重滞后于非农就业产值比重。中国经济的发展，三大产业结构变动以及劳动力就业结构变动，在一个较大时期内，农业份额的下降并没有带来相应的就业份额下降，而非农产业份额的上升也未带来就业结构的上升，劳动力就业结构变动明显地滞后于产值结构变动。

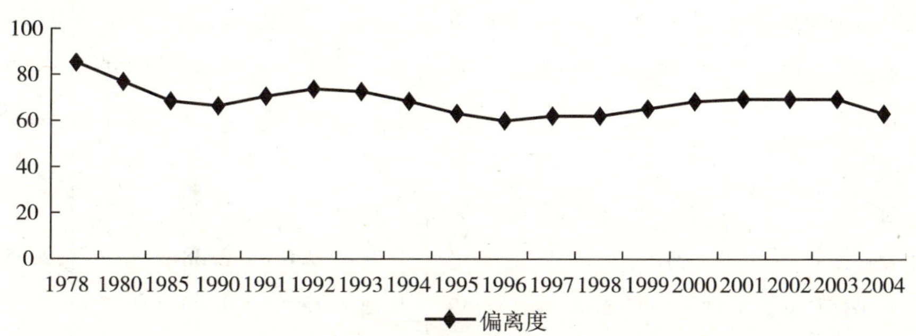

图 2.2 中国就业结构与产值结构偏离度

资料来源：《中国统计年鉴 2005》。

注：偏离度是各产业占 GDP 比重与占全部从业人员比重差额的绝对值之和。

（二）非农就业的行业分析

非农就业总量的增长伴随着产业结构的变化，同样产业结构的变化带来了产业内部各行业就业结构的变化。表 2.8 列举了改革开放以来 15 个非农行业就业比例的变化状况，分析数据可以看出中国非农就业的行业结构特点。

1. 制造业、建筑业、商业餐饮和交通运输业是中国非农就业的主要行业

数据显示，制造业、建筑业、商业餐饮和交通运输业是中国非农就业的主要行业，四个行业的就业总量占非农就业总量的一半左右。在这四个行业中以制造业所占比重最高，虽然从改革开放以来，中国制造业的就业比重不断下降，但是在15个大的行业中，制造业所占比重仍然最高。如果不考虑其他就业的比重，商业餐饮业、建筑业和交通运输业所占的比重分别排在各行业就业比重的第二、第三和第四位，而且随着改革开放的不断推进，这三个行业的就业比重也在不断上升。

表2.8　　非农就业的行业结构变化　　单位：万人，%

年份	1978	1980	1985	1990	1995	2000	2001	2002
采掘业	5.51	5.26	4.24	2.88	2.66	1.54	1.4	1.35
电煤水生产供应	0.9	0.89	0.76	0.63	0.74	0.73	0.72	0.7
制造业	45.06	44.56	39.55	28.15	27.97	20.77	20.18	20.14
建筑业	7.22	7.5	10.86	7.91	9.48	9.17	9.16	9.44
地质勘探和水利	1.5	1.42	1.05	0.64	0.39	0.28	0.26	0.24
交通仓储通讯	6.34	6.08	6.82	5.11	5.51	5.24	5.09	5.05
商业餐饮	9.63	10.3	12.3	9.27	12.25	12.1	11.83	12.05
金融保险	0.64	0.75	0.74	0.71	0.79	0.84	0.84	0.82
房地产	0.26	0.28	0.19	0.14	0.23	0.26	0.27	0.29
社会服务业	1.51	2.08	2.14	1.94	2.01	2.38	2.44	2.65
卫生体育和社会福利	3.07	2.94	2.49	1.75	12.67	1.26	1.23	1.2
教育文化	9.24	8.66	6.79	4.76	4.21	4.04	3.91	3.79
科研	0.78	0.85	0.77	0.56	0.52	0.45	0.41	0.39
政府和社会团体	3.95	3.98	4.26	3.52	2.97	2.85	2.75	2.61
其他	4.4	4.44	7.04	5.87	12.79	14.57	14.61	15.14
非农就业总量	11834	13239	18743	30632	35047	38730	40051	41253

资料来源：《中国统计年鉴2005》。

2. 改革开放以来，中国非农就业结构变化特征

（1）采掘业、制造业等行业的就业比重下降明显

第二产业中的采掘业就业比重下降速度最快。2002 年采掘业的就业总量比 1978 年减少了 94 万。其他一些行业虽然从就业总量上来看出现增长，但是就业比重却出现了较大幅度的下降，下降幅度较大的行业有制造业、教育、文化艺术和广播电影业；其中制造业下降最为明显，由 1978 年的 45.06% 下降到 2002 年的 20.14%，下降了 24.92 个百分点，从 1996 年开始，中国制造业的就业总量也出现了下降趋势，1996～2002 年的 7 年间制造业就业总量减少 1500 多万。此外，建筑业就业比重在稳定的增加。

（2）第三产业的就业比重总体上升，内部行业的增长不均衡

商业餐饮、社会服务业增长最为明显，商业餐饮的就业比重由 1978 年的 9.63% 上升到 2002 年的 12.05%，上升了 2.58 个百分点。同期社会服务业就业比重增长了 1.14 个百分点，而就业比重增长速度最快的为其他就业，由 1978 年的 4.4% 上升到 2002 年的 15.14%，就业比重增长了 2 倍多，反映了中国改革开放以来就业渠道的拓宽。

（3）一些公共事业部门的就业比重呈现平稳下降趋势

诸如水电煤气生产供应、地质水利、卫生体育社会福利、科研等部门的就业比重都出现了明显的下降，但是从其下降速度来看，其就业比重下降保持一个平稳的速度。

（三）非农就业的空间结构分析

偏离份额分析方法在许多文献中经常被广泛用来分析产业的空间分布、地区就业结构变化、经济增长的地区差异和劳动力迁移的空间去向等现象（袁志刚、范剑勇，2003）。为了进一步分析中国改革开放以来非农就业的空间分布特点，我们使用偏离份额分析法，来进一步分析中国非农就业的空间分布特点。本文采用袁志刚（2003）的分类方法，将中国分为六大区域，直辖市、东部沿海地区、东北三省、中部地区、西北

地区和西南地区①。

1. 东部沿海地区非农就业增长相对较快，成为中国制造业中心的趋势在不断的加强

改革开放以来，东部沿海地区非农就业增长迅速。相对1978年，到2004年东部地区的第二产业就业总量增长2.5倍。表2.9显示，东部沿海地区的第二产业就业占全国第二产业就业的比重上升迅速，2004年已经达到46.15%，上升14个百分点，几乎容纳了中国第二产业就业总量的一半。同样随着第二产业的快速增长，第三产业也得到了较为迅速的增长，2004年东部地区的第三产业就业总量是1978年的5倍多，东部地区的第三产业就业占全国第三产业就业的比重达到34.14%，上升了2个百分点。根据差异转移的定义，差异转移直接代表该区域产业竞争力水平所引起的劳动力转移部分。表2.9直接显示出东部地区的二产差异转移的数值明显地高于中部和中南部地区。从东部地区第二产业就业和第二产业产值来看，其占全国的份额远远高于其他地区相应份额，这也表明该地区的制造业产品有向其他地区输出的可能，或者说，东部沿海地区正在进一步的成为中国制造业中心。

表2.9　　分地区各产业就业比重变化表（%）

地区	第一产业		第二产业		第三产业	
	1978	2004	1978	2004	1978	2004
直辖市	1.66	0.71	10.79	4.97	8.95	6.13
东部沿海	35.94	27.97	32.22	46.15	31.86	34.14

① 除直辖市（未包括重庆，将重庆纳入四川省分析）外，剩余5个地区包括：(1) 东北三省：黑龙江、吉林、辽宁。在计划经济时代因受前苏联工业化影响而其产业结构有严重的重工业化倾向，改革初期其城镇化水平比其他省份高。(2) 东部沿海各省：河北、山东、江苏、浙江、福建、广东、海南。在计划经济年代由于受国际环境和毛泽东的地区平衡发展思想的影响，地区工业发展受到严重抑制。(3) 中部省份：山西、河南、安徽、湖北、湖南和江西。主要位于黄河的北部一直至长江的南端，适宜的温度和充足的降雨量使得这一地区成为全国农业生产中心。(4) 西北地区：内蒙古、陕西、宁夏、甘肃、青海、新疆、西藏。这一地区相对于其他地区来说，气候干燥、地形陡峭，在其西部、北部边界都与沙漠接壤，坡度在5%以上的土地超过10%，且只有8%的土地是可耕地。(5) 西南地区：四川、云南、贵州、广西（将重庆纳入四川省分析）。该地区也具有充足的降雨量和适宜于农作物生产的温度，但是太多的山脉导致土地坡度超过10%和较少的可耕地面积。

续表

地区	第一产业		第二产业		第三产业	
	1978	2004	1978	2004	1978	2004
东北三省	5.27	6.88	15.78	6.99	12.95	8.40
中部地区	31.55	33.15	23.94	25.23	24.36	26.98
西北地区	9.01	10.07	8.83	5.92	9.21	8.66
西南地区	16.57	21.22	8.45	10.74	12.69	15.69

资料来源：《新中国五十年统计资料汇编》《中国统计年鉴2005》。

2. 直辖市和东北、西北的非农就业增长速度较慢，占全国就业比重出现较大幅度下降

表2.10显示，直辖市和东北、西北地区的第二产业就业增长速度较慢，占全国就业比重出现较大幅度下降。1978年这三个地区第二产业就业占全国的比重为35.41%，到2004年这三个地区的比重下降了将近一半，仅为17.88%。虽然这三个地区呈现出相同的变化趋势，但是造成这种相同变化趋势的原因不尽相同。在直辖市，工业化进程已步入后期阶段，制造业就业份额出现了大幅下降，第二产业朝资本、技术密集型方向前进；而在东北三省和西北地区，第二产业主要是由重工业构成，而这种重工业主要由采掘业和原料型工业组成，按照钱纳里的工业化划分阶段，煤炭、石油和其他矿产品采掘占主导的经济应归入一国经济发展阶段的初级产品阶段，而没有进入工业化阶段。因此，东北三省第二产业竞争力下降可以理解为经济发展阶段向初级化阶段回归，重新回到一个较低的起跑线上开始起步。从农业就业的份额可以看出，直辖市的农业就业比重同样出现了大幅度的下降，而东北三省和西北地区农业的就业份额却出现了上升的趋势，这也同样说明了直辖市和东北、西北地区处于不同的发展阶段。

从以上中国就业区域布局的分析可以看出，改革开放以来，中国就业的区域布局已经发生了巨大的变化，东部沿海地区已经逐步成为中国制造业的中心，这种中心的转移带来了东部沿海地区的非农就业的快速发展，根据1990年和2000年中国第四次和第五次人口普查数据显示，1990年非农就业数量最多的五个省份已经发生了大的变化，1990年依次为江苏、辽宁、四川、广东和山东，2000年则为广东、江苏、浙江、山

表 2.10　　1978～2004 年地区就业变化的偏离份额分析（%）

地区	第一产业				第二产业				第三产业			
	绝对增长率	净增长率	结构转移	差异转移	绝对增长率	净增长率	结构转移	差异转移	绝对增长率	净增长率	结构转移	差异转移
直辖市	-53.85	-154	46.50	53.50	13.91	-87	-97.6	197.6	225.4	124	209.7	-109.7
东部沿海	-16.02	-117	61.53	38.47	254.5	154	55.4	44.6	409.3	308	84.65	15.35
东北三省	40.89	-60	119.8	-19.8	9.66	-91	-93.1	193.1	208.1	107	243.7	-143.7
中部地区	13.36	-88	82.15	17.85	160.9	50	141.9	-41.9	426.4	325	80.19	19.81
西北地区	20.61	-80	89.57	10.43	65.99	-55	-242.8	342.8	347.1	245	106.1	-6.1
西南地区	38.15	-63	114.6	-14.6	214.7	114	74.78	25.22	487.5	386	67.53	32.47
全国	29	-82	100	0	186	75	100	0	362	261	100	0

资料来源：《新中国五十年统计资料汇编》《中国统计年鉴 2005》。

东和河北（蔡昉等，2005）。2000 年非农就业最多的省份已经全部被东部沿海地区所占据，东部沿海地区快速的工业化所吸引的非农就业劳动力中很大比重是外省非户籍迁移人口。

（四）非农就业空间流向分析

本部分利用第四次、第五次人口普查，1987 年和 1995 年人口抽样调查资料，分析东部地区对快速工业化带来劳动力空间迁移的转变。表 2.11 显示了人口迁移空间分布状况的长期变化。在 1987～2000 年期间，人口迁移的空间分布特征是：地区内部迁移（其中主要是省内迁移）比例始终高于地区间的迁移比例，但是地区内部和地区之间的迁移比例则随着时间不断发生变化。东部地区内部迁移比例提高，东部地区流向中西部地区的比例下降，而中西部正好相反，中部和西部地区内部迁移比例趋于下降，中部向西部、西部向中部的迁移比例也在下降，而中西部向东部地区流入比例不断上升。

表 2.11　　全部迁移人口的地区分布（%）

目的地	出发地			
	东部	中部	西部	全国平均
东部				
1987	91.0	13.6	9.7	40.5
1990	87.0	18.6	18.1	43.2
1995	92.6	30.5	22.7	54.1
2000	95.4	32.0	22.5	54.5
中部				
1987	5.6	82.7	4.7	30.3
1990	8.4	75.8	7.5	29.9
1995	4.1	62.9	4.9	21.6
2000	2.5	65.1	2.6	22.7
西部				
1987	3.4	3.7	85.6	29.2
1990	4.6	5.5	74.4	26.9
1995	3.3	6.6	72.4	24.3
2000	2.0	3.3	74.9	22.8

资料来源：国家统计局《1987 年 1% 人口抽样资料》（1988），《1995 年 1% 人口抽样资料》（1997），《1990 年人口普查资料》（1993），《2000 年人口普查资料》（2002）。

注：1987 年和 1990 年迁移人口指迁入 1 年以上者；1995 年和 2000 年迁移人口则指迁入半年以上者。

根据 2000 年第五次人口普查的 10% 资料显示，全部迁移人口数量为 1246 万，其中，省内迁移的比重始终很高，为 73.4%。当我们描述跨省迁移的流向时，主要以东部地区为迁移目的地的倾向就更加明显了。表 2.12 显示了三类地区跨省迁移比例的空间交叉分布。2000 年，东部地区跨省迁移近 65% 集中在东部其他各省（市），中部地区跨省迁移超过 84% 集中在东部地区，西部地区跨省迁移超过 68% 集中在东部地区。从时间趋势上看，1987 ~ 2000 年，东部地区内部跨省迁移比例上升了近 15%，而中西部地区向东部地区迁移比例上升将近 24%，后者比前者高出 9 个百分点。

表 2.12　　跨省迁移人口的地区分布（%）

目的地	出发地			
	东部	中部	西部	平均
东部				
1987	49.7	61.7	44.2	52.0
1990	56.0	59.0	49.3	54.6
1995	63.5	71.8	56.5	63.1
2000	64.4	84.3	68.3	75.0
中部				
1987	31.3	21.8	21.2	24.6
1990	28.4	23.5	20.4	24.0
1995	20.5	12.7	13.4	18.8
2000	19.7	7.1	7.9	9.8
西部				
1987	18.9	16.6	34.6	23.3
1990	15.6	17.5	30.3	21.4
1995	16.1	15.5	30.2	18.1
2000	15.9	8.6	23.9	15.3

资料来源：国家统计局《1987 年 1% 人口抽样资料》（1988），《1995 年 1% 人口抽样资料》（1997），《1990 年人口普查资料》（1993），《2000 年人口普查资料》（2002）。

（五）小结

从中国非农就业的区域变化来看，东部沿海地区正在成为中国制造业的重心，而且随着中国制造业重心在东部沿海地区的确立，东部沿海地区的服务业需求也相应地增加，这样在东部沿海地区服务业同样得到了快速的发展。相对于东部沿海地区的快速发展，中西部地区的发展要慢得多。东北地区和西北地区在改革开放以来发展滞后，特别是东北地区。在改革开放初期，东北地区的城镇化水平仅次于各直辖市，但是随着市场经济体制改革的推进，东北地区发展明显滞后，其城镇化发展速度缓慢，这说明计划经济体制和市场经济体制下产业发展存在着巨大的差别。从中国几次人口普查的数据来看，东部地区也正在成为容纳中西部地区剩余劳动力的渠道，而且正在成为中国非农就业集聚地。不同地区非农就业增长的差异证明，符合中国比较优势的制造业相关产业是未来中国非农就业增长的基础，只有在制造业发展的基础上，才能带动大规模的人口集聚，第三产业的发展才有发展的基础。从中国实际资源禀赋结构来看，大量廉价劳动力是中国制造业特别是劳动密集型产业发展的竞争优势所在。

三、改革开放以来，中国农村非农就业与全国非农就业发展的对比

（一）中国农村非农就业增长与从全国非农就业增长时期的一致性

改革开放以来，中国农村非农就业总量快速增长，中国农村非农就业增长与从全国非农就业增长在时期上呈现出一致性。农村经济体制改革以来，中国农村非农就业得到了快速的发展，农业劳动力以不可逆转之势大规模转移。1978～2004年，累计向非农产业转移农业劳动力1.69亿人，平均每年转移650.6万人，转移劳动力的总量由0.22亿人增加到1.91亿人，平均每年增长8.7%，农村劳动力的非农化率由7.1%提高到38.4%，提高了31.3个百分点。对比农村非农就业增长和全国非农就业的增长在时期上呈现出一致性，如图2.3所示，农村非农增长的速度和全国非农就业在时期上呈现出一致性，农村非农就业的增长基本上也呈现出三个阶段，在时期上也是基本一致的。

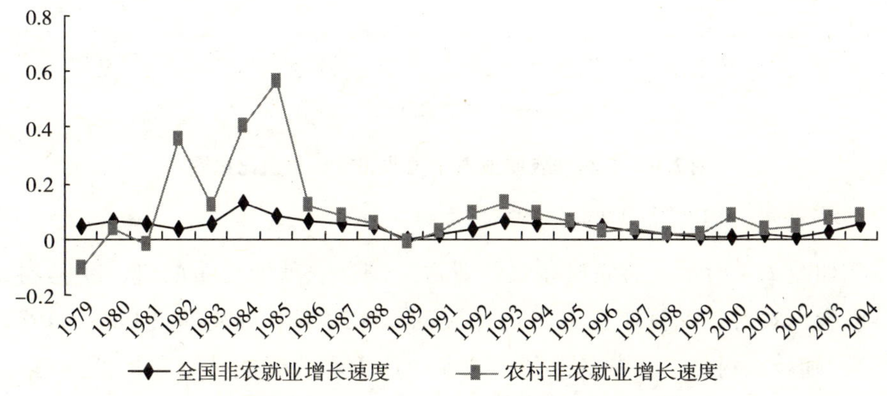

图2.3 全国非农就业和农村非农就业增长速度对比图

资料来源：根据《中国农村统计年鉴2005》《中国统计年鉴2005》计算整理。

（二）中国农村非农就业总量占全国非农就业总量比重不断上升

农村非农就业的增长速度快于全国非农就业的增长速度，如图2.3中所示，农村非农就业的增长速度曲线明显处于全国非农就业增长速度曲线的上方。改革开放以来，相对于全国非农就业发展，农村非农就业的发展更迅速，共增长8.8倍，年均增长8.72%，比全国非农就业增长速度高3.83个百分点。农村非农就业占全国非农就业比重也在不断提高，由18.4%提高到47.8%，提高了29.4个百分点，农村非农就业已经成为中国非农就业重要的组成部分。

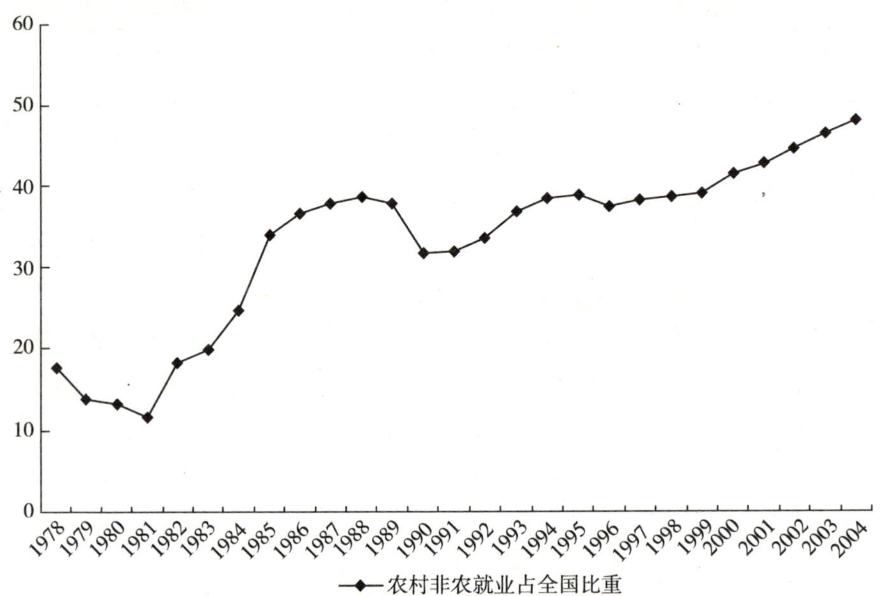

图2.4　农村非农就业占全国非农就业总量比重图

资料来源：《中国农村统计年鉴2005》。

如图2.4所示，对农村非农就业占全国非农就业比重的进一步考察，可以看出农村非农就业比重出现过波动，在改革开放初期（1978～1982年），随着农村经济体制的改革，农业生产力和农民的劳动积极性均得到了大幅度的提高，农业吸收的劳动力也在增加，农村非农就业的比重出现下降。随着农业生产力的迅速发展，农业剩余不断增加，部分大宗农产品出现供过于求，在这种背景下农村副业（即乡镇企业的前身）开始得到快速发展，农村非农就业比重迅速提高，由1982年的14.3%提高到1988年的38.99%，短短6年间提高了24.69个百分点。农村乡镇企业的迅速发展是这一阶段农村非农就业比重不断上升的主要原因。1984年3月1日，中共中央、国务院《转发农牧渔业部和部党组〈关于开创社队企业新局面的报告〉的通知》："同意报告提出的将社队企业名称改为乡镇企业的建议。""乡镇企业（即社（乡）队（村）举办的企业、部分社员联营的合作企业、其他形式的合作工业和个体企业），是多种经营的重要组成部分，是农业生产的重要文柱，是广大农民群众走向共同富裕的重要途径，是国家财政收入新的重要来源。"此通知不仅将社队企业改名为乡镇企业，而且在政策、舆论、资金和税收等方面都给予大力支持，中国农村非农产业发展的黄金时代来临。在20世纪90年代农村非农就业比重出现一段较长时期的平稳发展，进入到2000年农村非农就业比重增长出现迅速增长的势头，到2004年已经达到47.8%，比1999年增长8.5个百分点。至此农村非农就业已经占到全国非农就业的半壁江山。

（三）农村非农就业的行业结构及城市吸引农村非农就业的行业分析

1. 农村非农就业行业的相对集中性

表2.13　　农村非农就业行业结构（%）

	1990	1995	2000	2001	2002	2003	2004
工业	37.23	37.43	27.09	27.23	27.25	27.88	28.48
建筑业	17.56	1.92	17.75	17.73	17.89	18.07	17.70
交通通讯业	7.32	9.27	7.72	7.64	7.61	7.50	7.73
商业餐饮业	7.99	11.03	11.55	11.82	12.08	11.63	14.15
其他行业	29.90	40.35	35.89	35.59	35.17	34.93	31.95

资料来源：各年农村统计年鉴。

从表2.13中可以看出，工业、建筑业、交通通讯业和商业餐饮业是中国农村非农就业的最主要行业，从就业比重的变化来看，这四个行业的比重近年来有上升趋势，2004年四行业就业占农村非农就业的68.05%；而在2002年，以上四个行业占全国非农就业总量的比重仅为48.4%。近年来，从全国非农就业的角度来看，以上四个行业的就业比重在不断下降，然而在农村同样的比重却在不断上升，农村的非农就业行业进一步趋向集中。从整体上来说，中国农村非农就业的行业更加偏向于生产性行业，如第二产业以及第三产业中的交通运输业、餐饮业等生产性服务业。造成农村非农就业和全国非农就业结构性偏差的原因主要在于：①中国农村工业集聚程度低，对服务业的整体带动力不高，其实质就是中国城镇化发展滞后于中国产业发展；②与农村劳动力的整体素质有关，如果说城市户籍制度、就业制度对农村劳动力存在排斥的话，那么在农村这些相关制度的限制作用是非常小的，因此我们必须从农村劳动力的本身特点进行分析，寻找存在差距的原因，农村劳动力的整体素质相对城市劳动力要低，限制了农村劳动力在其他行业的就业；③农民收入水平较低限制了农村消费性服务业的发展，2004 年中国农民人均纯收入不足 3000 元，这在很大程度上限制了农村消费性服务业的发展；④农村劳动力非农就业的制度性限制，比如户籍制度、就业制度等。从以上的分析可以看出农村非农就业结构和全国非农就业结构的重要差别，这种差别也反映非农产业对农村劳动力需求结构。

2. 农村人口就业行业的低收入性特征

城镇化的过程是农村人口向城市迁移的过程，要实现这一迁移，必须满足农村人口的就业需求，只有实现农村劳动力在城市的稳定就业才能吸引农村人口到城市的迁移，促进城镇化目标的实现，这就有必要了解城市非农产业对农村劳动力需求结构。

表 2.14　　城镇不同类型劳动力行业分布表（2000 年）

行业类型	年平均工资（元/年）	行业分布（%）		平均受教育年限（年）	
		城镇常住居民	农村劳动力	城镇常住居民	农村劳动力
农林牧渔业	5184	25.1	5.9	7.5	7.7
采掘业	8340	2.1	1	9.9	8.3
制造业	8750	23	44.3	10	9
电力煤气水生产供应业	12830	1.7	0.5	11.3	10.4
建筑业	8735	4.2	8.6	9.6	8.4
地质勘察业水利管理业	9622	0.3	0.1	11.9	10.4
交通运输仓储邮电通信业	12319	6	3.5	10.1	9
批发和零售贸易餐饮业	7190	14.6	22.7	9.7	8.6

续表

行业类型	年平均工资（元/年）	行业分布（%）		平均受教育年限（年）	
		城镇常住居民	农村劳动力	城镇常住居民	农村劳动力
金融保险业	13478	1.6	0.5	12.9	11.8
房地产业	12616	0.7	0.5	11.6	9.5
社会服务业	10339	4.8	6.8	10.1	8.8
卫生体育和社会福利业	10930	2.7	1	12.5	11.8
教育文艺广播电影电视业	9482	5.5	2.3	13.3	12.5
科学研究综合技术服务业	13620	0.7	0.1	13.6	11.8
国家政党机关社会团体	10043	6.3	1.9	12.6	12
其他行业	11098	0.7	0.3	11.5	9.4
总计	9371	100	100	9.9	9

资料来源：蔡昉（2000）。

如表2.14所示，从行业分布看，农村劳动力中就业比例超过20%的主要集中在制造业和批发零售贸易餐饮服务业，两者分别为44.3%和22.7%，合计占67%，接近城镇本地劳动力同样行业就业比例之和的两倍；就业比例在5%～10%的行业有农林牧渔业、建筑业、社会服务业，三类行业合计占21.3%，低于城镇本地劳动力同行业就业比例之和；农村劳动力在其他十一类行业中就业比例均不到4%，而且也都小于城镇本地劳动力的就业比例。从分行业的年平均工资来看，在工资率最低的农林牧渔业、批发和零售贸易服务业、采掘业、建筑业和制造业五个行业中，农村劳动力就业比例占其总就业人数的82.5%，比城镇本地劳动力高出13.5个百分点；在工资率最高的交通运输仓储及邮电通信业、房地产业、电力煤气水生产和供应业、金融保险业以及科学研究和综合技术服务业五个行业中，农村劳动力就业比例占其总就业人数的5.1%，比城镇本地劳动力低出5.6个百分点。从平均受教育年限看，在工资最低的五个行业中，城镇本地劳动力和外来劳动力的人力资本水平相对较低；在工资最高的五个行业中，城镇本地劳动力的人力资本水平相对高于外来劳动力的人力资本水平。人力资本与工资收入之间存在着正相关关系，这说明人力资本对工资有决定作用（蔡昉，2000）。

3. 城镇非农就业需求对农村人口与城镇人口的互补性

为了进一步分析城市非农产业对农村劳动力的需求结构，我们使用《中国劳动统计年鉴》数据对年度间城市对农村劳动力需求的变化进行分析，2004 年城镇单位使用农村劳动力总量比 2003 年增加 164.7 万，其中仅制造业就增加 133.8 万人，占增加总量的 81.2%，采掘业增加 7.9 万人，建筑业增加 7.5 万人，而同期中国城镇劳动力在制造业中就业总量却下降 63.5 万人，建筑业减少 0.2 万人，采掘业增加 4.5 万人。

表 2.15　分行业城镇单位使用不同类型劳动力变动表（2004 年） 单位：万人

类型	采掘业	制造业	电煤水	建筑业	交通通讯业	商业餐饮业	金融保险	房地产	科研	其他行业
农村劳动力	7.9	133.8	-1.6	7.5	0.5	1.9	0.8	3.7	1.7	8.5
城镇劳动力	4.5	-63.5	4.6	-0.2	-5.2	-38.3	1.9	9.5	-1.5	70.8

资料来源：《中国劳动统计年鉴 2005》。

从表 2.15 中可以看出制造业、采掘业和建筑业平均工资都处于最低的五个行业之中，而在平均工资水平较高的行业，如金融保险业、房地产业等增加使用城镇劳动力都比农村劳动力要多一些。从增量上来看，城镇单位使用农村劳动力的增加集中在工资水平较低的行业，在这些行业中使用的城镇劳动力总量一半都处于减少状态，农村劳动力成为城镇劳动力的替代。

4. 小结

综上所述，1978 年开始，农村家庭联产承包责任制的推行和人民公社制度的解体，揭开了中国经济市场化改革的序幕。农户家庭不仅具有生产经营和资源配置的自主权，而且生产经营成果以及不同的资源配置选择直接反映到家庭收入和福利上，农民生产经营的积极性空前高涨，农业劳动生产率大幅度提高，过去在公社制度下隐蔽的农业剩余劳动力很快凸现出来。一方面，农业劳动力数量的绝对过剩和剩余劳动力的持续增长，以及土地资源约束，是促成农村劳动力转移的“推力”。与此同时，随着农村产品和要素市场逐步放开，农村劳动力市场开始发育。那些与所经营土地面积相比劳动力过多的农户，为使劳动力得到充分利用，开始在农业以外的其他经济部门寻求就业机会；另一方面，城乡之间、不同产业之间、不同地区之间收入势差的存在成为农村劳动力非农就业的经济动因——“拉力”。另外，改革开放以来，经济结构转变和经济总量增长迅速扩大了经济过程对劳动力的需求，为农村劳动力非农就业创造了条件。20 世纪 80 年代中期以来，农村乡镇企业、“三资”企业和城市其他非国有经济的迅速发展，为农村劳动力在城市就业提供了大量机会。在此期间，政府开始实施以促进经济增长为目标的全面政策调整。在整个社会所推动的全面改革浪潮下，严格控制农村劳动力人口流动的户籍制度由于许多新政策和新条例的出台而有所搁置，过去对农村劳动力向非农产业转移的各种政策限制逐步得到放松。这样，越来越多的农村劳动力开始外出，特别是到城市和沿海地区寻求就业机会和实现非农就业。

中国农村劳动力非农就业总量增长迅速，其增长速度要快于全国非农就业总量的增长速度。从农村劳动力非农就业的发展历程来看，经历了三次高峰期和两次低潮期，这三次高峰期转移农村劳动力占改革开放以来的 70% 以上，乡镇企业成为农村非农就业的主渠道，2003 年中国乡镇企业从业人员达到 1.36 亿人，占当年农村非农就业总量的 70% 以上。农村非农就业增长的两个低潮期出现在中国整体经济增长趋缓的 80 年代末和 90 年代末期，说明农村非农就业的发展与中国宏观经济的运行状况紧密相连，受国家的宏观经济政策影响较大。经过 20 多年的快速增长，农村非农就业已经成为中国非农就业最重要组成部分。对比农村非农就业与城镇非农就业的行业结构可以发现，农村非农就业的行业结构与城镇非农就业的行业结构存在着重大的差别。相对于城镇的非农就业结构，农村非农就业更集中在具有生产性功能的行业，如制造业、建筑业、商业餐饮业和交通通讯业。城镇单位使用不同类型劳动力的行业结构分析中可以发现农村劳动力在城镇实现的非农就业的行业同样集中上述几个行业。这些行业具有工资水平较低等特点，而且使用城镇劳动力的总量一般都在下降，农村劳动力成为城镇劳动力必要的替代。农村非农就业结构与城镇就业结构间存在差别的原因在于：一是全国一体化的劳动力市场没有形成；二是城乡劳动力人力资本水平之间存在重大差别。《中国教育人力资源报告》指出，城乡劳动力人口文化素质差异巨大，2000年中国15岁以上人口中仍有文盲8699.2万人，其中3/4分布在农村。农村劳动力人口人均受教育年限为7.33年，而城市是10.20年。城市、县镇和农村之间劳动力人口受教育水平的比重情况为：具有大专及以上受教育水平的人口比例是20∶9∶1；受高中教育的人口比为4∶3∶1；受初中教育的人口比为0.91∶1.01∶1；受小学教育的人口比为0.37∶0.55∶1。据蔡昉的研究，人力资本与工资收入之间存在着正相关关系，人力资本对工资有决定作用（蔡昉，2004），农村劳动力的人力资本水平也决定了其就业的行业结构。因此在快速城镇化的过程中，必须针对农村劳动力自身的特点，促进适合农村劳动力特点的相关产业的发展，实现中国城镇化快速发展的目标。

四、影响非农就业的主要因素

（一）经济增长与非农就业增长

1. 经济增长促进非农就业增长

经济增长的实现无非来源于要素投入的增加，以及要素生产率的提高两种途径。劳动力是一种非常重要的要素投入，就业增长代表了劳动力投入的增长，一般认为就业增长与经济增长存在着一致性。经济增长与就业增长应该是互动的和正相关的，经济的较快增长会扩大对劳动力的需求，可增加就业，降低失业。世界各国经济增长的进程也证明了经济增长与就业增长之间的这种互动机制。索洛利用宏观生产函数对经济增长进行了分解得出：一国或地区的经济增长是技术进步、资本积累和劳动力增加等因素长期作用的结果。按照索洛的新古典经济增长模型，就业增长率与经济增长率的变动趋势在理论上存在着一致性，经济的较快增长会推动就业的相应增加。1962年美国经济学家阿瑟·奥肯根据美国的统计资料，测算出一条关于实际GNP增长率与失业率之间关系的经验规律：若一年实际GNP增长率超过潜在GNP增长率的2.5%，可以使失业率降低1%。这一规律的发现进一步证明了经济增长和就业增长之间的一致性关系。另外，索洛的经济增长模型还表明，技术进步率、资本投入增长率及劳动与资本的产出弹性均与就业增长率负相关，因为节约劳动型和资本密集型的经济增长会产生就业挤出效应，降低经济增长的就业弹性。

2. 中国就业弹性的主要特征

中国经济在最近的20年里保持了快速增长的势头，GDP平均增长9.7%，是同期世界经济增长最快的国家之一。与此相对应，从上文对中国就业的分析中得出中国非农就业增长率却不断降低，出现了高经济增长率与高失业率并存的现象：一是经济高速增长；二是就业增长率不断下降，失业和下岗人员逐渐增加，这说明中国就业弹性在下降。图2.5描述了改革开放以来，中国GDP就业弹性以及各产业就业弹性的变化情形，从中可以看出以下内容。

（1）GDP就业弹性的变化呈现波动性，但是近年又呈现下降趋势

20世纪80年代中国GDP就业弹性在0.23，到20世纪90年代则下降为0.07。2002年后，中国GDP的就业弹性又开始下降，到2004年下降为0.10的水平。相对于三大产业就业弹性，GDP就业弹性更平稳一些，说明三大产业之间就业存在一定的替代性。

（2）第一产业对就业的“蓄水池”作用

第一产业就业弹性总体水平较低，但波动较大。从图中可以看出第一产业就业弹性与第二、第三产业就业弹性的变动呈反方向，这种反方向变动平滑了中国总体就业弹性的变化。考虑到第一产业在中国经济结构中的作用，其就业弹性的这一变化特点实际上反映了第一产业作为就业“蓄水池”的作用。由于中国农村存在着大量隐性失业的农村剩余劳动力以及大量外出务工人员，第一产业就业弹性实际上很难反映该产业有效就业的变化。这些外出务工农民外出就业与中国非农产业的发展密切相关，非农就业能力增强时，农民外出增多，第一产业就业弹性下降，反之农民外出减少，第一产业就业弹性上升，因此第一产业增加值就业弹性的波动更大程度上折射了第二产业和第三产业就业的变化。尤其是从1990年代开始中国“民工潮”的出现，第一产业就业弹性与第二、第三产业就业弹性的反向变动趋势更为明显，第一产业实际上起到了就业

“蓄水池”的作用。

（3）第三产业的就业增长主导作用

从图2.5中可以明显看出，第三产业就业弹性相对第一、第二产业要高一些，特别是进入到20世纪90年代以后，这种趋势更加明显。从中国经济增长带动的就业总量增长来看，第二产业平均增长带动的就业总量增长在不断下降，而第三产业平均增长带动就业增长量却在不断上升。20世纪80年代，中国第二产业增加值每增加一个百分点带动第二产业就业增加44.6万人，第三产业增加值每增加一个百分点带动第三产业就业增加38.9万人。到20世纪90年代，中国第二产业增加值每增加一个百分点带动第二产业就业增加19.7万人；第三产业增加值每增加一个百分点带动第三产业就业增加84.8万人。2000～2004年，第二产业就业总量增加值每增加一个百分点带动第二产业就业仅增加9.7万人；第三产业增加值每增长一个百分点带动第三产业就业上升达到92.2万人。

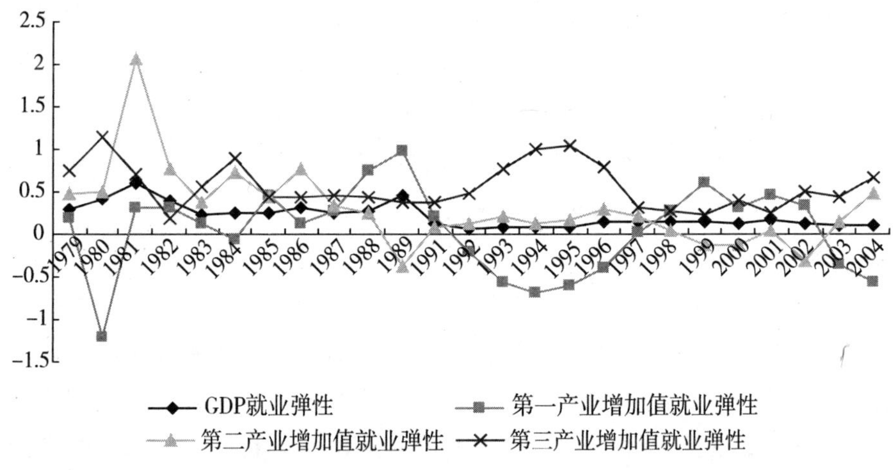

图2.5 中国1981～2004年就业弹性图

资料来源：《2005年中国统计年鉴》。

注：1990年之后就业数据利用人口普查进行了调整，它与1990年之前就业数量口径不一致。为了比较，我们剔除了1990年的弹性计算，即本文80年代指1980～1989年，90年代是从1991～1999年。两个时间段内数据在趋势上应该是一致的。

总体来说，中国就业弹性呈现下降趋势，对于这一趋势一些学者（胡鞍钢1997，周其仁1997，张车伟等2002）认为，就业弹性的下降趋势说明中国经济增长的就业效应在下降，经济的快速增长没有带动就业的相应增长。对这种趋势的解释，蔡昉（2004）从中国宏观经济政策的角度进行分析，认为虽然中国宏观经济政策有效地调节了周期性失业，但中国1998年以来实施的扩张性财政和货币政策，虽然显著拉动了经济增长，但由于其引导的投资方向主要是资本密集度高、就业吸纳能力低的行业，导致反周期措施拉动就业的效果比较微弱。在经济增长过程中对就业的影响因素有很多，比如对外贸易、产业结构、金融市场、劳动力市场以及国家宏观政策等等，这些影响因素主要通过对要素投入的影响，实现不同要素之间的替代，主要是资本对劳动的替代，促进资本的密集化，要素生产率的提高。下文我们将对这些影响就业的因素进行进一步的分析，在此不做深入的分析。

（二）对外贸易与就业

1. 贸易的发生机制

贸易是国家之间的产品交换活动。虽然劳动力在国别之间不能自由流动，但用于交换的产品生产是企业将劳动、资本和技术相结合的投入产出活动，两国之间产品交换扩大了用于可消费的产品种类、产品市场、产品需求变化进一步带来企业规模扩张和要素投入增加，这样，贸易通过产品流动、企业投资与劳动力市场和就业间接联系起来。与产品贸易相关联的服务贸易，如货物运输、金融结算等大多是为产品在不同国别之间流动提供便利条件和服务，从货物贸易中衍生出来。

按照要素禀赋理论，两个具有不同要素丰裕程度的国家，通过生产和交换各自具有比较优势的产品，即使生产要素无法完全流动，两国的消费产品数量都比封闭经济状态下多，贸易结果使得两国的生产要素价格存在长期趋向均等。两国集中生产具有各自比较优势的产品，是一种专业化分工过程。通过专业化生产分工，贸易活动改变了物质资本和人力资本积累方式，也就改变了经济增长的稳态条件，从而两国都获得了比封闭经济状态下更快的经济增长速度。特别是从进口替代战略转向出口导向战略之后，资源配置方式的根本转变对长期增长具有更重要的意义（Krueger，1998）。实证分析表明，贸易确实对经济增长有重要影响（Edwards，1993，1998；Frankel and Romer，1999）。尽管贸易是推动经济增长的重要引擎，但它能否带来就业增长，则要看比较优势产品生产部门和比较劣势产品生产部门的就业变化。

2. 贸易对就业的作用机制

两国通常在发展水平、经济体制和劳动力市场政策方面存在着很大差异，在劳动力市场完善程度不一致的情况下，贸易对两国的总体就业情况往往带来不同程度的影响。如果其中一个国家的劳动力市场是充分竞争和完善的，那么，比较劣势产品生产部门因生产规模萎缩带来的就业下降，将会增加比较优势产品生产部门的劳动力供给。通过工资向下调整，比较优势产品生产部门将全部吸收新增的劳动力。在贸易扩张带来了新增需求的情况下，就业将出现增长。如果一个国家的劳动力市场是不完善的、存在着体制约束或刚性，比较劣势产品生产部门减少的就业数量不能被比较优势产品生产部门吸收，那么，贸易则带来就业数量减少。

除了劳动力市场之外，贸易对就业的影响还与资本市场、产业政策和贸易政策等因素有关。如果资本市场或贸易政策存在着扭曲，那么，贸易活动就会偏离本国所具有的比较优势，贸易扩大也不一定带来就业增长。同样，如果产业政策的制定背离了本国的比较优势，那么，贸易扩大也不能起到加速国内产业结构调整的作用。

从宏观经济角度看，贸易是通过经济增长来与就业发生间接联系的。国民收入账户将总产出分解为居民消费、投资、政府消费和净出口四个部分。它们任何一个部分变化都会带来总产出变化，从而影响经济增长速度。如果把总产出看做是劳动力的函数，那么，上述四个部分变化则通过总产出变化来影响劳动力需求，从而影响就业。

在国民收入账户中，净出口等于出口额减进口额。净出口年份间变化反应了对外贸易活动对国民收入的贡献。如果再将经济增长与就业联系起来，那么，就可以观察对外贸易活动对就业的作用。由于假定出口和进口对经济增长的作用相同，只是方向相反，这种方法计算的净出口值占 GDP 比重虽不到 5%，但对经济增长贡献年份间波动很大、从 -35.3% ~104.8%，很难估计贸易对增长和就业的作用（见表 2.16）。

出口对本国的消费和投资都有拉动作用，而进口对外国的消费和投资有拉动作用，因此出口对本国经济增长具有乘数效应。林毅夫和李永军（2002）认为，出口增长 10% 将带来 1% 的经济增长。如果这个估计正确，2000 ~ 2003 年出口贸易增长平均为 22.9%，那么，出口带来的经济增长率应该为 2.3%。

2000 ~ 2003 年，GDP 平均增长率为 8.2%，就业平均增长率为 1%，相当于每年平均新增就业 760 万，那么，经济增长率每上升 1% 就相当于拉动 93 万新增就业。由于出口增长对 GDP 增长的贡献超过了 1/4，那么，出口增长推动的新增就业数量则为 190 万人。

表 2.16　　1978 ~ 2002 年贸易对 GDP 增长的贡献作用

年份	净出口值（亿元）	占 GDP 比重（%）	对 GDP 增长贡献（%）	年份	净出口值（亿元）	占 GDP 比重（%）	对 GDP 增长贡献（%）
1978	-11.4	-0.3		1991	617.5	2.9	4.2
1979	-19.6	-0.5	-2.7	1992	275.6	1.1	-11.8
1980	-14.8	-0.3	1.7	1993	-679.4	-2.0	-24.5
1981	11.3	0.2	10.8	1994	634.1	1.4	27.6
1982	91.1	1.7	17.5	1995	998.5	1.7	5.0
1983	50.8	0.8	-6.7	1996	1459.3	2.1	6.6
1984	1.3	0.0	-5.4	1997	2857.2	3.8	22.8
1985	-366.9	-4.2	-35.3	1998	3051.5	3.9	4.5
1986	-255.2	-2.5	16.1	1999	2248.8	2.7	-13.3
1987	11.5	0.1	22.7	2000	2240.2	2.5	-0.2
1988	-151.1	-1.0	-11.0	2001	2204.7	2.2	-1.5
1989	-185.5	-1.1	-3.6	2002	2794.2	2.6	7.0
1990	510.3	2.8	104.8				

资料来源：《中国统计年鉴 2003》。

注：①净出口对 GDP 增长贡献是利用 GDP 平减指数消除了价格因素影响；②本表数据与海关统计有一些出入。

上述推算是从经济总量角度分析出口对就业的贡献作用。这种估计有可能高估了出口的就业效应。原因有两个：一是出口增长并不等于一定带来就业增长。中国近年来出口增长最快是来自工业制品。如果分产业来看，制造业部门的就业增长确实对就业总量增长贡献最大，那么，上述推算是可信的；否则，就存在着高估出口的就业效应。二是贸易对经济增长的贡献方式和程度。从短期看，就业增长来自总需求变化。如果国内需求变化引发的经济结构调整比就业结构调整作用更大，那么，产业结构调整对就业的影响可能大于出口效应。如果贸易通过发挥比较优势与国内产业结构调整相吻合，贸易带来的就业效应就和产业结构调整带来的就业效应叠加在一起。因此，我们需要从产业角度对出口贸易的就业效应做进一步分析。

3. 近年来，中国贸易就业效应的弱化

近年来，中国出口贸易保持了强劲增长势头，从中国的出口商品构成看，1999～2001 年，加工贸易出口增幅分别为 6.1%、28.5% 和 7.1%，而同期机电产品出口增幅为 14.7%、36.9% 和 12.8%，大大高于加工贸易出口增幅。机电产品在出口商品中的比重由 1998 年的 36.5% 提高到 2001 年的 44.6%，这表明中国出口贸易的快速增长主要依靠资金和技术密集型而非劳动密集型产品的出口带动。出口贸易的快速发展对经济增长的作用是显而易见的，但在扩大劳动力就业方面的作用却不明显。从近年来中国制造业的投资增长来看，1998～2002 年，轻工业部门占制造业的投资比重不到 30%，重工业部门占制造业投资比重在 70% 以上。由于轻工业部门所对应的产业生产劳动密集型产品，多为出口导向性行业，当大部分投资流向重工业部门，结果轻工业部门得不到应有的发展，也在一定程度上抑制就业增长和比较优势的发挥。因此从长期趋势上，制造业产业结构调整带来的就业效应大于贸易的就业效应。

（三）资本深化、技术进步和就业——基于对中国工业数据的分析

1. 要素结构升级及其对就业的影响

林毅夫及其合作者（2001，2002）基于对发展中国家发展的基本经验的总结得出，如果一个欠发达国家想在产业和技术结构上赶上发达国家，就必须首先缩小与发达国家的要素禀赋结构的差距，实施比较优势发展战略。比较优势发展战略强调一个国家在其产品、技术和产业选择中，充分利用该经济相对丰富的生产要素，降低成本，提高竞争力。当一个国家遵循比较优势发展战略时，企业就会进入具有比较优势的产业，并且在生产中选择了成本最低的技术时，作为遵循比较优势的战略的结果，这个企业将是有竞争力的，占有最大的市场份额，拥有最大的剩余或利润。同时，当资本用在具有比较优势的产业中时，资本有最大可能

的回报率，因此，经济活动人的储蓄激励最高。违背比较优势的战略将导致与遵循比较优势的战略恰恰相反的结果。所以，遵循比较优势的发展战略下的要素禀赋结构的升级将快于违背比较优势的战略。要素禀赋结构的升级意味着资本相对于劳动的增长，即资本的深化。资本积累取决于企业提供的剩余或利润的规模，以及经济活动人的储蓄率。遵循比较优势的战略，那么要素禀赋结构的升级就会很快，产业和技术结构的升级也很快，要素禀赋结构升级为产业和技术结构升级提供了基础。如果要素禀赋结构的升级以及产业和技术结构的升级，带来经济效率的不断提高，表现为全要素生产率的不断上升，我们认为这种升级是遵循比较优势战略的结果，能够促进经济收敛的快速实现，否则会延缓经济的增长速度。资本深化是要素禀赋结构升级的必然的结果，适度的资本深化是要素禀赋结构升级的结果，但是过度的资本深化会导致投资收益率持续而显著地恶化，成为阻碍经济快速持续发展的不利因素。

要素禀赋结构的升级表现为技术进步，技术进步对就业的影响具有直接效应和间接效应。既有减少传统岗位就业的作用，也有增加就业的补偿效应。中国 80 年代以后开发和引进了大量的先进技术和设备，技术进步速度很快，对就业而言，技术进步同样存在着替代就业的直接效应和补偿作用的间接效应，技术进步对就业影响的净效应要看这两种作用力量的大小。

2. 技术进步对就业影响的实证分析——基于中国工业的数据

为了进一步分析技术进步对中国就业的影响，我们以中国工业发展与工业就业为例进行分析。以制造业为主体的工业对中国未来城镇化和工业化的发展具有重要的作用。王德文等（2004）认为，虽然中国还不具备成为世界制造中心的条件，但是随着中国劳动力市场完善，农村大量富余劳动力供给将使得中国制造业在较长时期内保持竞争优势（王德文，2005）。蔡昉等（2005）认为，无论从劳动力供给总量还是制造业成本方面，中国在国际上都具有明显优势，因此只要更充分的发挥中国制造业的比较优势，制造业将是就业需求增加的最重要领域（蔡昉等，2005）。在上文我们对中国就业的产业分析中同样得出，从中国产业的地域分布和发展的事实来看，制造业是中国农村人口就业的主要产业，制造业的就业增加是未来中国就业增加的主要渠道。从发挥比较优势的角度来说，中国作为发展中国家，资本相对劳动更为稀缺，发展劳动密集型产业，采用劳动替代资本的技术更符合中国发展的实际资源禀赋结构。如果反之，可能会带来暂时的经济快速增长和要素生产率的提高，但是这种增长是不持续的，从一个长久角度来看，会延缓要素禀赋的持续升级，阻碍农村剩余劳动力的转移，扩大农业生产力与非农业生产力之间的差距，进一步加深中国二元经济结构，加大城乡收入差距，阻碍城镇化目标的实现。

(1) 技术进步的测度

全要素生产率（TFP）是反映技术进步的重要指标，全要素生产率最早由索洛（1957）提出，反映各要素投入之外的技术进步和能力实现等导致的产出增加，是在剔除要素投入贡献之外的残差。在此我们应用张军（2003）对全要素生产率的测度方法，对中国工业全要素生产率进行计算。设 Y 表示总产出，K 表示资本，L 表示劳动力投入，生产函数的形式为：$Y = AK^{\alpha}L^{\beta}$，则定义 $TFP_t = \frac{Y_t}{{K_t}^{\alpha}{L_t}^{\beta}}$，全要素生产率的增长率为 $\frac{TFP_t}{TFP_{t-1}} - 1$，全要素生产率是反映技术进步的重要指标。

数据使用说明，测度全要素生产率最重要的一个环节就是对数据的选取，从中国已有的年鉴并不能获得计算所需要的全部数据，因此必须对数据进行计算，在这里我们应用陈仲常等（2005）整理的中国工业生产发展数据计算中国工业全要素生产率增长率。

首先对中国估计中国工业生产函数，求得 α 和 β，具体估计结果如下：

$$LN\frac{Y}{L} = \underset{(12.21)}{0.41} + \underset{(16.57)}{0.65}\frac{K}{L} \qquad \overline{R^2} = 0.92 \qquad \text{（公式 2.2）}$$

得出 α =0.35、β =0.65，进一步利用以上结果计算中国全要素生产率以及全要素生产率增长率的情况，具体结果见表 2.17。

表 2.17　中国工业发展情况表（1978 ~ 2003）

年份	产出（亿元）	劳动力（万人）	资本（亿元）	TFP	TFP 增长（%）
1978	1783.7	6091	3392.5	0.428394	
1979	1925.78	6298	3651.5	0.435792	1.73
1980	2049.6	6714	3912.6	0.433634	-0.50
1981	2053.6	6975	4118.4	0.414669	-4.37
1982	2127.37	7204	4388.3	0.407568	-1.71
1983	2302.68	7397	4768	0.414138	1.61
1984	2629.76	7930	5211.2	0.435673	5.20
1985	2988.78	8349	5841.9	0.451504	3.63
1986	3243.36	8980	6600.2	0.441201	-2.28
1987	3494.2	9343	7370.2	0.436331	-1.10
1988	3714.77	9661	8140.5	0.429785	-1.50
1989	3539.26	9568	8650.3	0.394962	-8.10
1990	3666.41	9698	9170.6	0.392052	-0.74
1991	4201.66	9947	9767.4	0.427437	9.03
1992	5069.57	10219	10478.7	0.488066	14.18
1993	6158.96	10467	11172.6	0.563987	15.56
1994	6927.03	10774	11819.2	0.605387	7.34
1995	7704.19	10993	12532.8	0.643584	6.31
1996	8543.32	10938	13251.9	0.689474	7.13
1997	9445.83	10763	13914.2	0.742704	7.72
1998	9989.94	9323	14446.1	0.806084	8.53
1999	10823.08	9061	14903.5	0.864374	7.23
2000	12228.04	8924	15301.7	0.965118	11.66
2001	13377.03	8932	15588.2	1.042822	8.05
2002	14692.02	9155	16116.3	1.111165	6.55
2003	16998.4	9327	17249.8	1.222049	9.98

资料来源：产出、资本和劳动力投入数据来自于陈仲常、吴永球，2005。

（2）工业技术进步与工业吸纳就业能力的下降，即“过度资本深化”

从表中可以看出，1978 ~ 2003 年中国工业全要素生产率增长 2.85 倍，从中国工业全要素生产率增长率来看，在 20 世纪 80 年代增长出现反复，但是从1992年开始中国工业全要素生产率增长率变动幅度不大，一直保持较高的增长速度，最低也在6.5%以上，从技术进步来看中国工业全要素生产率从1990年代以来得到快速增长。为了进一步反映工业技术进步和工业就业之间的关系，我们结合中国工业就业进一步分析中国工业技术进步。张军（2002）在新古典生产理论的假设条件下，推导得出资本—产出比率的变动是资本—劳动比率（即人均资本）变动和全要素生产率（TFP）的变化率之间的“差”，具体形式如下式：

$$\frac{\hat{k}}{y} = (1-\alpha)\frac{\hat{k}}{l} - \hat{tfp} \qquad \text{（公式 2.3）}$$

对2.2式进行移项可以得到：$\hat{tfp} = (1-\alpha)\frac{\hat{k}}{l} - \frac{\hat{k}}{y}$ （公式2.4）

k、l、y、tfp 分别表示资本投入、劳动力投入、总产出以及全要素生产率，符号“ ^ ”表示增长率。从公式2.3可以得到全要素增长率等于资本—劳动比增长率和资本—产出比增长率的差。从中可以得到如果投资不断增长，并且假设投资的增长能够持续有效地驱动更多的劳动投入生产过程以至于资本—劳动的比率没有上升的压力，这时候，根据上式，除非TFP在不断恶化，否则，资本—产出的比率并不会随着经济的增长而上升，因为进入资本的增长被劳动的增长所匹配。在这种条件下，我们就可能观察到经济的高速增长并没有伴随着资本—产出比率的显著上升，即使这种增长主要还是依赖要素投入的增长来实现的。对一个资本稀缺而劳动富裕的经济来说，这意味着，只要技术效率（TFP）不断改善，技术的选择不过分朝资本替代劳动的路径偏差，经济的增长仍有更长的持续性。随着经济的发展，资本积累水平的提高，要素禀赋结构的升级，资本—劳动比不断上升，带来资本产出水平的提高。相反的情况是，技术的选择出现了不断朝资本替代劳动的路径偏差。在这种情况下，投资的增长导致资本—劳动比率的过度上升，出现了所谓的“资本深化”过程的加速趋势。结果，由于资本的增长持续快于劳动的增长，导致资本的边际回报出现递减趋势，最终导致经济增长速度下降。

（3）“过度资本深化”带来资源配置效率的下降

中国工业资本—劳动比在1995年以后出现了大幅度的增长，从1978~1994年16年间中国工业资本—劳动比仅增长97%，年均增长

4%；而1995~2003年仅8年时间增长了60%，年均增长速度为6%，从增长速度来看最近8年的资本—劳动比年均增长速度提高了50%。较高速度的工业资本—劳动比增长带来了中国工业全要素生产率的快速增长。资本—劳动比的快速增长是主要通过减少中国工业就业总量和增加工业投资来实现，1995年中国工业净资本12532.8亿元，2003年达到17249.8亿元，增长4717亿元；而同期年中国工业就业总量由10993万，减少到9327万，减少了1666万。据估计1998年，中国农村剩余劳动力为1.52亿人，到2005年将达到1.8亿（农业部课题组，2000），在中国农村存在大量剩余劳动力的前提下，减少中国工业的就业总量很明显是与中国的比较优势不相符。能力实现率是反映全要素生产率中资源配置效率的指标，如表2.18所示中国全要素生产率的能力实现率来看，从1995年开始中国能力实现率出现不断的下降，从1999年开始，甚至出现负值，成为阻碍经济发展的因素，说明中国资源配置不尽合理。从出现负值的时期上来看，刚好与中国资本—劳动比率的增长速度加快的时期一致，这也说明随着工业资本的深化，要素生产率的提高，中国资源配置效率反而降低。从以上对中国工业发展的研究可以看出，虽然近年来中国工业全要素生产率增长较快，但是这种增长来自于资本替代劳动的技术的采用，其直接后果为中国工业就业总量增迟缓，资本—劳动比快速增长，中国工业发展呈现出了资本不断深化的趋势。

表2.18 中国生产能力实现率表（1995~2003）（%）

年份	1995	1996	1997	1998	1999	2000	2001	2002	2003
能力实现率	2.43	2.227	1.8	0.863	-0.374	-0.663	-1.488	-1.497	-0.24

资料来源：郭庆旺、贾俊雪，2005。

近年来，中国工业发展中资本密集程度不断提高。在1980~1996年间，特别是80年代后期以来，无论是国有企业部门还是集体企业部门都经历了资本—劳动比率的持续而显著的上升趋势（张军，2002）。而且一些传统的劳动密集型产业的资本密集程度也在显著提高，如食品加工和制造、饮料制造业、家具制造业等行业的资本密集度统计指标与普通机械制造业、专用设备制造业的差距在明显缩小，甚至超过了后者。一大批中国传统的劳动密集型产业生产所使用的资本比例在大幅提高。以中国家用电器行业为例，该行业经过20世纪八九十年代的技术引进、使用及模仿阶段后，资本密集度和劳动生产率已远高于制造业的平均值。1999年家电制造业的人均资本为32.62万元，而制造业的平均水平为18.65万元，电气机械及器材制造业为12.58万元，电子及通讯设备制造业为25.24万元，这说明以家用电器行业为代表的一大批中国传统劳动密集型制造业的资本密集程度在迅速提高（姚战琪，夏杰长，2005）。

（4）“过度资本深化”的原因——轻重工业发展失调

从中国轻重工业发展速度来看，近年来中国工业发展随着消费结构不断升级和工业化、城镇化进程加快，带动了钢铁、水泥、电解铝、汽车等行业的快速增长，但由于经济增长方式粗放，体制机制不完善，这些行业在快速发展中出现了盲目投资、低水平扩张等问题。从工业类型来看，这些产业都属于重工业，从就业角度来看，消费品工业或轻工业（如食品加工、纺织、烟草、家具等）创造就业岗位的潜力和容量较大，资本品工业或重工业（如冶金、化工、机械、汽车等）创造就业岗位的潜力和容量较小。以中国为例，有关统计资料分析表明，重工业部门每亿元投资提供0.5万个就业机会，只及轻工业的1/3，国有企业每亿元投资提供1万个就业机会，只及非国有企业的1/5（林毅夫等，1999）。从近年来工业增加值增长速度来看（见表2.19），重工业的工业增加值增长速度明显快于轻工业工业增加值增长速度，其中2003年重工业的增加值增长速度比轻工业高19.6个百分点，2004年高11.6个百分点，当然这也与近年来中国能源价格不断上涨，消费结构升级带来重工业产品需求增长，为重工业的增长提供必要条件，但是从对中国就业增长的角度来说，重工业的快速增长显然不能够相应地带来中国就业的快速增长。

表2.19　　分类型工业增加值增长速度（%）

年份	2001	2002	2003	2004
轻工业	10.4	15.2	16.5	24.1
重工业	12.1	16.6	36.1	35.7

资料来源：《中国统计年鉴2005》。

（5）“过度资本深化”的原因——要素市场的不完善

综上所述，近年来中国工业发展从全要素生产率增长即技术进步的角度来讲，增长速度较快，但是通过我们对全要素生产率的分解可以看出，全要素生产率的增长主要是来自于资本的不断深化。一些中国的典型事实显示，目前在一些传统的劳动密集型产业的资本密集程度已经超过了制造业的平均水平，这也说明一些传统的劳动密集型产业正在经历资本深化。对全要素生产率研究结果表明，近年来中国能力实现率在不断下降，甚至出现负值，说明中国资源配置效率在下降。随着经济发展的推进必然会带来资源禀赋结构的不断升级，即“资本—劳动比”的上升，但是“资本—劳动比”的过度上升，显然也是对“比较优势”发展战略的违背，特别是在中国这样一个劳动力资源丰富，农村大量存在剩余劳动力的背景下，快速的资本深化可能会成为阻碍中国经济持续发展的原因。对这种资本深化形成的原因，已有的研究大多认为在目前中国金融市场不完善，信贷资金使用受政府干预较多，造成了“中国资本—劳动价格比”的扭曲，使企业更倾向于采用资本替代劳动型技术，影响到中国非农就业需求的增长。从近年来中国的轻重工业的发展速度来看，近年来中国重工业增长速度明显地快于轻工业，轻重工业发展速度失调。重工业天然的资本技术密集型特性决定了其在创造就业方面的天生不足。造成这种现象的主要问题在于中国各级政府的“增长优先”战略思想，在这种思想的指导下，就业成为增长的一个牺牲品。必须转变这种思想，因为从长远的角度来看，没有就业的增长就不是持续的增长。如果今后继续“增长优先”的战略模式，以增长为主要目标，经济结构就可能越来越向资本密集化发展，最终结果可能会造成增长失去持续的动力，城乡工农不能够协调发展。

为了促进中国经济快速持续地发展，遵循“比较优势”发展战略，中国在选择技术发展路径时，应该适应和符合中国现实国情的要素禀赋结构，尽量发挥技术进步带动就业增加的补偿效应。姚战琪、夏杰长（2005）研究发现，劳动需求的快速上升对工资的上升有积极影响，但是工资水平的大幅度增长可能提高微观企业的生产成本，更为严重的是中国存在一定程度的工资管制（比如各地的工资指导线和非工资性报酬的审批等）和较低的实际利息率，因此可能会造成企业加快资本替代劳动的速度，减少资本吸纳劳动的速度（吴敬琏，2002）。因此，放松对工资和资本等要素市场的政府控制，让企业自主决定要素价格水平，将会促进劳动力就业市场机制的正常发挥。继续加强全民对提高教育水平和积累人力资本的认识，普及各层次的教育培训机构，正确引导居民对人力资本的投资，这对增强未来自主性和灵活性就业非常重要。

（四）中小企业与就业

1. 中小企业是就业的主要渠道

200 多年前，亚当·斯密提出了“分工作为经济进步的唯一因素”，分工产生了交易，从而带来了商品生产和企业的产生，在这种思想下扩大企业生产规模成为促进分工的一种主要手段。在第一次产业革命时期扩大生产规模的手段得到了集中应用，追求规模经济成为提高经济效率的主要手段（吴敬琏，2002）。1937 年科斯在《企业的性质》中提出企业组织替代市场组织尽管可以节约市场交易费用，但是企业组织中的内部交易也是有费用的。当企业组织规模扩大时，企业内部追加交易的成本可能会上升，以致通过企业内部交易的成本与市场交易的成本相等，这时候企业规模的扩张就停止了，企业规模与市场规模就处于一种“均衡状态”，因此企业的最优规模就是企业内部交易费用等于所节省的市场交易费用时的规模。随着技术革命的发生中小企业的优势日益显露，中小企业得到了快速的发展。斯蒂格勒（1958）通过实证研究指出，同样的效率可以在不同的规模中实现，企业的最佳规模可以在相当大的范围内实现，凡是在长期竞争中得以生存的规模都是企业的最佳规模。二战以后，很多国家都认识到了中小企业的重要意义，纷纷立法促进中小企业发展，如美国的反垄断法、德国的反卡特尔法、日本的公平竞争委员会等，这些法律在不同程度上促进了中小企业的发展，从世界范围来看，中小企业已经成为容纳就业的主要渠道，英、德、日目前在 200 人、500 人、300 人以下中小企业就业的劳动力，分别达到总劳动力的 65%、71%、81%，美国 20 世纪 90 年代新增 2200 万劳动力，90% 在 50 人以下的小企业就业；日本有 99% 的中小企业，平均 10 个劳动力拥有 1 个中小企业（李爱伶，2006）。

2. 中小企业已经成为中国非农就业的主渠道

改革开放以来，随着市场化改革的逐步推进，工业化战略调整、城镇化战略调整和企业组织结构调整都取得了明显成效。由于中小企业具有经营机制方面的灵活性和易变性，与大企业相比中小企业具有“船小好掉头”的特点，它决策快、投产快、进入市场快、遇到危机调整快，以及中小企业本身所具有适应市场竞争的本性，使中国中小企业得到了快速的发展。截止到2004年底，中国经工商部门注册的中小企业数量已占全国企业总数的99.6%，中小企业创造的最终产品和服务的价值占国内生产总值的58.5%，生产的商品占社会销售额的58.9%，货物进出口额占68%左右，上缴税收占48.2%（俞建国，2002）。在促进就业方面中小企业更具有明显的优势，主要表现在投资少、就业门槛低等特点。中国工业小企业平均每户的资金仅17万元，为中型企业的1%，为大型企业的0.1%。如果用平均每户从业人员15人去除，则每人占用的资金不过1万元左右，只有中型企业的50%，大型企业的30%（陈庆修，2003）。以同样产值计算，中小型工业企业吸纳的就业容量为大型工业企业的1.43倍。同样的固定资产投资，中小企业吸收的就业容量为大型国有企业的14倍（吴敬琏，2002）。随着中小企业的快速发展，以及中小企业在就业方面的先天优势，中小企业已逐步开始发挥创造就业岗位和吸纳农村劳动力的主渠道作用。根据全国工商联的统计，在中国1000万下岗职工中，找到工作的有6000万，其中353万在非公有制的中小企业就业（吴敬琏，2002）。截至2004年底，中小企业吸纳了75%以上的城镇就业人员（国家发展改革委中小企业司，2006）。

从表2.20中可以看出以中小企业为主体的非国有经济在改革开放以来得到了快速的发展，国有单位非农就业所占比重已经由1978年62.96%，已经下降到2004年的16.80%。相反无论在城镇还是在乡村以中小企业为主体的私营企业、个体户都从无到有经历了快速的发展，就业已经占中国非农就业的24%，另外，在乡村以中小企业为主的乡镇企业同样得到了快速的发展，中国改革开放以来农村转移的大量剩余劳动力主要是在中小企业中实现就业。近年来，中国私营企业就业比重在快速的提高，2000年中国城镇私营企业就业总量为1268万，占中国非农就业的比重为4.24%，2004年城镇私营企业的就业总量达到2994万，5年间就业总量翻了一番多，就业比重提高了3.26个百分点，达到7.50%。

在乡村私营企业同样也有快速的发展，由2000年的3.29%，提高到5.07%。5年间中国城乡私营企业就业共增长2611万，占同期中国非农就业总量增长的67%。以上的数据充分说明中小企业不但是中国非农就业的主要组成部分，而且从近年来中国非农就业的增加来看，非农就业的增量主要来自于中国中小企业就业总量的增加。

表 2.20　　中国城乡就业各类型单位就业比重表

	非农就业总量	城镇					乡村		
		国有单位	集体单位	个体	私营企业	其他单位	乡镇企业	私营企业	个体
1978	11835	62.96	17.30	0.13			23.89		
1985	18743	47.96	17.73	2.40		0.23	37.24		
1990	25835	40.05	13.74	2.38	0.22	0.63	35.86	0.44	5.77
1995	32535	34.61	9.67	4.79	1.49	2.71	39.53	1.45	9.39
2000	36042	21.20	3.58	5.91	4.24	6.08	36.31	3.29	7.29
2001	36512	20.92	3.54	5.84	4.18	6.00	35.84	3.25	7.20
2002	36870	19.43	3.04	6.15	5.42	7.01	36.04	3.83	6.71
2003	37886	18.15	2.64	6.27	6.72	7.74	35.83	4.63	5.96
2004	39931	16.80	2.25	6.31	7.50	8.34	34.72	5.07	5.17

资料来源：《中国统计年鉴2005》。

注：其他单位指股份合作企业、联营单位、有限责任公司、股份有限公司、港澳台商投资企业、外商投资企业等；2004年城镇职工共2.6亿，其中在农业行业就业466万，占城镇职工总量不足2%，为了分析方便，忽略城镇职工在农业中的就业。

当然中小企业的发展不仅仅是提供就业，从中国发展战略的角度来看，中小企业也更符合中国比较优势，林毅夫等（2001）从发挥比较优势战略的角度论述中小企业对中国发展的贡献。从资源禀赋结构来说，劳动密集型企业更适合中国的资源禀赋结构，而中小企业又是劳动密集型企业的主体，因此发展中小企业更符合中国的资源禀赋结构，有利于发挥中国的比较优势。

3. 中国中小企业发展的不足和原因

虽然中小企业在中国得到了长足的发展，而且已经成为中国就业的主要渠道，但是目前中国中小企业发展还存在着明显的不足。

周天勇（2000）通过对比国外发达国家的就业状况，发现中国企业平均就业人数偏多，中小企业发展不足。1999 年除去党政社团教育等单位就业的人，从业的劳动力为 6.8 亿人，城镇人口加流动部分约 4.9 亿人左右，在企业中从业的人员加外来工近 3 亿人，而城乡 1999 年登记全部法人企业（包括私营企业）数量为 487 万个（加非法人企业共 600 余万个），减去农村的 150 万个左右企业，城镇约为 337 万个。1998 年英国、德国和日本的人口为 5800 万、8300 万和 12500 万，如果按照 50% 的经济活动人口计算，从业劳动力约为 2900 万、4150 万和 6250 万人，企业数量分别为 375 万、335 万和 644 万个；按企业数量除以劳动力，中、英、德、日平均一个企业中分别为 8.9、7.7、12.3、9.7 个劳动力。如果按照国外一个企业中平均就业 9 个劳动力计算，目前中国城镇应当有 3300 万个中小企业。

就中国中小企业发展不足的原因来说，金融参与约束是制约中国中小企业发展的最重要原因。在宏观制度方面，中小企业在市场准入和资源获得等方面，都受到程度不等的制度性歧视，不同程度地遭受“次国民待遇”；这种“次国民待遇”提高了中小企业的融资成本，表现为资本的边际报酬提高。世界银行（2005）的一项研究表明，20 世纪 90 年代中国农村的非农产业资本边际收益率远远的高于城市工业，而且有不断扩大的趋势，1990 年农村非农产业的资本边际报酬率是城市工业的 2.1 倍，1995 年是 3.7 倍，2001 年是 5.2 倍。农村非农产业从规模上来说一般都是中小企业，从性质来说以非国有为主，这造成了金融机构的歧视。在微观方面，中小企业产权结构和治理结构仍然停留在较初级的形态上。中国大部分的中小企业仍然是家族式企业，向现代企业制度的过渡进展缓慢，制约着中小企业进一步做大做强。中小企业信用不足是一个普遍现象，主要体现在银行信用、商业信用、消费信用等方面。中小企业信用不足是先天的，绝大多数中小企业固定资产少，流动资产变化快，无形资产难以量化，经营规模小，流动资金少，难以形成较大的、稳定的现金流量，造成中小企业信用的先天不足。另外中小企业缺乏合适的抵押品，加上中国企业经济组织程度低，企业间更多的是竞争与替代关系而不是协作与互补关系，中小企业难以从其他企业获得融资担保。这样从宏观上中国存在对中小企业的制度性障碍，微观上中小企业存在自身的缺陷，使中小企业的融资渠道发生梗塞。在20世纪90年代对国民经济增长贡献60%以上的非国有经济，但在国有银行的新增贷款中不足30%（吴敬琏，2002）。中小企业融资的不足，成为制约中小企业快速发展的主要因素。另外，创办企业程序繁、门槛高、行业准入标准杂乱，创业成本过高以及政府为创业者提供信息、技术、人才、场地等生产要素资源的服务能力弱也是制约中国中小企业发展一些体制性因素。对中小企业的发展的制约，显著地影响到中国非农就业总量的扩张。

综上所述，改革开放以来，中小企业得到了快速发展，成为中国经济的最重要组成部分，并且是带动中国经济增长的重要因素，在就业方面，中小企业同样已经成为中国非农就业的主渠道。近年来，中小企业的发展主要表现在城乡私营企业的快速发展，私营企业新增就业岗位成为中国非农就业总量增长的最主要部分。虽然中国中小企业对中国经济增长和就业增长的贡献非常高，但是目前中国在制度上、体制上还存在着诸多制约到中国中小企业发展的因素，这些制约因素的存在也阻碍了中国非农就业总量的快速增长，不利于中国非农就业的发展。

五、城市规模与就业

在工业化过程中，城市的发展得益于各种生产要素在空间上的集聚，生产要素在空间上的集聚带来了规模效益，降低了生产成本，进而又促进了工业化以及第三产业的发展，要素的集聚同样带来了就业机会的集聚，城市就表现为就业机会在空间上集聚的地区。路卡斯（C. Lucas）认为城市是人力资本的集中地，城市的存在与发展是人力资本外部性的体现，同时城市也是先进技术的集聚场所。中国城市的发展经历了计划经济时期的压抑，自新中国成立到1978年，中国城市的数量一直控制在200个以下。改革开放以来，中国城市得到了快速的发展，中国城市发展对就业有什么影响呢?

为了了解城市对就业的影响，我们必须首先了解中国的城市管理结构。中国的城市是按照行政级别进行管理的，在这种管理体制下，城市不但要管理城市所在区域，还要管辖周边农村地区和其他级别更低的城市，这使得中国城市发展的目标和治理结构较之其他国家更为多元化。更重要的是，城市级别对于城市获取资源和财政再分配有着很大的影响，进而决定了城市发展的动机（蔡昉、都阳，2003）。这样城市的级别和城市规模一样成为影响城市就业的重要因素。对中国的城市结构和就业的关系，蔡昉等（2005）做了比较出色的研究，以下我们主要借鉴蔡昉等的研究成果来说明中国城市对就业需求的影响。

（一）城市规模与城市就业结构

为了观察不同城市就业结构的特征，使用就业结构比率指标进行描述，就业结构比率是指第二产业和第三产业就业数量之比。该比率越小，说明城市非农就业向服务业转化的程度越高。从表 2.21 中的信息可以看到大城市就业向服务业转移的速度非常快。1994 年就业规模在 100 万以上的特大城市就业结构比率为 1.24，到 2000 年下降为 0.95。对于就业规模在 10 万 ~50 万人之间、50 万 ~100 万人之间的城市就业比率变动并没有明显的规律。就业规模在 10 万人和 50 万人之间的县级以上城市，该比率从 1994 年开始下降，而到 1997 年又开始上升，2000 年达到 1.48。同样 50 万 ~100 万人之间的城市就业结构也出现了先下降后上升的趋势，特大城市就业比率的稳定下降说明大城市的制造业在向中小城市转移。Henderson（2004）用制造业增加值和服务业增加值的比率变动，对这一趋势变化进行了衡量，并且发现，1990 ~1996 年期间，地级以上城市该比率下降了 32%，而县级城市下降了 8.2%，验证了我们以上的规律。

表 2.21　　县级以上城市的就业规模和就业结构

	1994	1995	1996	1997	1998	1999	2000
10 万人以下							
平均就业规模	7	6.9	7.27	7.76	6.75	7.35	7.45
就业结构比率	2.16	1.58	1.43	1.27	1.04	0.92	0.92
10 万 ~50 万人							
平均就业规模	29.3	30	29.4	30.2	21.8	22.3	22.1
就业结构比率	1.51	1.44	1.39	1.36	1.63	1.53	1.48
50 万 ~100 万人							
平均就业规模	71.6	71.1	72	74.3	71.2	67.1	63
就业结构比率	1.43	1.31	1.21	1.21	1.23	1.28	1.3

续表

	1994	1995	1996	1997	1998	1999	2000
100 万人以上							
平均就业规模	189. 1	188. 6	193. 4	205. 4	208	203. 8	198. 9
就业结构比率	1. 24	1. 2	1. 17	1. 11	1. 08	0. 98	0. 95

资料来源：蔡昉等，《中国劳动力市场转型和发育》，商务印书馆，2005。

（二）城市规模与城市就业弹性

为了进一步地分析城市就业需求的变化情况，采用计量经济学方法，估计不同级别城市的就业弹性，以观察分部门的不同类型城市的 GDP 就业弹性。采用如下的计量经济学模型：

$$\ln L_{i,t} = \beta \ln GDP_{i,t} + \mu_i + \xi_{i,t}$$

其中，$\ln L_{i,t}$ 为第 i 个城市，第 t 年就业数量的对数，$\ln GDP_{i,t}$ 为第 i 个城市，第 t 年 GDP 的对数，μ_i 为扰动项中和城市特征相关的部分，$\xi_{i,t}$ 为扰动项，β 为待估计参数即就业弹性。

对以上计量经济学模型，采用中国历年城市年鉴的数据进行估计得到如下结果（见表 2. 22）：

表 2. 22　　不同级别城市的就业弹性

		县级市 1994 ~ 1996	地级以上城市 1994 ~ 1996	全部城市 1994 ~ 1996	地级以上城市 1994 ~ 2000
非农就业	就业弹性	0. 38	0. 13	0. 32	−0. 61
	R^2	0. 71	0. 76	0. 79	0. 58
第二产业	就业弹性	0. 38	0. 015	0. 3	−0. 61
	R^2	0. 72	0. 72	0. 78	0. 6
第三产业	就业弹性	0. 33	0. 25	0. 31	−0. 48
	R^2	0. 58	0. 77	0. 74	0. 58

资料来源：蔡昉等，《中国劳动力市场转型和发育》，商务印书馆 2005 年第 1 版第 28 页。
注：本表所有的就业弹性均在 1% 的水平上显著。

从 1994 ~ 1996 年的城市就业弹性变化情况来看，所有城市的就业弹性均为正值。就非农产业的就业弹性，全部城市的就业弹性为 0. 32，县级市的为 0. 38，地级以上城市为 0. 13。分产业的回归结果表明，县级市的第二产业就业弹性大，而级别高的城市的服务业弹性更高，这与我们以上的分析结果相吻合。对1994～2000年地级以上城市的回归结果显示都为负值，但是第三产业的就业弹性高于第二产业的就业弹性。

通过对不同类型的城市分部门的就业弹性的分析可以看出，中国小规模城市的就业弹性更高。无论是分产业的回归，还是总体的非农就业的回归，都验证了县级市具有更高的就业弹性。但是，由于行政级别在城市管理体制中的限制，小城市在其投资和其他分配政策方面都受到了限制，因而不能够充分发挥其吸纳就业的优势。从中国的流动人口的流向来看小城镇成为吸纳中国流动人口的最重要的部分，对小规模城市就业弹性更高这一结论进行了验证。表2.23中给出了2000年第五次人口普查中流动人口状况的数据，解读表2.23得出：镇是吸纳流动人口居住的最主要地点占47%，城市街道占41%。小城镇在吸纳流动人口居住方面超过城市，是吸纳流动人口的最主要部分，从中也可以看出小城镇在创造就业方面也有其独特的优势，而且这种作用的发挥是在其受到诸多限制的前提下发挥的，如果给予其更宽松的环境，那么他们在创造就业需求方面能够发挥更大的作用。

表2.23　全国按现住地类型户口登记类型分的人口　单位：人

现住地	合计	户口登记地					
		省内					省外
		小计	本县（市）市区			本省其他县市	
			乡	镇	街道		
合计	144390748	101972186	14113683	20821743	30698822	36337938	42418562
街道	58559684	45446420	2752551	3783590	23318228	15592051	13113264
镇	68721697	43311365	8676915	13936208	4633576	16064666	25410332
乡	17109367	13214401	2684217	3101945	2747018	4681221	3894966

资料来源：五普数据。

注：按照五普的核算方法，在现住地登记的外来人口是居住在本乡、镇、街道半年以上，户口在外乡、镇、街道的人或者在本乡、镇、街道居住不满半年，但是离开户口所在地半年以上。

综上所述，城镇是非农就业最为密集的地区，但是城镇由于其规模和所处的行政级别的不同，吸引就业的特点也是不同的。现在出现了大城市第二产业就业向中小城市转移的现象，这样中小城市第二产业就业得到了快速的发展，而且以上对中国分类型的城市就业弹性的估计中可以看出，县级市的第二产业就业弹性要高于第三产业的就业弹性，说明小城市在创造就业方面第二产业优于第三产业，因此应适当鼓励中小城市第二产业的发展。而在整体的就业弹性方面，小城市的就业弹性无论是非农就业弹性，还是第二产业、第三产业就业弹性都要高于大城市，而且从中国第五次人口普查关于流动人口的数据来看，流动人口一半是在镇居住而不是在大城市的街道居住，这也说明了小城市在创造就业方面具有一定的优势。有必要改变以前那种行政管理体制，进一步使用市场化的配置手段，促进中小城市的发展，实现大中小城市的协调发展。

第三章　流动性的中国农村非农就业

执笔：窦红

研究中国城镇化和非农就业的关系，不能不注意到一个重要的现实，就是在各类城市和小城镇存在的大量农村外来务工就业人员，他们已经构成了中国非农就业群体中的庞大的新生力量。据统计，到 2005 年，全国在城乡流动就业的外来农村人口已经达到 1.4 亿人，占全国非农就业总人数的 1/3 以上。他们已经成为中国政府制定城镇化政策中的一个不可忽视的重要因素。

目前，尚未对非农就业的流动外来农村人口建立正式的统计渠道，只是在 2000 年第五次人口普查中正式作为城镇人口统计在内，因此对于流动就业的外来农村人口的数量的演变，缺少翔实的统计资料作为依据。已有的部门性统计也存在着较大的误差，如农业部的统计人口要高于国家统计局抽样调查的数据。因此本章着重从政策的演变和定性分析入手，就流动的农村非农就业人口的现状、存在的问题和当前的政策要点做简要的介绍和评估。

一、农村非农就业流动人口的现状

（一）农村非农就业流动人口的基本概念

农村非农就业的流动人口（为了方面叙述起见，以下简称流动人口，但在本文里仅指农村外出打工的流动人口，不包括城镇间的流动人口），意指具有农村户口，在外地城镇务工经商的流动人口，这一称谓源自于 20 世纪 80 年代的乡镇企业。虽然乡镇企业基本发展在农村，但是随着乡

窦红：国家发改委城市和小城镇改革发展中心研究员。

镇企业向小城镇的集中，以及在长三角和珠三角开办的各类乡镇企业雇用的大量廉价劳动力基本来自于内地农村，造成农民离土离乡，出外打工，从事非农产业。80年代的民工潮，基本上指在乡镇企业就业的外来农村人口。随着90年代城市的迅速发展，对劳动力的需求增长，开始大规模吸引农村人口进城务工就业。到了90年代末期，流动人口在城市和小城镇就业的势头已经无法遏制，因此流动人口进城就业以及未来的生存和定居问题，逐渐成为中央以至于地方各级政府关心的政策焦点。2000年第五次人口普查，在统计上首次把在城镇就业的流动人口纳为城镇人口，但是由于这些人口具有流动就业和在农村定居的两栖特点，而且城镇户籍管理制度仍没有放开他们落户的限制，因此仍然被视为城镇人口中的特殊群体，或者仍是享受农村人口的各项政策。

（二）农村非农就业流动人口数量的变化趋势

1. 2000年以来的趋势描述：总体处于增长，开始呈现增速放缓苗头

2000年以来，随着市场经济体制的完善、城镇化的推进和经济的高速增长，农村外出务工人数在总体上始终保持增长的势头（见图3.1）。2000年农村转移劳动力7463万，2001年8961万，增长1498万；2002年10550万，增加1589万（农村转移劳动力包含外出务工人数）。2003年国家统计局抽样调查显示，农村外出务工劳动力达11390万人，增加840万，2004年农村外出务工劳动力11823万人，增加433万人，增速减缓。2005年第一季度，外出8140万人，比2004年同期减少86万人，下降1%。

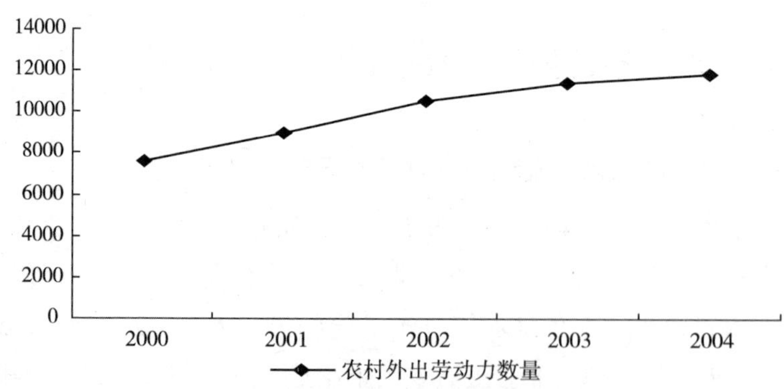

图3.1　2000年以来农村外出劳动力数量

数据来源：国家统计局农调队。

农村外出劳动力占农村劳动力的比重不断上升，2004 年已占农村劳动力的 23.8%，但近年来农民外出务工人数已开始呈现增势趋缓的势头（见图 3.2），从 2001 年前后的 15% 以上的增长速度，到 2004 年增长速度已经降到 4% 以下，从增长速度来看下降较大。

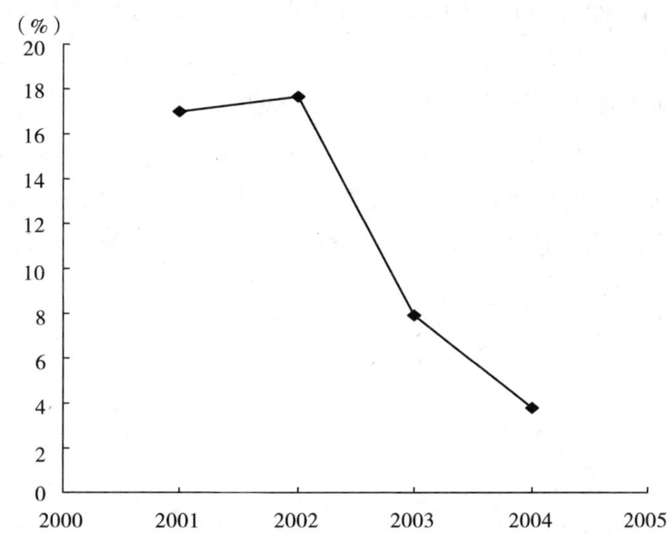

图 3.2　2000～2005 年农村外出劳动力增长速度

数据来源：国家统计局《中国统计年鉴》、农调队抽样调查。

注：2000～2002 年外出劳动力数据是农村转移劳动力数字，包括在本地转移的数字。

从流入地流动人口规模看，也存在这个趋势（见表 3.1）。2000 年以来，暂住人口规模逐年上升，但增速上 2000 年、2001 年较大，达到最大值 22%。2002 年开始增速下降，2003 年比 2002 年有较大增幅增长，2004 年增幅减小，只有 11%。从主要流入地广东、江苏、浙江看，也是这种情况。

表 3.1　各主要流入地 2000 年以来暂住人口规模增长情况　单位：万人

年份	广东	增长速度（%）	江苏	增长速度（%）	浙江	增长速度（%）	全国	增长速度（%）
2000	1360		418		404		4480	22.99
2001	1836	35	500	19.6	575	42.3	5510	22.99
2002	1852	0.8	700	40	707	22.9	5981	8.54
2003	2130	15.01	927	32.4	898	27.0	6993	16.92
2004	2450	15.02	1030	11.1	1102	22.7	7801	11.55

数据来源：公安部，相关省公安厅。

2. 农村非农就业人口数量增长趋势

（1）农村新增劳动力供给趋势

根据2003年全国乡村分年龄段人口数占总人口比重图（见图3.3）可以发现，占流动人口主体的农村劳动力供给趋势与全国劳动力供给趋势相同：未来5年随着10～14岁、15～19岁年龄段的人口开始逐渐进入劳动力市场并流动就业，这部分人口提供的劳动力总量较多，大致可以稍许缓解目前由于年龄失衡造成民工荒的局面，但从长远看，0～4岁、5～9岁农村人口占目前总人口的比例不过5.62%、7.49%，因此2010之后的10年里，又会迎来一个劳动力供给低峰，可以供给的农村新增劳动力总量将会更少。

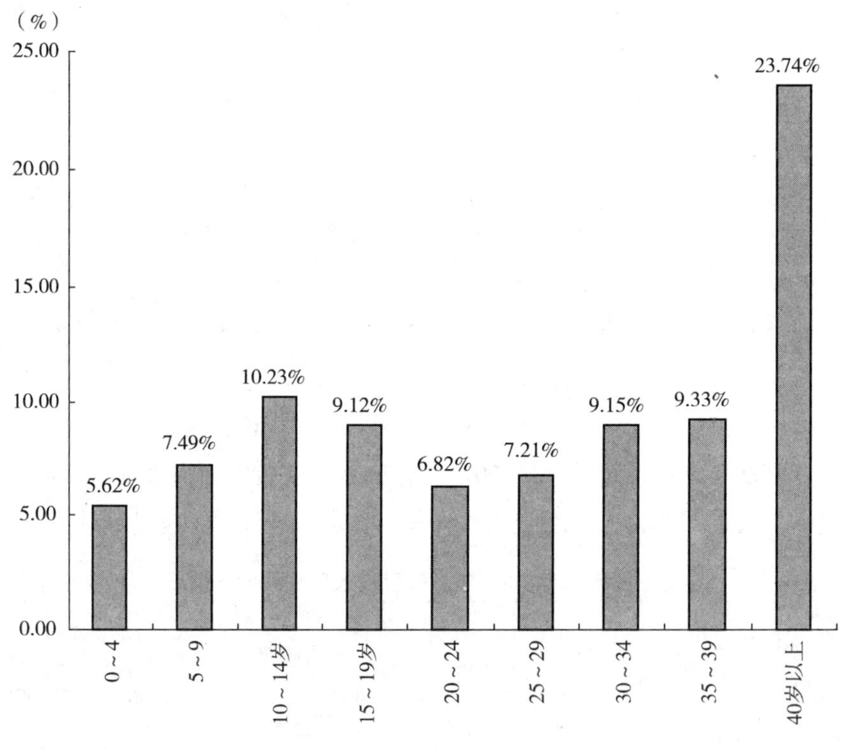

图3.3　2003年全国乡村分年龄段人口数占总人口比重图

数据来源：国家统计局2003年人口变动情况抽样调查。

根据全国乡村分年龄、性别的人口数来估算农村未来还能提供多少新增劳动力。按照2003年的农村人口推算数据，农村14岁以下人口在未来将逐渐进入劳动力市场，按农村一般劳动实际参与率85%计算得出2005~2019年农村新增劳动力供给总量（见表3.2）。

由于九年义务教育的普及，新增劳动力务农倾向非常低，同时，城乡劳动力市场逐渐统一，我们可以大致将这些新增劳动力大部分看作农村人口向外转移的主体。数据显示：到2019年底，农村新增劳动力共有12926万人（约1.2亿人）。2012年以前每年农村新增劳动力都在1000万以上，平均每年新增1255万人，2006年以后，农村新增劳动力总量开始逐年递减，2012~2019年都在千万以下了。

表3.2　2005~2019年农村新增劳动力供给总量

年度	新增劳动力（万人）	2003年抽样调查各年龄占乡村总人口比例（%）	
2005年	1535	14岁	2.35
2006年	1561	13岁	2.39
2007年	1260	12岁	1.93
2008年	1141	11岁	1.75
2009年	1188	10岁	1.82
2010年	1032	9岁	1.58
2011年	1077	8岁	1.65
2012年	960	7岁	1.47
2013年	901	6岁	1.38
2014年	914	5岁	1.4
2015年	777	4岁	1.19
2016年	770	3岁	1.18
2017年	712	2岁	1.09
2018年	620	1岁	0.95
2019年	790	0岁	1.09
合计	12926		

数据来源：《中国人口统计年鉴2004》，2004。

（2）农村劳动力市场出现结构性短缺

尽管劳动力市场自2003年，供求总量基本平衡，但供求两方面存在着结构性失衡。这表现在两方面：技术工人，尤其是熟练技术工人的短缺和非熟练技术工人充分供给之间的矛盾；16～25岁青年工人尤其是女工的短缺和35岁以上劳动力充分供给之间的矛盾。

自2003年开始，东南沿海经济发达地区普遍出现缺少农民工的现象，尤其是16～25岁的女工的需求缺口最大，一些经济发达地区，如珠江三角洲，甚至一些工厂已经到了因为缺工而无法开工的地步。以下是劳动和社会保障部公布的2004年按年龄分组的供求人数数据（见表3.3）。

2004年16～24岁、25～34岁劳动力的求人倍率都达到了1.06、1.04，远高于35～44岁劳动力求人倍率（0.77），这种情况一直延续到2005年一季度。目前，缺少16～25岁普通工的情况在各地有扩散趋势，特别是一些经济发展较快的内陆地区这种情况尤为明显。但另一方面，从全国各地劳动力市场反映的情况看，35岁以上劳动力供给仍然过剩，尽管2004年是中国经济发展偏热，对劳动力的需求总量超过以往任何一年，但35～44岁、45岁以上的求人倍率仅仅为0.77和0.52。求人倍率0.94反映的劳动力供需总量大致上平衡，实际上是不同年龄组的平均。劳动力总量不同年龄结构之间的失衡仍然存在。

表3.3　2004年按年龄分组的供求人数

年龄	劳动力供求人数比较				
	需求人数	所占比重（%）	求职人数	所占比重（%）	求人倍率
16～24岁	5200922	36.28	5483022	35.87	1.06
25～34岁	4706528	32.83	5072402	33.19	1.04
35～44岁	2156686	15.04	3234568	21.16	0.77
45岁以上	620811	4.33	1493708	9.77	0.52
无要求	1651328	11.52	—	—	—
合计	14336275	100	15283700	100	0.94

数据来源：国家劳动和社会保障部。

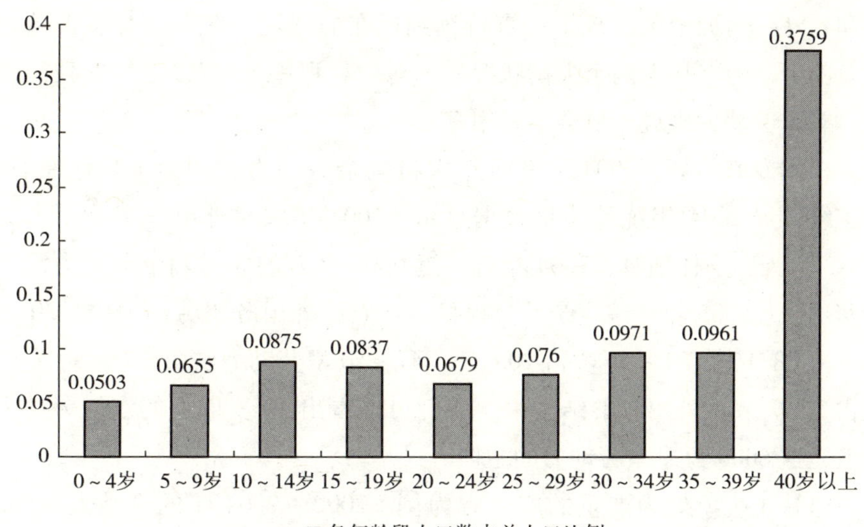

图 3.4　2003 年全国分年龄段人口数占总人口比重图

数据来源：国家统计局 2003 年人口变动情况抽样调查。

16～35 岁的劳动力供给状况，决定了于 1975 年开始的国家计划生育政策的实施效果，这一实施效果在 2003 年开始的劳动力市场的供给已经反映出来了。如前所述，1965～1974 年出生的人口总量代表一个人口高峰。推算一下，也就意味着 1993 年开始中国劳动力供给增势开始出现转折，劳动力供给增势逐渐减小，这一增势递减趋势到 2005 年大致得到缓和，通过 2003 年人口年龄组的对照（见图 3.4）可以看到：未来 5 年随着 10～14 岁、15～19 岁年龄段的人口开始逐渐进入劳动力市场，这部分人口提供的劳动力总量较多，大致可以少许缓解目前的年龄失衡局面，但从长远看，0～4 岁、5～9 岁占目前总人口的比例不过 5.03%、6.55%，因此 2010 或者 2011 年之后的 10 年里，又会迎来一个劳动力供给低峰，失衡状况在 2010 年之后的 10 年有可能进一步加剧。根据专家计算 2001～2006 年，每年净增的劳动人口均超过 1000 万，总量在 2010 年达到 8.7 亿，以后缓慢减少，到 2020 年为 8.5 亿。

（3）农村外出流动就业机会下降

由于流动人口中，农村外出务工经商的人员占主流，因此劳动力市场供需情况必然会影响到农村外出打工人员。从 2003 年开始在广东、福建和长江三角洲地区出现了一直持续到现在的“民工荒”现象，但从上述目前劳动力市场上两个失衡状况看，对农村那些35岁以上缺乏技能的农村剩余劳动力来说，机会不是很多。

根据专家估算，2004~2005年农村剩余劳动力大约为1.8亿左右，国家统计局2004年统计公报数据显示：2004年农村外出务工劳动力为11823万人，这样估算，2004年有将近6000多万的农村剩余劳动力没有转移出去。2005年一季度统计公报显示：农村外出务工劳动力中，30岁以下占68.1%，31~40岁占20.9%，41~50岁劳动力占8.2%，50岁以上占2.8%。从外出年龄结构中，我们可以看出40岁以上的农村劳动力可能是这6000万剩余劳动力的主体。

以缺工现象最为严重的广东省为例：2000~2004年的流动人口为：1360.83万、1836.15万、1852.71万、2130.29万、2450.89万。劳动力供给一直在增加，但仍然赶不上经济增长的需要。据广东省统计局2004年抽样调查，广东企业缺工比例达15%，但这部分缺口是针对16~25岁的青年劳动力，尤其是对女工而言的。这部分劳动力的供应无论如何也是有限的，对农村40岁以上劳动力而言，这些供需缺口意义不大，企业不需要这些人。

从农村大部分地区看，由于目前农业的投入产出收益低，处于黄金年龄段的农民基本外出打工。留在农村不能出外打工的劳动力，如扣除一批在校学生这样的未来新增劳动力，剩下的就是老弱病残和在家照顾孩子的中年妇女等很难转移的劳动力，因此在市场条件下，未来新增的能够流动的劳动力就只有农村新增劳动力。

（4）对农村外出就业劳动力需求仍有局部增长空间

2002年开始，中国劳动力市场就开始出现熟练技术工人全面供不应求的现象，但2003年以来，东部沿海经济发达地区开始出现普通劳动力短缺现象。2004年这种现象在部分地区发展到非常严重的地步，尤其是在珠三角、闽东南、浙东南等加工制造业聚集地区，重点地区估计缺工10%左右。广东现有的1900多万民工主要集中在珠三角地区，但该地区正是缺工最为严重的地区。据当地劳动保障部门调查和一些专家估计，目前有近200万人的缺口，缺工比率约为10%。其中：深圳现有民工420

万，2004年缺口约40万。东莞2004年对1.5万家使用外来劳动力的企业进行调查，17%的企业表示有用工短缺，缺口近27万人。福建泉州、莆田两市用工缺口共约10万人。浙江温州等用工较多城市也反映存在不同程度的招工难问题。这种企业用工短缺现象2005年开始蔓延到内陆一些经济发展地区。四川、安徽、湖北等省由于近年来经济的迅猛发展，本地区对劳动力的需求也大为增加。目前企业用工短缺现象不仅东部沿海地区继续存在，而且内陆很多经济快速发展地区也继续存在。

（三）农村非农就业流动人口空间分布特征分析

1. *农村非农就业流动人口的流出地空间分布*

（1）中部地区农村外出务工劳动力数量高于东部和西部

根据国家统计局农调队的研究，从不同地区看，中部地区外出劳动力比重高于西部地区，西部地区外出劳动力比重高于东部地区（见表3.4）。2004年，东部地区外出务工劳动力占劳动力的比重为19.8%，中部地区外出务工劳动力占劳动力的比重为27.2%；西部地区外出务工劳动力占劳动力的比重为25.4%。从近两年数据看，中部地区外出务工劳动力增加较快。2004年东部地区外出务工劳动力3934万人，比2003年增加123万人，增长3.2%；中部地区外出务工劳动力4728万人，增加205万人，增长4.5%；西部地区外出务工劳动力3161万人，增加105万人，增长3.4%。

表3.4　不同地区外出务工人数及占农村劳动力的比重

地区	2004年			2003年		
	比重（%）	数量（万人）	其中：举家外出（万人）	比重（%）	数量（万人）	其中：举家外出（万人）
全国	23.8	11823	2470	23.2	11390	2430
东部	19.8	3934	746	19.5	3811	775
中部	27.2	4728	1047	26.4	4523	1022
西部	25.4	3161	677	24.8	3056	632

资料来源：国家统计局农调总队。

（2）河南和四川两省外出务工劳动力数量最多

农调队的数据显示，从分省区外出人数看，江苏、安徽、山东、河南、湖北、湖南、广东、广西、四川等省区外出务工劳动力数量较多，

2004年外出务工劳动力人数均在500万以上，其中四川和河南超过1000万人。

外出务工劳动力占乡村劳动力比重高于30%以上的有5个省（市），主要分布在中西部地区，分别是安徽、江西、湖北、重庆、四川；占乡村劳动力比重在20%～30%之间的省（自治区）有11个，分别是江苏、福建、河南、湖南、广东、广西、贵州、陕西、甘肃、青海、宁夏；所占比重在10%～20%之间的省（区、市）有10个，分别是北京、天津、河北、内蒙古、辽宁、吉林、黑龙江、上海、浙江、山东；低于10%的省（自治区）有5个，分别是山西、海南、云南、西藏、新疆。

2. *农村非农就业流动人口的流入地空间分布*

在目前城乡及各地区依然存在着很大差别的情况下，农村劳动力流动的主要方向是由欠发达地区向发达地区流动、由农村向城市流动。从东中西部地区看，当前农民工主要是由中西部地区向东部地区流动，在东部地区务工的农民工50.8%来自中部、西部地区，在中部地区务工的农民工10.8%来自东部和西部地区，西部地区务工的农民工仅有6%来自东部和中部地区（见表3.5）。

表3.5　农民工就业的地区分布（%）

输出地	输入地					
	2004年			2003年		
	东部	中部	西部	东部	中部	西部
全国	70.0	14.2	15.6	68.0	14.7	17.1
东部	96.6	2.1	0.8	96.3	2.4	0.9
中部	65.2	32.8	1.8	64.0	33.9	1.8
西部	41.0	2.9	55.8	37.0	2.9	60.0

数据来源：国家统计局农调队，2005。

（1）70%的农民工在东部地区务工

农村常住户中，在东部地区务工的农民工6511万人，占全部外出务工农民工的比重为70%；在中部地区务工的农民工1343万人，占外出农民工的比重为14.2%；在西部地区务工的农民工1472万人，占外出农民工的比重为15.6%。

外出农民工进一步向东部地区集中。2004年在东部地区务工的农民工比2003年增加448万人，增长7.4%，占全部外出农民工的比重由68%上升到70%；在中部地区务工的农民工增加13万人，增长0.9%，所占比重下降0.5个百分点；在西部地区务工的农民工减少72万人，减少4.7%，所占比重下降1.5个百分点。

从外出务工农民工的就业省区看，主要分布在几个东部省市。2004年在广东务工的农民工占28.4%，在浙江务工的农民工占8.1%，在江苏务工的农民工占6.8%，在山东务工的农民工占4.7%，在上海务工的农民工占4.4%，在福建务工的农民工占4.2%，在北京务工的农民工占3.8%，在河北务工的农民工占3.6%。

在广东务工的农民工达2600多万人，而在整个中西部地区务工的农民工也不过2800多万人，全国超过1/4的农民工在广东务工。在东部沿海地区务工的农民工无论是所占比重还是绝对数量都呈上升趋势。

（2）50%以上的农民工跨省流动

2004年农村常住户中，跨省流动（离开本省到外省务工）的农民工4770万人，占外出务工农民工的51%。从东中西部地区分析，东部地区经济发达程度高，劳动力外出就业的流动距离较近。东部地区跨省流动农民工占27.5%，在县内乡外和省内县外就业的农民工占近70%以上；中西部地区由于经济发展水平较低，农村劳动力外出就业的流动距离较远，中部地区跨省流动农民工所占比重高达70.5%，西部地区跨省流动农民工占53.5%。

分省看，跨省流动农民工占外出农民工的比重在60%以上的省有：安徽（85%）、江西（86%）、河南（64%）、湖北（71%）、湖南（73%）、广西（76%）、重庆（64%）、四川（63%）、贵州（80%）等省（自治区、直辖市）。

（3）60%以上农民工在地级以上大中城市务工

从农民工就业的地点看，2004年外出农民工中，在地级以上大中城市务工的农民工占62.4%。其中，在直辖市务工的农民工占9.6%，在省会城市务工的农民工占18.5%，在地级市务工的农民工占34.3%（见表3.6）。

表3.6　2001～2004年农民工在不同类型地区就业的分布（%）

地区	2004年	2003年	2002年	2001年
直辖市	9.6	9.5	8.4	8.2
省会城市	18.5	19.6	21.2	21.8
地级市	34.3	31.8	27.2	27.2
县级市	20.5	20.4	21.1	21
建制镇	11.4	11.6	12.9	13
其他	5.7	7.1	9.2	8.7

数据来源：国家统计局农调队，2005。

2001年以来，在县级市和建制镇务工的农民工的比例逐步下降，进入地级以上城市的农民工比例不断上升，但进入省会城市的比例呈下降趋势。

3. 农村非农就业流动人口空间分布特点

（1）进入流入地后的流动性加大

按照全国的人口抽样调查统计，2000年以来，流动人口总量保持在1亿。但从流入地的统计数字看，2000年以来，流动人口大幅度增加，特别是广东、浙江、江苏等流入大省情况更是如此。其中的一个解释就是流动人口的流动性加强，从户籍地流出后的流动频率加快，造成各地方各部门统计的数字不断上升。从公安部的数据看，暂住人口跨省流动比重2000年以来不断上升，目前已达到65%。广东省公安厅统计，2004年，平均每月有26%的人在流动、大约平均每月有260万人变更居住地址。

目前外省在广东打工的1160万流动人口中，2/3以上为初中及初中以下学历，职业素质低。他们大多在重体力行业的苦、脏、累、险的岗位上，流动性很大。广东省总工会的调查显示，65.3%的外来工换过工作，其中换过2次以上的占50%。广东省劳动和社会保障厅统计，近几年，企业与企业之间的流动在25%～30%。企业大约2～3年就换一批人。与10年前相比，企业之间的流动性明显提高。最近2～3年，工人的跳槽现象明显上升。

（2）流出流入由相对集中趋向多元

①东部地区仍然是流动人口流入的主要地区。从2000年五普数字看，

在全部跨省流动就业的人口中，广东、浙江、上海、江苏、北京、福建，这六个东部地区流入的跨省就业人口占全国的近73%。近几年，东部地区仍然是农村劳动力转移的主要地区。2003年，69.9%的农村外出务工劳动力在东部地区从业，2004年，农村常住户中外出务工劳动力流入东部的占69.81%。

②流入聚集地开始分散。农村外出务工的流向由原来的“孔雀东南飞”，向长三角甚至是一些中西部地区扩散。从农民外出务工的流入地来看，2004年，原来东部6个主要流入地的比重下降，流向其他地区则增加了14.3个百分点。在东部地区，流向广东、上海、北京的比例在减少，如2000年流向广东比例高达37.9%，2004年则下降到28.4%，流向浙江、江苏两省增加（见表3.7）。

表3.7　农村外出劳动力流入省份比重表（%）

流入地	2000年	2004年
广东	37.90	28.40
浙江	7.50	8.10
上海	8.00	4.40
江苏	5.60	6.80
北京	6.80	3.80
福建	4.20	4.20
六省合计	70.00	55.70
其他	30	44.30

数据来源：国家统计局农调队。

从各主要流出省反映的情况也能看出，流入广东的比重下降，流入浙江、江苏的比重上升。2004年流向主要流入地以外省份的比重开始上升。安徽省、湖北省情况见表3.8、表3.9。

表3.8　安徽省外出务工经商人员流向比重表（%）

年份	省内流动比重	东部其他省份比重	流入北京比重	流入上海比重	流入广东比重	流入江苏比重	流入浙江比重
2000	18.59	10.04	7.24	18.46	9.22	15.97	12.34
2003	15.94	9.23	7.28	18.58	10.06	15.40	14.95
2004	15.20	9.27	7.12	18.92	9.79	15.92	15.21

数据来源：安徽省公安厅。

表 3.9　　湖北省外出务工经商人员流向比重表（%）

	省内流动比重	流向广东比重	流向上海比重	流向北京比重	流向其他地区比重
2001	34.66	36.09	8.79	9.30	11.14
2002	34.28	35.16	10.09	9.49	10.96
2003	32.38	34.41	9.92	10.58	12.67
2004	32.65	33.65	10.08	10.82	12.83

数据来源：湖北省公安厅。

从省内流动和省外流动比例来看，也说明了流入地开始分散的变化。公安部的数字显示（见表 3.10），2000 年以来，省内流动逐年下降，跨省流动逐年上升，目前65%，但2004 年相反，省内流动缓慢上升。

表 3.10　　全国暂住人口省内流动比例表（%）

2000 年	2001 年	2002 年	2003 年	2004 年
41.38	38.13	36.65	34.47	34.75

数据来源：公安部。

从调研情况看，安徽、湖北、四川省内流动比例自 2000 年以来逐年下降，省外流动逐年增加，2004 年省内流动比例有所回升。

③流出来源地开始分散。从农村劳动力务工情况看，2000 年以来，从东部流出的比重上升，中西部流出的比重下降（见表 3.11）。

表 3.11　　农村外出劳动力分东中西部流出比重表（%）

流出地	2000 年比重	2003 年比重	2004 年比重
东部	10.3	33.45	33.27
中部	55.7	39.72	39.99
西部	34	26.81	26.73

数据来源：根据国家统计局农调队统计公报计算。

值得注意的是，流出地开始向边、穷地区延伸。从广东省公安厅流动人口流入情况统计年报表看，流动人口来源呈分散趋势。2000 年和 2001 年，流动人口主要来源于湖南、四川、广西、江西、湖北、重庆、贵州、河南、安徽、福建、浙江、江苏、河北 13 个省份，合计占外省流入人口的 93.33% 和 92.90%，而到 2003 年和 2004 年，这 13 个省占外省流动人口总数的比重分别降为91.22%和87.47%。从2003年和2004年省外的暂住人口情况统计看，广东省的暂住人口遍布全国所有省份，其中来自云南、西藏、新疆、内蒙古、甘肃、青海、宁夏等边远、贫困地区的人口占外省流动人口总数的比重在2003年和2004年分别为1.57%和1.95%，在趋势上有增长的苗头。

④流出地流入地交织。从流动区域看，五普提供的数据是，在迁往城镇地区的6700万劳动年龄人口中，省内人口流入城镇者为4347万人，省际迁入者为2348万人。省内的流动规模大于省际的流动规模。2000年以后，省内流动规模逐渐减少。据公安部数据，2003年，暂住人口中省内流动人口占34%，但2004年省内流动规模开始回升。

中部省份、发展不平衡地区，流出流入交织现象日见。这些地方既是流入地，也是流出地。2000年以来，东部流出劳动力占全部流出劳动力的比重上升，中西部流出的比重下降，同时中部、西部流出的人数又在上升。但2004年，东部流出比重下降，中部流出比重上升，西部流出下降。中部流出比重上升，但省内流动比重上升。说明，中部省份成为流出流入交织地。又如安徽、湖北、四川，2000年以来流动人口省内流动比例一直在下降，但2004年四川、湖北省内流动比例开始回升（见表3.12）。

表3.12　　调研省流动人口省内流动比例表（%）

年份	安徽	四川	湖北	全国
2000	18.59	61.67		41.38
2001	—	55.55	34.66	38.13
2002	—	53.85	34.28	36.65
2003	15.95	51.82	32.38	34.48
2004	15.20	53.46	32.64	34.75

数据来源：安徽省公安厅、四川省农委、湖北省公安厅、国家公安部。

地区间经济发展差异较大的江苏省，既是劳动力流出的省份，又是劳动力流入的省份。2004年苏南83.5%的农村劳动力就地转移，16.5%的农村劳动力输往外地，同时苏南又是大的劳动力输入地，在江苏输往省内农村劳动力总量中，62.66%的劳动力输往苏南地区。苏北则为主要的劳动力输出地区，71.8%的农村劳动力异地输出，28.2%就地转移。

二、农村非农就业流动人口政策的演变及其对城镇化的影响

（一）流动人口政策的演变

长期以来，受户籍管理制度的影响，对于在城镇就业的农村流动人口一直采取排斥限制的政策。然而，随着中央政府城镇化发展战略的提出，以及对外出打工对于农民增收的重要性的认识，各级政府在改进和完善对进城农民工的管理和服务政策方面有了明显的改进。也意味着，中国城镇化发展战略从允许农民进入小城镇务工经商和落户开始，转向了各级城市的农民工待遇的改变。

1. 1979～1983年：控制流动

改革开放前中国实行的是城乡分割的户籍制度和就业制度，农村劳动力的流动受到严格的限制，这种限制到改革开放初期并没有根本改变（见表3.13）。1980年的全国劳动就业工作会议及其后下发的文件，一方面解开了对城镇职工流动的禁锢，另一方面又加强了对农村劳动力流动的限制。1981年中央在提出城市实行合同工、临时工、固定工相结合的多种就业形式的同时，又进一步强化了对农村劳动力流动的管理。

这一时期政府对农村劳动力流动的政策安排主要是基于以下几点考虑：一是国内食品供给不足，尤其是农副产品供应量远不能满足劳动力流动的需要；二是由于知青大批返城加大了城镇原本就存在的就业压力；三是计划经济时期形成的发展战略和城乡隔绝的体制还没有破除。在上述背景下，政府仍按照计划经济的方式，采取严格控制农村劳动力进城流动就业的政策。

表 3.13　　农村劳动力流动的政策要点：1979～1983 年

发布时间	颁发单位	文件名称	政策要点
1980 年	中共中央 国务院	关于进一步做好城镇劳动就业工作的意见	对农业剩余劳动力，要采取发展社队企业和城乡联办企业等办法加以吸收，并逐步建设新的小城镇；要控制农业人口盲目流入大中城市，控制吃商品粮人口的增加；要压缩、清退来自农村的计划外用工。确需从农村中招工的，要从严控制，须经省（市、自治区）人民政府批准
1981 年	中共中央 国务院	关于广开门路，搞活经济，解决城镇就业问题的若干决定	对农村多余劳动力通过发展多种经营和兴办社队企业，就地适当安置，不使其涌入城镇；对于农村人口、劳动力迁进城镇，应当按照政策从严掌握；农村人口迁入城镇的要严格履行审批手续，公安、粮食、劳动等部门要分工合作把好关，不要政出多门；要严格控制使用农村劳动力，继续清退来自农村的计划外用工
1981 年 12 月	国务院	关于严格控制农村劳动力进城务工和农业人口转为非农业人口的通知	严格控制从农村招工；认真清理企业、事业单位使用的农村劳动力；加强户口和粮食管理

2. 1984～1988 年：允许向小城镇或者在农村之间流动

从 1984 年开始，国家准许农民自筹资金、自理口粮，进入小城镇务工经商。这一小小的“城门开放”是农村劳动力流动政策变动的一个标志，它表明实行了 30 年的限制城乡人口流动的就业管理制度开始松动。之后，政府又进一步出台了一些政策和措施，允许和鼓励农村劳动力的地区交流、城乡交流和贫困地区的劳务输出，使农村劳动力的转移和流动进入了一个较快增长的时期（见表 3.14）。

国家这一时期对农村劳动力流动的政策变化，可以从三个方面解释：一是农村改革促进了农产品产量的大幅度增长，基本上满足了农民进城就业所需的食品供应；二是城市经济体制改革的全面推进，新增了大量需要农村劳动力的就业机会；三是人民公社的解体和农产品统购统销制度的改革，部分消除了农民自主流动的体制性障碍。

值得注意的是，允许流动的范围，基本还是限制在农村，在所有的城市甚至是县城，农民流动就业还是受到严格限制的。

表 3.14　　农村劳动力流动的政策要点：1984 ~ 1988 年

发布时间	颁发单位	文件名称	政策要点
1984 年 1 月 1 日	中共中央	关于 1984 年农村工作的通知	允许务工、经商、办服务业的农民自理口粮到集镇落户
1984 年 10 月 13 日	国务院	关于农民进入集镇落户问题的通知	农民进入集镇务工、经商、办服务业，对促进集镇的发展，繁荣城乡经济，具有重要的作用，对此应积极支持 凡申请到集镇务工、经商、办服务业的农民和家属，在集镇有固定住所，有经营能力，或在乡镇企事业单位长期务工的，公安部门应准予落常住户口，及时办理入户手续，发给《自理口粮户口簿》，统计为非农业人口 粮食部门要做好加价粮油的供应工作，可发给《加价粮油供应证》 地方政府要为他们建房、买房、租房提供方便 为了使在信贷务工、经商、办服务业的农民保持稳定，乡镇人民政府和村民委员会对其留居农村的家属不得歧视，对到集镇落户的，要事先办好承包土地的转让手续，不得撂荒，一旦因故返乡的应准予迁回落户，不得拒绝
1985 年 1 月 1 日	中共中央 国务院	关于进一步活跃农村经济的十项政策	要扩大城乡经济交往……允许农民进城开店设坊，兴办服务业，提供各种劳务，城市要在用地和服务设施方面提供便利条件
1986 年 7 月	国务院	关于国营企业招用工人的暂行规定	企业招用工人，应当公布招工简章，符合报考条件的城镇行业人员和国家允许从农村招用的人员，均可报考
1988 年 7 月 5 日	劳动部 国务院贫困地区经济开发领导小组	关于加强贫困地区劳动力资源开发工作的通知	将大力组织劳务输出，作为贫困地区劳动力资源开发的重点 按照“东西联合，城乡结合，定点挂钩，长期协作”的原则，组织劳动力跨地区流动 沿海经济发达地区、大中城市的劳动部门要有计划地从贫困地区吸收劳动力，要动员和组织国营企业招用一部分贫困地区的劳动力，鼓励和支持大中型企业与贫困地区建立挂钩联系，共同创办劳务基地，发展长期劳务合作 要发挥国营、集体劳务组织的作用，重视发挥已有民间劳务组织、能人的作用，通过经济手段，利用联营、代理等多种形式，开拓劳务市场，为搞活劳动力流动创造条件

3. 1989～1991 年：控制流动

这一时期政府对前一个时期实行的农村劳动力流动政策进行了局部的调整，加强了对流动的管理，这一段时期农民工流动就业的主要表现是，按照市场的需求自由地流动，而且是在前一时期政策鼓励下引发了大规模的农村劳动力跨地区流动（见表 3. 15）。农村劳动力市场的发育，使得在计划经济管理下的交通运输、劳动力管理和社会治安等方面的不适应问题突显出来，突出的反映在舆论对所谓“民工潮”的负面报道。人们已经习惯了按部就班和政府安排的就业方式，可是新增的强大的市场就业需求，特别是沿海地区乡镇企业迅速的兴起，本地的劳动力供给严重不足，为农村过剩的劳动力提供了广阔的劳动力市场空间，而城市以及满足与城市的运输和基础设施的管理显然已经不适应改革开放后凸现的劳动力市场膨胀的现象，基本服务于城市间人口流量的铁路和公路运输系统，在民工流动的高峰起出现了严重的饱和。在这样的市场经济大潮下，政府宏观政策的准备不足和原有的计划经济思维方式惯性，使政府采取了行政的控制手段，试图遏止农民对外流动就业的浪潮。

尽管如此，这一时期的政策效应影响有限，因为农民流动的目的地还是在农村范围，乡镇企业的发展还是在计划经济管辖的范畴之外，所谓的管理和限制实际上并没有发挥什么作用，允许农村劳动力流动的政策和措施仍在发挥作用。

表 3. 15　　农村劳动力流动的政策要点：1989～1991 年

发布时间	颁发单位	文件名称	政策要点
1989 年 3 月	国务院办公厅	关于严格控制民工外出的紧急通知	各地人民政府采取有效措施，严格控制当地民工外出
1989 年 4 月 10 日	民政部、公安部	关于进一步做好控制民工盲目外流的通知	各地人民政府采取有效措施，严格控制当地民工盲目外流

续表

发布时间	颁发单位	文件名称	政策要点
1990年4月27日	国务院	关于做好劳动就业工作的通知	对农村富余劳动力，要引导他们“离土不离乡”，因地制宜地发展林牧副渔业，沿着正确方向办好乡镇企业，开展多种服务业，搞好农村建设，使农村富余劳动力就地消化和转移，防止出现大量农村劳动力盲目进城找活干的局面，对农村劳动力进城务工，要运用法律、行政、经济的手段和搞好宣传教育，实行有效控制，严格管理；确定一个时期内城市使用农村劳动力的规划，由劳动部门本着从严的精神负责统一审批，并建立临时务工许可证和就业登记制度，加强对单位用工的监督检查，对现有计划外用工，要按照国家政策做好清退工作，重点清退来自农村的计划外用工，使他们尽早返回农村劳动，要严格控制“农转非”过快增长，把“农转非”纳入国民经济与社会发展规划，实行计划指标管理，认真执照国家有关政策规定审批，对自行规定政策或放宽条件、扩大“农转非”范围的，要抓紧进行清理整顿
1991年2月	国务院办公厅	关于劝阻民工盲目去广东的通知	各级人民政府要从严或暂停办理民工外出务工手续；回乡过节民工，如没有签订续聘合同，要劝阻他们不要再盲目进粤寻找工作；返回工作岗位履约的民工，不要盲目带人到广东 对大量南下在途的民工，有关地区各级人民政府要组织力量，切实采取措施，就地进行劝阻，并及时通报广东省人民政府

4. 1992～2000年：限制、排斥和有序管理并存

自1992年以来，农村劳动力流动的政策逐渐发生变化，变化主要两个方面显现出来（见表3.16）。从劳动力的需求上看，由于邓小平南方讲话以后，城市的发展和建设成为当时国民经济的重要亮点，城市投资的膨胀带动了各产业的发展，农民工的流动从原来在农村范围和小城镇之间，开始向大中城市转移，可以说农民工问题已经逐渐对城市产生了震撼的效应。由于农民工在城市的迅速增加，也在某种程度上造成了严重的恐慌。农民工的大量流入对城市的就业市场带来了冲击，对城市基础设施管理、交通运输增长带来了压力，开始的表现是城市居民原有的独特的消费地位受到了影响。一方面，舆论大声疾呼“狼来了”，反映出在

计划体制下社会对于劳动力市场的冲击的不适应和不满；另一方面，从政策上要求运用计划经济管理的手段，加以管理和限制。

需要指出的是，在此期间，从1984年开始的城市经济体制改革和国有企业改革的效果，导致了城市下岗职工的增加，实施再就业工程已成为各级政府的重要任务。在这种背景下，大部分城市出台了各种限制农村劳动力进城及外来劳动力务工的规定和政策。这一期间，劳动部从有序管理的角度，出台了对农民工就业管理实行证卡管理的制度，要求对农民工就业要办理许可，并收取费用。这种有序管理的政策和办法，并不符合当时完全按照市场规律寻求就业的大趋势，从实施开始，就受到了社会上特别是农民工就业群体的抵制。

表3.16　农村劳动力流动的政策要点（1992～2000年）

发布时间	颁发单位	文件名称	政策要点
1993年11月3日	劳动部	关于印发《再就业工程》和《农村劳动力跨地区流动有序化——"城乡协调就业计划"第一期工程》的通知	主要目标：主要输入、输出地区间的农村劳动力流动就业实现有序化，即输出有组织，输入有管理，流动有服务，调控有手段，应急有措施 主要内容：建立针对农村劳动力流动就业的用工管理、监察、权益保障、管理服务基本制度，发展各种服务组织，完善信息网络和监测手段，强化区域协作和部门配合
1993年11月	中共中央	关于建立社会主义市场经济体制若干问题的决定	鼓励和引导农村剩余劳动力逐步向非农产业转移和地区间有序流动
1993年12月	劳动部	关于建立社会主义市场经济体制时期劳动体制改革总体设想	培育和发展劳动力市场的目标模式，是建立竞争公平、运行有序、调控有力、服务完善的现代劳动力市场；竞争公平，要打破统包统配的就业政策，破除妨碍劳动力在不同所有制之间流动的身份界限，劳动者自主择业、自主流动，企业自主用人，劳动力供求主体之间通过公平竞争、双向选择确立劳动关系；从长远发展来看，建立公平竞争的劳动力市场，还要逐步打破城乡之间、地区之间劳动力流动的界限；要建立农村就业服务网络，合理调节城乡劳动力流动，逐步实现城乡劳动力流动的有序化

续表

发布时间	颁发单位	文件名称	政策要点
1993年12月	劳动部	关于建立社会主义市场经济体制时期劳动体制改革总体设想	要在“九五”时期基本取消统包统配，进一步放开城乡界限，取消职工身份界限，扩大公平竞争范围，争取在20世纪末基本形成现代劳动力市场体系
1994年8月	劳动部	关于促进劳动力市场发展，完善就业服务体系建设的实施计划	必须在短时间内建立起完善的就业服务体系，具体计划如下： 1994年，着手华南（广东）、华东（上海）和华北（北京）三大区域劳动力市场信息中心建设，推进省际劳务协作，大力发展乡镇劳动服务网络，健全流动服务制度 1995年，在重点地区（广东、福建、山东、浙江、江苏、北京、天津、上海、四川、安徽、湖北、湖南、广西、贵州、江西、河南、河北、甘肃）形成有效的管理制度、服务手段和调控方法，使农村劳动力有组织地输出、输入（跨地区流动持证率）达到60%
1994年11月17日	劳动部	关于农村劳动力跨省流动就业的暂行规定	首次规范流动就业证卡管理制度：被用人单位跨省招收的农村劳动者，外出之前，须持身份证和其他必要的证明，在本人户口所在地的劳动就业服务机构进行登记并领取外出人员就业登记卡；到达用人单位后，须凭出省登记卡领取当地劳动部门颁发的外来人员就业证；证、卡合一生效，简称流动就业证，作为流动就业的有效证件
1995年	中共中央办公厅国务院办公厅	关于加强流动人口管理工作的意见	促进农村剩余劳动力就地就近转移；提高流动的组织化、有序化程度；实行统一的流动人口就业证和暂住证制度；整顿劳动力市场
1997年6月	国务院	关于小城镇户籍管理制度改革试点方案	应当适时进行户籍管理制度改革，允许已经在小城镇就业、居住并符合一定条件的农村人口在小城镇办理城镇常住户口，以促进农村剩余劳动力就近、有序地向小城镇转移 经批准在小城镇落户的人员，与当地原有居民享有同等待遇。当地人民政府及有关部门、单位应当同对待当地原有居民一样，对他们的入学、就业、粮油洪应、社会保障等一视同仁 对在小城镇落户的人员，各地方、各部门均不得收取城镇增容费或者类似增容费的费用

续表

发布时间	颁发单位	文件名称	政策要点
1997 年 11 月	国务院办公厅	关于进一步做好组织民工有序流动工作的意见	加快劳动力市场建设，建立健全劳动力市场规则，明确劳动力供求双方、中介服务以及市场管理的行为规范；劳动部门要按照统一、开放、竞争、有序的原则，制定劳动力市场发展规划，会同有关部门切实加强对劳务中介服务组织的管理和指导，通过加强法律、行政、社会舆论监督等手段强化市场监管，坚决打击市场欺诈、非法职业介绍、牟取暴利等违法行为，维护劳动力市场的正常秩序
1998 年 6 月 9 日	中共中央国务院	关于切实做好国有企业下岗职工基本生活保障和再就业工作的通知	各级党委、政府和有关部门必须把国有企业下岗职工基本生活保障和再就业工作列入重要议事日程，实行党政“一把手”负责制，并纳入政绩考核的重要内容 要继续鼓励和引导农村剩余劳动力就地就近转移，合理调控进城务工的规模
1998 年 10 月	中共中央	关于农业和农村工作若干重大问题的决定	适应城镇和发达地区的客观需要，引导农村劳动力合理有序流动
2000 年 1 月	劳动部办公厅	关于做好农村富余劳动力流动就业工作的意见	建立流动就业信息预测预报制度；促进劳务输出产业化；发展和促进跨地区的劳务协作；开展流动就业专项监察，保障流动就业者合法权益

5. 2000 至今：完善管理和公平服务

从 2000 年下半年开始，随着国家城镇化发展战略的提出，对于促进农村劳动力转移的呼声日益强烈。关于农村劳动力流动就业的政策发生了一些积极的变化（见表 3. 17）。这些变化有以下两个突出特点：一是要求逐步取消对农民进城就业的各种不合理限制和政策上的歧视，公平对待进城就业的外来农民工，在就业条件和生活条件方面实现和城市居民平等的权利；二是积极推进各个方面的改革，是加快户籍管理制度的改革，为农民工进城稳定就业和定居创造条件。

这一时期政策变化的要点起始于 2002 年 1 月国务院办公厅颁发的《关于完善农民进城务工就业管理和服务的指导意见》，文件要求解决拖欠农民工工资问题，取消对农民工就业的歧视性政策，撤销对农民工就业的各项不合理的证卡的收费项目，建立符合农民工实际条件的保障机制，公平解决农民工子女教育入学问题等等。此后出台的一系列文件，都强调了对外来进城务工就业人员，继续实行亦工亦农、城乡双向流动的政策，在劳动报酬、劳动时间、法定假日和安全保护等方面依法保障其合法权益；对在城市已有稳定职业和住所的进城务工人员，要创造条件使之逐步转为城市居民，依法享有当地居民应有的权利，承担应尽的义务；对因城市建设承包地被征用、完全失去土地的农村人口，要转为城市居民，城市政府要负责提供就业援助、技能培训、失业保险和最低生活保障等。鼓励农村人口进入中小城市和小城镇定居，特大城市要从调整产业结构的源头入手，形成用经济办法等控制人口过快增长的机制。

表 3.17　　农村劳动力流动的政策要点：2000 年至今

发布时间	颁发单位	文件名称	政策要点
2000 年 7 月	劳动保障部 国家计委 农业部 科技部 水利部 建设部 国务院发展研究中心	关于进一步开展农村劳动力开发就业试点工作的通知	改革城乡分割体制，取消对农民进城就业的不合理限制
2000 年 6 月	中共中央国务院	关于促进小城镇健康发展的若干意见	凡在县级市市区、县人民政府驻地镇及县以下小城镇有合法固定住所、稳定职业或生活来源的农民，均可根据本人意愿转为城镇户口，并在子女入学、参军、就业等方面享受与城镇居民同等待遇，不得实行歧视性政策，对在小城镇落户的农民，各地区、各部门不得收取城镇增容费或其他类似费用
2001 年 3 月	全国人大	中华人民共和国国民经济和社会发展第十个五年计划纲要	打破城乡分割体制，逐步建立市场经济体制下的新型城乡关系，改革城镇户籍制度，形成城乡人口有序流动的机制，取消对农村劳动力进入城镇就业的不合理限制，引导农村富余劳动力在城乡、地区间有序流动 破除地区封锁，反对地方保护主义，废除阻碍统一市场形成的各种规定 坚持城乡统筹的改革方向，推动城乡劳动力市场逐步一体化

续表

发布时间	颁发单位	文件名称	政策要点
2001 年 3 月	国务院	关于推进小城镇户籍管理制度改革的意见	在县级市市区、县人民政府驻地镇及其建制镇，只要有“合法固定的住所、稳定的职业或生活来源的人员及与其共同居住生活的直系亲属，均可根据本人意愿办理城镇常住户口。”“对经批准在小城镇落户的人中，根据本人意愿，可保留其承包土地的经营权，也允许依法有偿转让。” 要切实保障在小城镇落户人员“在入学、参军、就业等方面与当地原有城镇居民享有同等权利，履行同等义务，不得对其实行歧视性政策。”“不得借户籍管理制度改革之机收取城镇增容费或其他类似费用。”
2001 年 5 月	国家计委	关于印发国民经济和社会发展第十个五年计划城镇化发展重点专项规划的通知	统筹兼顾，促进城乡协调发展，推进城镇化，不能削弱农业的基础地位，不能违背农民意愿；既要促进人口向城镇有序转移，又要防止人口过度聚集的“城市病”……要形成人口和生产要素在城乡间有序流动的机制，实现城乡经济社会共同进步 打破垄断和地区保护，除个别特大城市外，要改革城乡分割的就业制度，取消各地区针对农民和外地人口制定的限制性就业政策 积极开展面向城镇迁入人口的各类社会服务；要高度重视为迁入人口提供创业、就业、生活等方面的条件；中心城市要建立劳动力市场信息网络，提供求职和用人等方面的就业服务；在住房、子女教育、医疗等方面，对进城务工的农民提供普遍服务；加强实施城镇化战略意义的舆论宣传，在城市中形成接纳新市民的社会氛围，促进进城农民与城市社会的融合
2002 年 11 月	国务院	国务院关于取消第一批行政审批项目的决定	取消跨省农村劳动力的用工计划审批等行政审批项目

续表

发布时间	颁发单位	文件名称	政策要点
2003 年 1 月	国务院办公厅	关于完善农民进城务工就业管理和服务的指导意见	取消对农民进城务工就业的不合理限制……各行业和工种尤其是特殊行业和工种要求的技术资格、健康等条件，对农民工和城镇居民应一视同仁；改善农民工的生产生活条件，切实解决拖欠和克扣农民工工资问题用人单位必须依法与农民工签订劳动合同；组织农民工培训，解决农民工子女教育，加强对农民工的管理
2003 年 9 月	国务院办公厅	国务院办公厅转发农业部等部门 2003 ~ 2010 年全国农民工培训规划的通知	综合运用财政扶持政策和竞争、激励手段，进一步调动农民工个人、用人单位、教育培训机构、行业的积极性，多渠道、多层次、多形式地开展农民工培训工作，逐步形成政府统筹、行业组织、重点依托各类教育培训机构和用人单位开展培训的工作格局
2004 年 2 月	中共中央国务院	中共中央、国务院关于促进农民增加收入若干政策的意见	进城就业的农民工已经成为产业工人的重要组成部分；推进大中城市户籍制度改革，放宽农民进城就业和定居的条件
2004 年 12 月	国务院办公厅	国务院办公厅关于进一步做好改善农民进城就业环境工作的通知	开展有组织的劳务输出，要充分调动政府职能部门、农村基层组织和社会各方面的积极性，整合乡镇劳动保障、农业、乡镇企业管理等部门在促进农村劳动力转移就业方面的职能作用……要加强跨省劳务工作和乡镇劳动服务工作，积极建立劳务基地，大力发展劳务协作，通过订单培训、定向输出，提高农民外出务工组织程度；要研究进城就业农民的住房问题，做好农民工工伤保险工作

续表

发布时间	颁发单位	文件名称	政策要点
2004 年 12 月	中共中央国务院	中共中央、国务院关于进一步加强农村工作提高农业综合生产能力若干政策的意见	进一步搞好农民转业转岗培训工作，扩大“农村劳动力转移培训阳光工程”实施规模，加快农村劳动力转移
2005 年 4 月	国务院	国务院关于 2005 年深化经济体制改革的意见	进一步改革户籍管理制度，促进农村富余劳动力合理有序转移；选择部分具备条件的城市开展城乡一体化劳动力市场的试点工作
2006 年 3 月	国务院	国务院关于解决农民工问题的若干意见	提出“公平对待，一视同仁；强化服务，完善管理；统筹规划，合理引导；因地制宜，分类指导；立足当前，着眼长远”的原则；要求实现“一是实行城乡平等的劳动就业制度，建立城乡统一、平等竞争的劳动力市场和就业服务体系。二是从各地实际出发，逐步地、有条件地改革户籍制度。三是探索适合农民工特点、符合我国国情的农民工社会保障办法。”

出台这些有关政策的主要原因是，由于农民工在城市的长期就业，已经成为城市生活中的重要组成部分，城市的发展和建设已经离不开农民工这个庞大的流动性的社会就业群体；城乡收入差别的逐步扩大，已经成为中央政府日益担心的问题，增加农民收入，外出打工已经是农民收入的主要来源，农村政策的要点，不仅仅是关系到农民在农村的生产经营和生活条件的改善，他们在城市的就业条件和生活状况，也标志着中央政府的农村政策延伸到城市；城镇化发展战略从小城镇开始的突破转向城市，虽然暂时不能解决农民工进城落户问题，但是稳定他们的就业条件，毕竟是稳定定居的开始。

这些变化表明，中央政府及有关部门在改革城乡分割体制，促进城镇化发展战略，推动城乡劳动力市场一体化方面已开始迈出实质性步伐，也必将要求地方政府的政策和措施发生相应的变化和调整，农村劳动力的转移和流动正在进入一个新的发展时期。

根据中央政府在20世纪80年代以来，对农村外出流动就业颁布了一系列政策，表明对于农村劳动力流动上认识发生了重要的转变，正是由于中央及时调整了有关政策，使得近些年来农村外出流动就业的人口迅速上升，我们曾经就政策演变进行了分析，可以清楚地看到对农民流动就业的影响变化趋势。如果把中国改革开放以来的劳动力流动政策和非农就业的增长速度叠合在一个图上（见图3.6），可以明显地看出，随着劳动力流动控制力度、方式的变化，中国非农就业的增长速度呈现波浪式变化。进入20世纪90年代以后，由于宏观经济的波动、城镇就业制度的改革等，很多地方出台了限制农民非农就业的措施，导致了农民非农就业增速下降，而2000年开始，中央政府及有关部门在改革城乡分割体制，推动城乡劳动力市场一体化方面已开始迈出实质性步伐，推动了非农就业增速的快速回升。这说明政策对非农就业的影响是深刻的。

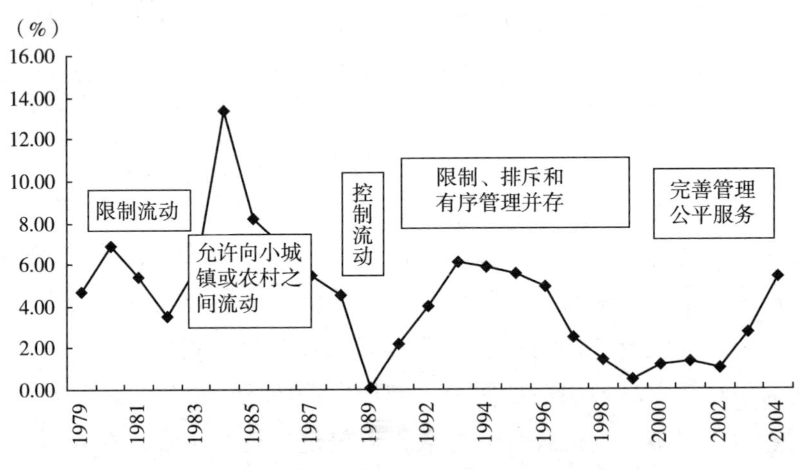

图3.6 劳动力流动政策背景下的非农就业增长速度

资料来源：根据《中国统计年鉴2005》计算整理。

综上所述，可以看出：改革开放20多年来，虽然国内经济环境发生了一系列变化，但农村劳动力流动的政策在改革过程中逐步推进。从限制农村劳动力的转移和流动到允许农民流动，从限制和排斥到有序管理和服务并存，直到实行城乡统筹就业，推动城乡劳动力市场逐步一体化，反映出中央政府和地方政府政策变化，既适应了改革实践的需要，又符合经济发展的方向。

（二）当前农村非农流动就业管理中存在的问题

从2002年以来，中央政府颁布了一系列的政策文件，要求各级政府认真对待和解决农民工进城就业的管理和服务问题，从2002年的国务院办公厅的1号文件和2003～2005年关于中央农村工作的3个中央1号文件以及2005年国务院颁发的文件，都明确地提出了解决进城农民工就业问题的政策要点。一些地方政府也就有关文件的贯彻制定了地方性的文件，但是因为农民工进城就业存在的问题涉及的方面十分广泛，特别是在已经形成的城乡人口利益格局下，落实到具体城市的公共财政支出范围和操作层面上还存在着相当大的障碍。

1. 农民工就业所在地现行政策存在的问题

各级城镇政府特别是沿海经济发达地区的城镇政府，是农村劳动力从事非农就业的主要输入地，这些地方所制定的政策对于贯彻落实中央有关文件精神，公平对待外来就业的农村劳动力，是十分重要的实践和保障，但是由于中国实行的是统一决策、分级管理体制，因此在就业管理和服务方面，特别是政府的公共财政支出的服务对象和重点方面，地方城镇政府所承担的责任、面临的问题以及服务的目标，都受着传统观念和习惯性工作范围的影响，也受着城镇居民和社会舆论的制约。因此在制定具体政策上，还存在着较大的偏差。在制定政策上不同类型和不同规模的城镇，体现了不同的特点，也体现了更为灵活的过渡型的操作特点，主要表现为以下几个方面。

（1）落户的限制仍然十分严格

虽然自2000年开始，中央已经制定了有关政策，允许在县级市以下放开农民进城落户的限制，农民只要是在城里有稳定的就业和居住条件，就可以办理落户手续。国务院有关农民工管理政策的文件，也反复强调了这一政策，但从实际情况上看，各级城镇政府在对农民工落户的问题上还是存在着较大的阻力。虽然一些省市的有关部门也在其颁布的相关文件和法规中，基本上取消了农民在城镇就业时收取临时户口的费用和城镇增容费等规定，但是在具体操作过程中，也有改变收费名目或变相收费的现象。

从调查反映的情况看，一些地方并没有完全按照中央和省级政府的有关规定执行，特别是在收取城镇增容费和放宽进城户口限制方面问题较多。据威海市计委、公安局的负责同志介绍，目前对农民在城镇落户的限制仍在执行，总量控制指标为每年 2 万人。目前可转户口的人员有 15 类，免收城镇增容配套费的仅有 4 类。一些地方仍在收取一定数量的城镇增容配套费，不但没有逐步放宽户籍管理，反而在从严控制外来农村人口的农转非和外地来城镇务工人口的迁入。在降低进入小城镇落户限制方面，决大多数地区也只是鼓励本地农民进城落户，而对大量的跨省流动就业的农民工仍然关闭着办理城镇户籍的大门。即使是到户籍制度改革幅度较大的小城镇，实现户口迁移也是非常困难的。在改革后的户籍制度中规定合法固定住所成为户口迁移的首要条件，这样的规定并没有使户籍门槛真正降低。以 2006 年在青岛李哥庄镇的调查发现，按照目前当地的房价计算一套商品房在 10 万左右，买房的话可以把户口迁到小城镇，但是真正能够负担得起这个价格的农民工，特别是外地农民工并不多，而且在镇上开发了 18 个住宅小区中使用国有土地建造能办理房产证的仅 2 处，其他小区使用集体土地建造无法办理房产证，也就无法办理户口迁移。另外还有一些外来人口购买镇上各个村庄农民的宅基地，但是在办理房产过户时，需要有户籍证明，否则同样无法办理房产证明。因此虽然在镇上买房子的外地人很多，而且他们也想把户口迁过来，但是已经落户的几乎没有。

（2）就业政策的差别

就业限制包括劳动者在求职、就业、管理等方面遇到的不平等待遇，如农村劳动力进入城镇就业的总量控制，职业、工种限制，先城后乡控制，强制性收取管理费、用工调节费等。

比如，北京市对外来务工人员的就业限制很有代表性。由于其独特的政治地位，北京一直实行严厉的限制外地人口进入的政策。从 1995 年以来，北京制定了一系列的法规和政策，对外来务工经商人员可以从事的行业和工种进行了严格的限制。将外来务工经商人员可以从事的行业限制在

13个，工种限制在206个，且多为本地人所不愿从事的苦、脏、累、险、毒等工种。同时，对属于限制使用外地人员的行业、工种，要求用人单位必须改用本市人员。凡未经批准擅自招用的，劳动部门除责令清退使用的外地务工人员外，并按有关规定给予最高额度的罚款。在“先城镇，后农民，先本市，后外地”成为我国城镇就业制度的基本原则。

在这种就业原则下，目前全国第二产业就业人员中，农民工占57.6%，其中加工制造业占68%，建筑业占80%；在全国第三产业从业人员中，农民工占52%；城市建筑、环保、家政、餐饮服务人员90%都是农民工，然而这些职业都是城市人所不愿意从事的职业。中国社会科学院曾在全国60多个城市对近2600名16岁以上城市居民进行调查，发现在69个职业选项中，城市居民最不愿意从事的职业依次是建筑业、保姆、环卫、个体户雇工（李文安，2005）。对比农民工占大多数的行业和城镇居民不愿意从事的职业，我们可以清楚地发现农民工现在所从事的职业恰恰正是城市居民所不愿意从事的职业，而且城市（本地）劳动力可以利用其有利的制度性地位“寻租”，据《新民晚报》报道，上海各街道为了解决下岗夫妻的再就业问题，制作了早点车租给下岗职工，但不料事与愿违，不少饭碗又落到外来妹的手里。有的双下岗职工，每人向街道租了一辆早点车，每月缴纳租金、管理费200元，然后分别以600元租给外来人员，当起了“二房东”，每月净收入800元（邵宁，1997）。非本地户口的劳动力在子女教育、医疗、养老、劳动保护等方面缺乏配套制度，拖欠、克扣农民工工资的现象还屡屡发生，目前对农民工基本权益的维护还缺少切实可行的服务措施。在这种制度安排下，即使“外来人口”干得再好也无望融入城市社区中，因此只能进行候鸟式迁徙。

近年来随着中央对农民工问题的高度重视，一些针对进城农民就业的不合理限制正在逐步取消，但是“先城镇，后农民，先本市，后外地”的原则却仍然存在，2005年国务院发布《国务院关于进一步加强就业再就业工作的通知》，文件中提到“改善农民进城就业环境，取消农村劳动力进城和跨地区就业的限制，完善农村劳动者进城务工和跨地区就业合法权益保障的政策措施”。虽然这是第一次在针对城镇居民再就业文件中提到了农村劳动力就业问题，但是在文件中提出具体的促进再就业的优惠上主要针对城镇居民，对农村劳动力的实际优惠几乎没有。随着中央对农民工就业的重视，在地方针对农民进城就业的不合理限制也在逐步取消，比如2005年3月北京市人大常委会宣布废除《北京市外地来京务工经商人员管理条例》这是对进北京城农民限制最大的文件，但是对农民的歧视并没有因为这一个文件的废止而完全消除，只是对农民就业的歧视在减少。比如2006年4月北京市劳动和社会保障局、北京市财政局联合发出《鼓励用人单位招用本市农村就业困难人员岗位补贴试行办法》的通知，从财政上对招收本地农村劳动力的用人单位进行补贴，这无疑反映了地方政府的“先本市，后外地”地方保护主义，不利于就业市场一体化的形成。

威海的情况也比较典型。虽然在政策规定上没有北京那样严厉，但在招工条件和次序、岗位和职业、收费管理等方面也存在着一些歧视性的规定。

虽然一些地方的政府及有关部门在限制农村劳动力进城就业方面制定了诸多歧视性政策，但在具体执行过程中由于遇到了一些矛盾和问题也采取了一些变通性的措施。我们所调查的威海和常熟，作为沿海经济发达地区新兴的中、小城市，均面临着本地城镇人口负增长和劳动力需求增加的矛盾。尽管如此，他们并没有彻底取消对外来务工人员就业的歧视性政策规定，而是采取了对具体政策不执行或变通执行的对策性措施。

作为针对外来务工人员制定的限制性就业政策，威海和常熟都有用人单位招工必须遵循“先城市、后农村，先市内、后市外”的规定，并对农村劳动力进入劳动力市场求职规定了严格的证件要求与审批手续。我们在调查中发现，威海市虽然没有颁布正式的文件，但从2000年起，已经取消了要求用人单位招工时必须“先城市、后农村，先市内、后市外”的规定，也不要求外来劳动力办理就业证，外来的农村劳动力凭家乡派出所或村委会证明，就可办理就业手续。常熟市对外来务工人员要求的证件也减少到“本地农村劳动力持镇劳动所证明，外埠人员持本人身份证或暂住证”，就可以到当地的任何一个职业介绍机构办理求职登记，“一次登记后，可以在3个月内在任何一个公共职业介绍机构得到职业介绍服务”。

威海市从1993年开始在企业中引进竞争上岗制度，按当时规定临时工不能参加竞争上岗，但是在具体操作过程中，由于固定工仅占职工的30%，不允许临时工参与竞岗将不能形成真正的竞争，最终这一规定并没有被实施，以农民工为主的临时工也参加了竞争上岗。

对外来农村劳动力收取管理费、用工调节费等，是城乡劳动力就业差别管理的主要表现之一。有趣的是，常熟市镇劳动管理所可以根据不同企业自行确定收费标准。结果是，淼泉镇劳动管理所对所有用人单位征收外劳管理费，白茆镇则是对部分企业收，对部分企业不收。

（3）社会保障的差别

关于外来农民工进城就业能否享受就业所在地城镇的社会保障制度，各地存在着很大的区别。虽然在中央政府颁发的一系列文件中，已经明确指出要求给进城农民工至少提供工伤和医疗保险，但是从目前的实际情况看，在社会保障水平方面，进城就业的农民工与城镇职工有着很大的差别。所有的城市职工包括下岗职工在政策上，普遍享受着养老、医疗、失业、生育和工伤五大保险，当然对于一部分破产企业实行买断工龄之后，下岗职工社保的待遇和在岗职工会不同，但也有城镇以低保作为补充。在小城镇或者是乡镇企业发达的村庄，镇政府和村集体经济组织依据城市保障标准及镇村财力情况对本地农村劳动力自办养老和医疗保险，但是外来就业的农村劳动力则一般不享受任何保险待遇（部分从事高危工种的外来工有工伤保险的除外）。

关于对于农民工进城务工就业是否能够享受城镇社保的待遇，大致的意见分歧在于，一是城市是否有足够的财力支撑农民工的社会保障机制的建立；二是农民工在自己的家乡农村还有着自己的承包田和宅基地，是否也等于一种特殊类型的社会保障；三是已经开展的强制性要求企业为农民工交纳社保费用，但是不能随着农民工就业的流动而迁徙，这等于企业为农民工交纳的保障费用，在农民工离开之后将被城镇的社保机构用于补贴城镇社保资金不足。所以在城镇建立和完善进城务工的农民社保机制是把农民工作为城镇居民看待的一个重要标志。

（4）农民工子女不能享受和城镇居民同样的教育机会

2000年以来，进城务工就业农民全家流动的状况日益普遍，举家外出务工劳动力增加，随同父母进入城市的儿童也日益增多。根据“五普”的资料，全国流动儿童（18 岁以下）共 1982 万人，户口类型为农业户口的占 74%，即约 1467 万人，6 ~ 14 岁义务教育阶段适龄儿童约占 43.8%，即约 643 万人。在广东省就读的流动人口子女由 2001 年 80 万人增加到 2004 年底的 152 万人，三年时间增长了 72 万人。其中深圳市 2001 ~ 2003 年，非户籍生由 27 万增至 39.6 万，两年净增学生 12.6 万，年均增长率为 21.1%，这些适龄儿童的教育问题也更加突出。

党中央、国务院有关文件已经明确提出，要求城镇政府解决农民工子女入学问题，但是城镇政府能否为外来务工者的子女提供和城镇居民一样公平的义务教育机会，也是影响农村劳动力外出就业稳定性的一个重要因素。从调查反映的情况看，有诸多因素发挥着作用。首先，由于户籍管理制度的原因，城镇政府并没有明确公共财政支出来解决外来农民工子女教育问题，实际上这也是教育体制上存在的问题，因为义务教育的责任在地方政府，要按户籍所在地来落实。在城镇就业的外来农民工子女就学的责任，按传统的政策，应该归输出地管理。在调查过程中，我们也发现常熟市教委的负责同志对当地放开外来工子女教育的忧虑。这位负责人认为，目前当地市区小学仅有 24 所，学校规模普遍偏小，与城市人口增长不相适应，随着户籍制度的改革，如果放开教育限制，市区小学与初中的生源就会大量增加，可能产生教育基础设施与承受能力不足的危机。因此，在试点方案讨论的过程中，教育问题曾进行过多次争论，经过权衡，教委与公安部门商定：教育随户口走，只要外来人员户口能转过来，就可以同等地享受当地的义务教育，这等于没有改革。

其次，城镇的教育费用使得农民工子女望而却步，虽然义务教育是免费的，但是在学校的大量活动性支出方面，城镇子女和农民工子女能承担的能力差别是显著的。择校费用对城镇适龄子女，不在学区之内也一样收取，但是农民工子女无法承受。例如，威海荣成市石岛镇的外来工子女在当地上小学，每年需寄读费 600 元，据外来工反映，虽然夫妻两个都有工资，但负担小孩上学后生活十分紧张。常熟市白茆镇的外来工也反映，他们的孩子虽然每学期交 300 元寄读费即可以在当地上小学，但上不了初中，与其到时候花大力气将孩子转回老家上初中，还不如现在就在老家上小学。农民工子女和城镇子女在同一个学校就学，最重要的是心理上的承受能力，长期以来形成的城乡利益关系，农民工作为外来者和低收入者，在学校心理上感受到的歧视是政策上难以抹平的，很有可能会对这样的教育产生抵触情绪。各级政府面对这些现象也采取了大量的措施，在鼓励接受农民工子女入学的同时，尽量减少各种费用，但是无法掩盖这种由户籍管理制度带来的心理的影响和实际承受能力的差别。

再次，打工子弟学校生存处境艰难。为了满足普通农民工子女的上学需求，在一些外来人口较多的地区，打工子弟学校纷纷建立，这些学校以招收外来人口子女为主，具有收费低的特点，很多承担不起地方公立学校较高费用的外来人口一般选择将子女送到这些民办学校。这些民办打工子弟学校，主要是户口在外地的外地人开办，他们一般得不到当地教育部门的服务，反而经常成为地方教育部门歧视的对象。2006 年我们在常州市横山桥镇调研的时候，地方教育部门的同志一直在嘲讽镇上的 2 处民办打工子弟学校在管理上和教学上存在的问题，比如师资力量差，教学不规范，甚至连教材都与地方上的不一致，然而就是这样的学校为什么能够有需求，地方政府为什么不去对这些民办打工子弟学校进行扶持，毕竟在他们的学校内学习的也是祖国未来的花朵，这些教育部门的同志却只字不提。在横山桥镇进一步的调查发现，地方公办学校在招收农民工子弟时不但需要缴纳借读费，而且实行择优录取的办法，只有通过学校的考试才能进入到地方公办学校，通不过学校考试的就只能在打工子弟学校上学了。

在这里虽然小城镇民办打工子弟学校受到了嘲讽和歧视，但是他们还能够幸存下去，然而在一些大城市这些适应农民工需求的打工子弟学校却屡屡被地方教育部门以“没有经过教育部门审批”“不具备办学条件”“安全措施不到位”等为理由而取缔，学校被取缔以后学生的就学问题就成为一个非常严峻的现实。2001 年 8 月以来，北京市丰台区已有的几十所打工子弟学校被关闭或被停办，这些被关闭的学校涉及七八千学生，然而真正能够转入公办学校的很少，是送回家乡还是留在城市仍然没有学上这很难说。2006 年 8 月，仅北京市海淀区就取缔了 30 多所打工子弟学校，1 万多学生需要寻找新的学校上学①，这引起了社会的广泛关注。打工子弟学校的办学条件往往成为取缔的理由，但是在决策者看来民工带来的治安问题往往是他们考虑的主要因素。北京市近几年来来，一直把关闭和取缔农民工子女学校作为城市管理和教育管理的重要任务，也要求公立学校开放接纳农民工子女入学，并减少各项费用，力图保持对农民工子女的公平待遇，但是采取这项措施的出发点并不是单纯为了解决农民工子女上学的问题，而是认为私立农民工子女学校由于办学条件的极其简陋，影响了北京市城市景观和教育水平的质量。政策的实际效果，并没有从根本上解决农民工子女就学的现实需求问题。打工子弟学校的关闭除了使流动儿童上学受影响外，实质上提出了如何对待农民进城就业的问题（崔传义，2003）。在政府、社会努力保证流动人口子女公平接受社会教育的时候，农村外出务工劳动力的子女缺乏家庭关怀和教育的问题日益突出。大部分外出农民将未成年子女留在农村，造成了一个数量庞大的“留守儿童”群体。根据五普数据推算（段成荣、周福林），2000 年 14 岁及以下留守儿童的数量在 2290.45 万人（占全体儿童的 8.05%），其中农村留守儿童占 86.5%，达到 1981 万人。父母监护的缺失，对他们生活质量的提高和身心的健康成长产生不利影响，公安部的调查显示，全国未成年人受侵害及自身犯罪的案例大多数在农村，其中大多数又是留守儿童。农业部农研中心的调查显示，农村留守儿童中间断学习、逃学、辍学现象突出，升入高中的比例下降，使农村义务教育面临新的挑战。这些都将影响我国农村劳动力素质的提高，将来很难适应农村和城镇化发展对劳动力素质的基本要求。

（5）进城农村人口的就业服务体系不健全

农村劳动力跨区流动缺乏信息引导。一些地方对农民工重收费、轻管理、轻服务。农村劳动力普遍素质偏低，缺少在城镇就业或向第二、第三产业转移的职业技能。近年来，教育、劳动、农业等部门和建筑等行业及工矿企业培训了一定数量的农民和农村进城务工人员，但相对需要转移和进城的农村务工人员来说，数量还是太少；各地也都在积极开

① 郭春梅，施芳：《30 多所打工子弟学校被关万余民工子弟无处就学》，载于《人民日报》，2006 年 8 月 8 日，第 05 版。

展农村劳动力的转移培训工作，但是质量和效益还远远不能满足需要。农村劳动力培训工作还缺乏统筹规划和协调，不少地方各自为政，没有形成合力，有的甚至借培训名义乱收费。

在外来务工人员的职业培训的方面，也存在着类似的问题。对新增农村劳动力的职业技能培训，有利于促进农业剩余劳动力向非农产业转移。从各地各级技校的生源构成看，农村户口的学生一般都在60%以上（见专栏3.1）。职业技能培训管理上的部门分割，对新成长劳动力的转移产生了不利的影响。

专栏3.1　威海市高级技工学校：面临的难题

威海市高级技工学校是一个有着优良教学条件和较大社会影响的学校，在校生有近1400人，农村学生占在校学生的60%。虽然其毕业生就业率高达95%，但近年来也面临着一些困难和问题。一是由于教委掌握着从小学、初中到高中和大学的教育，教育部门为了争取生源，采取一些不正当的竞争办法，甚至不准初高中毕业生进技校（如到技校上学不发初中、高中毕业证等），致使该技校近年来招生困难，且生源质量差。二是由于其高级班毕业生主要在威海市找工作，而生源又主要来自威海市外，政府认为如果扩大高级班的招生，就可能会使更多的外地人来威海，增大城市规模，致使该校高级班的发展又受到了政府意志的限制。

农民工外出就业，住房问题往往是决定他们未来能不能在外生存的决定性因素。在已经进入城市的农村人口中，多数人集中在劳动比较密集、技术和资本含量比较低、收入也比较低的行业。从城市社会经济的运转本身来讲，特别是社会服务业，他们的工作是必不可少的，他们中相当部分的就业和生活也是稳定的，城市需要他们，他们也需要城市。然而农民工的收入水平无法支撑在城市的消费，生活和居住条件未得到根本改善，也构成了对流动的约束。在城乡结合部，许多进城农民租住在当地农户的房子，这些房子通常是当地农户在自己的院子搭建的，基本上都是违章建筑，也有的以蔬菜种植为业的农民通常住在自己搭建的窝棚里、收购废品为业的一些人甚至直接住在垃圾场旁边的棚子里；在城里，不少人住在高楼大厦的地下室里。以北京市朝阳区为例，朝阳区有进城农村外出务工劳动力92.8万人，其中65万人居住在农村和城乡结合部，这部分农村外出进城务工劳动力基本上居住在当地农民自己搭建的临时建筑中。居住条件更差的是城区内的进城农村外出务工劳动力，约有5万多进城农村外出务工劳动力居住在城区内的地下空间。地下空间不是为居住而设计的，采光和通风条件很差，这在一定程度上也加大了城市运行的安全隐患。据杨桂宏、胡建国（2006）对北京市423名农民工的调查：53.1%的农民工居住在平房；27.7%的农民工居住在地下室。市内居住的农民工主要就是地下室和建筑工地的简易工棚，而在城乡结合部居住的主要是平房。总体来看，农民工居住面积较小，人均居住面积为7.33平方米，且居住条件较差。同样在张玉（2006）对武汉市农民工的调查中，在调查的300户共527名农民工中，92.6%的人居住在城乡结合部或两个行政区结合部的社区里。这样的社区一般城市管理相对松散，房屋价格相对较低，无论是买房还是租房住或做生意，都是农民工的首选。在300户中，由于收入的原因，只有不到3%的人家在武汉市买房或有房住，97.3%的人选择的是租房。租房者大部分租住的是城市中最简陋、陈旧的房子，有的是租借居民住宅楼的地下室，有的是在边缘地带搭建简易住房。这些地段多是城市改造进程中尚未触及的“盲点”，大都存在排污系统不完善、环卫设施不配套等问题。一些地方仍在采用露天式排污管道，一遇雨天，污水横流。在这些地区的出租房往往都是违章建筑，因为租房所带来的利益往往是“城中村”改造难度大的主要原因，在许多时候，与城市政府的管理冲突往往是围绕整顿违章建筑、违章租住等问题展开的。在地方政府和当地农民之间，经常看到“建了拆，拆了又建”的拉锯战，而在地方政府和外来人口之间，则经常上演“今天赶走，明天又来”的游击战。这种局面不论对于哪个方面来讲，都是高成本的。

在城市社区中还有许多农民工在做一些小生意，比如卖蔬菜水果、小餐馆、理发店、日用百货等，这些小生意极大地丰富和方便了城市人的生活，而且给这些农民工带来了比在农村高得多的收入，他们一般也比在工厂中的农民工挣得要多一些，但是就是这些相对收入较高的农民工，在城市他们的居住条件往往也是非常艰苦的。他们几乎都是把家安在做生意的门面的阁楼上或者在门面内的狭小的角落里。以下是四川日报记者对成都农民工居住现状的调查报告。

专栏 3.2 我们也想有个家——农民工居住现状调查

这是一个几十米长的街市，靠围墙一侧，密密麻麻排列着20多个店铺，每间仅六七余平方米。晚上7点多，小街上只有三两个买菜人，所有店铺都没关门，门板和塑料布堆在店铺一角。每个店铺格局大致相同：墙上靠着一具楼梯，是用来上阁楼的。房间太小，为了缓解人货挤塞的窘迫，店主将本来就低矮的平房分成了上下两截：下面卖货，上面住人。床上横七竖八地丢着几个胀鼓鼓的编织带，用来装衣服。

第一家店铺是卖家禽的。每个晚上，他都这样睡在鸡鸭们的楼上。姚琴从安岳县来到这里，已经有三个年头了。她将阁楼改成上下铺：大女儿和丈夫睡上铺，自己和小女儿睡下铺。“这条街大多数都是外地来的，有个落脚点不容易。”她垂下头，神情黯然，“这个市场不知道什么时候拆，也许到时候连这个也住不上了。”

和大多数小菜市一样，狭小的店铺里，挤了一家子，还有烧饭用的煤炉、液化气、电炉，根本无暇顾及周围是否有易燃物品。拥挤、杂乱、安全隐患大，这是居住在市场里的农民工面临的问题。

资料来源：李代勋、黄浩：《我们也想有个家——农民工居住现状调查》，载于《四川日报》2005年4月15日期，http：//sichuan. scol. com. cn/cdms/20050415/200541562335. htm。

这些进城农民工居住在城市地下室、简易的工棚、车间，城乡结合部出租屋、狭小的门面房里面，居住条件恶劣，而且非常不稳定，很多都是违章建筑，对城市的规划提出了不小的挑战，这也对他们以后定居产生很大的影响。在许多时候，城市政府的管理冲突往往是围绕整顿违章建筑、违章租住等问题展开的，没有在规划建设上确立流动人口的安身立足之所，让迁移人口融进城市，使他们彻底完成向市民的转变。那么农民工工作的不稳定性导致的一个很明显的后果就是，只要城乡流动成本低于城乡居住生活成本之差，他们永远就会像候鸟一样在城乡之间奔波。农民工的居住环境也构成了对劳动力流动的约束，因为城市中无法建立自己的劳动力蓄水池，出现大量用工需要时，农村的富余劳动力由于时间和空间上的距离一时无法满足用工企业的需求。2004 年，许多地方出现民工短缺现象，据统计，珠三角加工制造类企业的工人缺口高达200 万人。

2. 农民工输出地在政策上采取的积极措施

对农村劳动力输出地区而言，劳动力外出带来的务工收入增加、就业压力减少已被当地政府普遍认可，因此，他们多数能够为农村劳动力外出提供较为宽松的政策环境。同时，输出地的城镇经济发展水平相对较低，城市居民在就业、社会保障、生活条件等方面所享受的福利远远少于大中城市，且难以保证兑现，因此，输出地改革针对外来劳动力的户籍、就业、培训、教育等制度歧视的阻力小，动力大，进展要快于经济发达地区及大城市。另外，我们所调查的中部地区的中小城镇还存在着城市发展对人口规模增加的要求，农民进城与资金、资源进城往往又是一致的，因此，输出地的劳动力市场更加开放，户籍制度的限制正在逐步取消。

综合分析有关文件规定和调查反映的情况，中部地区在劳动力流动政策上的改革探索与实践突破主要表现在以下几个方面。

（1）户口限制放开

户口限制，这个在京津沪等大城市及东南沿海劳动力输入地区最难突破的环节，在中部地区的县域经济中已基本消失。这一方面是因为中部地区经济发展水平相对较低，国有和集体经济实力不足，基础设施和社会福利水平相对较低，用户籍壁垒进行保护的意义不大；另一方面是因为这些地区城市化水平原本较低，依靠城镇本身发展经济有一定的困难，需要依靠外来人口的进入，为城镇及县城经济的发展注入新的动力。

正式的政策规定是使这一变化规范化的象征。我们调研的五个县市政府近期出台的有关文件均体现了取消户口限制、推进城乡劳动力市场一体化的精神。如郾城、临澧、浏阳是国家七部委城乡统筹就业的试点地区，都由政府出台了城乡统筹就业的暂行规定或类似文件，明显取消投资、就业、保险、购房、教育等方面的户口限制；嘉禾、邓州两个扶持返乡创业试点地区，政府也都出台了促进扶持返乡创业的优惠政策文件，解除了户口的限制。

最能说明这一变化的还是现实社会生活中各群体的感受和反映。在我们调查的过程中，政府部门、企业主、职工、农民百姓已感觉不到户口限制。河南郾城县政府领导及公安、建设、教育、劳动等部门负责人想了好久，怎么也想不出对农民进城还有什么限制。这种看法在我们走访的企业和农民中也得到了一致的认可。

专栏 3.3　“农转非”在县城不热了

郾城县的工作经历很能说明问题。该县为扩大城镇人口规模，制定了吸引大量农民进城的政策，并动员公安局、各派出所做了大量的宣传动员工作，但转户口的成果十分可怜，半年来转户口的仅 10 多人。公安局对此专门进行了调查，发现原因有四：一是农民担心乡村的土政策，虽然县政府明文规定转户口的农民可以保留耕地，但农民们担心乡村的土政策可能要收地，在农民眼里，土政策大于国法；二是担心城市计划生育政策严，影响生儿育女；三是小城镇基础设施建设滞后，进镇农民仍享受农村生活条件，还是在农村生活习惯；四是小城镇就业不稳定，更没有保障。人事劳动局的负责同志讲，“农转非不算啥问题，只要申请就给转”。政府部门及企业、劳动者普遍认为，目前“农转非”在县城不热了，上学买房不要户口，城镇户口不包分配，户口已没什么作用。由于附着在户口上的城镇福利已基本没有，而农村则可以享受土地资源及农村生活的低消费支出便利，因此，有的甚至出现了一些大中专毕业生由于在城镇解决不了就业问题要求非转农的情况。

(2) 就业市场化

目前，中国就业市场的管理基本上是城乡劳动者由两套管理制度与管理机制分别管理。政府对城市劳动者就业实施正规的劳动合同、人事档案、下岗证、失业证等；对农村劳动者就业实行就业许可证、流动就业卡、计划生育证、暂住证等。这种管理方式是农村劳动力在就业市场得不到公平待遇的根本原因之一。

在我们所调查的中部地区的中小城镇，对城乡劳动力市场进行统一管理的改革已经开始实施，农村劳动力开始在劳动市场上和城镇居民进行公平竞争。比如，临澧实施了城乡劳动者统一的就业保障证，这种证覆盖了所有城乡和外来劳动者，适用于国有、民营、私营、个体等各类企业，覆盖了劳动就业、社会保险、劳动关系、职业技能培训等劳动保障领域的各项内容，实现了一证在手，走遍全县，进出自由。

就业市场化使临澧县的城乡就业状况大大好于全国的平均水平。目前临澧县的城乡就业率水平非常接近，城市就业率为91.9%，农村就业率为92.9%，农村就业率比城市还高出1个百分点，这与全国平均农村就业率远远低于城市的状况形成了鲜明的对比。城乡就业率的趋同说明城乡劳动力市场级差压力的缩小，也是劳动力市场城乡一体化的主要标志之一。

（3）社会保险一体化

与东南沿海经济发达地区及大城市相比，中部县市的社会保险工作进度要快得多。这种进展不仅表现在政府、政府部门、企业和劳动者的认知上，更重要的是表现在具体的实践操作中。临澧的试点和浏阳的扩面工作表明，社会保险一体化改革已经启动。

临澧县提出把维护劳动者合法权益，为每一位从业人员提供养老、医疗、工伤、生育、失业等方面的社会保障作为试点工作的一项主要内容。目前，统一的社会保障制度框架已成雏形，个体私营从业人员纳入养老保险达3360人，同时在一家国有和两家股份制企业中试行了包括进城务工的农村就业人员在内的全员养老、医疗、失业保险，并将陆续推行工伤、生育等项社会保险，使城乡劳动力真正达到就业及社会保险上的一视同仁。并计划年底前在3～4个重点乡镇（片）打破劳动保障的城乡界限，建立统一的社会保障机制，实现“不管你在哪里干，社会保障接着算”。

浏阳市已于全市各乡镇全面启动了社会保险的扩面工作，社会保险业务已成为基层劳动保障的主要业务。我们参观的淮川办事处劳动保障所，五名工作人员中，四人分成两组每天跑各单位宣传、办理参保事务，仅一人留家开展职业介绍、内部管理等。市开发区劳动保障所两名工作人员的主要业务也是扩面征缴。今年以来，全市养老保险共扩面4000人，社会保险覆盖到各种性质用人单位的城乡劳动者。另外，全市还开展了工伤保险的调查测算，计划于年底全面启动工伤保险。

(4) 支持返乡创业

从我们所调查的中部地区的一些县市的情况看，在对城镇的户籍、就业、保险等项制度进行改革探索的同时，在促进城镇经济发展的实践中也取得了突破性进展，河南邓州和湖南嘉禾都出台了一些支持农村外出就业劳动力返乡创业的政策措施。

由于返乡创业者在资金、技术、信息、经验等方面的优势，在当地政府的支持和保护下，成功率较高，嘉禾的返乡创业城、返乡创业一条街和邓州的返乡创业基地都取得了明显的成效。城市规模的扩大主要来自返乡创业者，政府称劳务经济为“县域经济发展的新亮点”。

第四章　政府宏观经济政策与非农就业

执笔：范毅　马庆斌

改革开放二十多年来，非农就业的发展在推进城镇化发展中起到了至关重要的作用，在政府制定的各项经济政策中，也一直把促进就业，提高城乡居民收入作为重要的战略目标。但是，中国农村非农就业的一个十分重要的特点是，农村富余的劳动力群体整体的受教育水平不高（见专栏4.1），大多数只能适应传统的劳动密集型产业就业，这显然偏离了中央政府宏观调控政策的多样性目标，因此在中央政府鼓励城镇更好地接纳和服务外来农民工就业，以确保农民工通过非农就业带来收入增长的同时，而另行颁布的有关环境、安全、技术、质量政策中，甚至是用地政策，都在一定程度上对促进更多的农村劳动力向非农产业转移造成了一定的影响。在了解中国经济社会发展面临的一个多样性选择，面临着城镇和乡村发展的需求不同时，如何制定更为切实可行的促进农村非农就业的发展战略目标，已经成为事关城镇化发展全局的重要的政策着眼点。

专栏4.1　外出务工人员受教育水平调查

2004年外出农民工中，文盲占2%，小学文化程度占16.4%，初中文化程度占65.5%，高中文化程度占11.5%，中专及以上文化程度占4.6%。总体上看，外出农民工的文化程度要高于农村劳动力平均水平。外出农民工中，初中及以上文化程度占81.6%，比全国农村劳动力平均水平高18.3个百分点。

范毅：国家发改委城市和小城镇改革发展中心政策研究处处长、副研究员。

马庆斌：国家发改委城市和小城镇改革发展中心原政策研究处副研究员。

2004年外出农民工中，掌握了一定的专业技能、接受过技能培训的农民工占28.2%，2001年这一比例为17.1%，2002年为17.4%，2003年为20.7%。近两年这一比例提高较快，2004年比2003年提高7.5个百分点，表明《2003~2010年全国农民工培训规划》的实施已初见成效。从参加培训的方式来看，通过政府组织参加培训的农民工占10.7%，参加企业组织的培训的农民工占30%，自己去参加培训的农民工占59.3%。

71.8%的外出农民工从来没有接受过任何形式的技能培训，他们主要靠体力来挣钱。在这些民工中，导致他们没有接受技能培训的主要原因有：本地区没有开展劳动技能培训的占27.7%；认为没有必要参加任何形式的培训班的占18.7%；没有时间去参加培训的占7.6%；因为交不起培训费而没有参加培训的占5.3%；认为培训的内容不需要的占4.9%。在没有参加过培训的农民工中，有76.3%的农民工表示愿意参加培训班。

资料来源：国家统计局农调队，2005。

影响非农就业的因素很多，诸如环境政策关闭生产规模小的环境污染企业；生产安全政策关闭采掘业中小企业、技术政策强制实行国际或者国家标准对农村中小企业带来的冲击；耕地保护政策直接影响到乡镇企业用地的紧张等，都会直接或间接地影响非农就业的数量变化。

因此，很难清晰地将政策影响的大小在统计层面描述出来，本部分主要采用定性描述的方法分析环境政策、生产安全政策等对于企业、尤其是非农就业吸纳能力较强的中小企业的影响。

一、环境政策的演变及其对非农就业的影响

随着中国城乡在20世纪80年代以后进入了工业高速增长时期，环境问题日益突出。以淮河为例（见专栏4.2），可以看到中国的环境问题在工业化重化阶段更加突出。

专栏 4.2　淮河流域的环境问题与环境治理

自古以来，淮河流域就是鱼米之乡，富庶之地。然而，20 世纪末期，淮河经历了一场巨大的灾难。有民谣道："50 年代淘米洗菜，60 年代洗衣灌溉，70 年代水质变坏，80 年代鱼虾绝代。"按照淮河治理规划，2000 年底淮河水体要实现变清。变清的含义是干流水质 COD 浓度达到三类水质要求，主要支流 COD 浓度达到四类水质要求。而在 6 年前，淮河干流水质基本是五类，多数支流丧失了使用价值。1995 年 8 月 8 日，中国历史上第一部流域性法规——《淮河流域水污染防治暂行条例》颁布。这部法规明确提出：1997 年实现全流域工业污染源达标排放，2000 年实现淮河水体变清。这一目标现在看来并没有达到。

中国开始逐步重视环境问题，1972 年联合国人类环境会议后，中国于 1973 年成立了国务院环保领导小组及其办公室和省市环保机构，在全国开始"三废"治理和环境教育。《环境保护法（试行）》于 1979 颁布施行，引进了当时国际上的"环境影响评价制度"和"污染者付费"原则，规定了环境影响报告和排污收费制度。同时，还根据国情，创建了"三同时"等制度。接着，海洋、水、大气污染防治等法律也陆续制定。"九五"（1996～2000 年）期间，国家修订了《大气污染防治法》《水污染防治法》《海洋环境保护法》，制定了《噪声污染环境防治法》《水污染防治法实施细则》《建设项目环境保护管理条例》等环境保护法规。修改后的《刑法》增加了"破坏环境资源保护罪""环境保护监督渎职罪"的规定。这些都为环境的保护和治理奠定了制度基础（见表 4.1）。

表 4.1　重要环境保护文件和行动概览

1984	国发［1984］135 号	国务院关于加强乡镇、街道企业环境管理的规定	乡镇不准从事污染严重的生产项目，如电镀、石棉制品等，已经建成的分别采取关、停、并、转措施；对于转嫁污染危害的单位有关人员以及接受转嫁的有关人员，要追究责任，严加处理

续表

1996	国发［1996］31 号	国务院关于环境保护若干问题的决定	到 2000 年，全国所有工业污染源排放污染物要达到国家或地方规定的标准；各省、自治区、直辖市要使本辖区主要污染物排放总量控制在国家规定的排放总量指标内，环境污染和生态破坏加剧的趋势得到基本控制；直辖市及省会城市、经济特区城市、沿海开放城市和重点旅游城市的环境空气、地面水环境质量，按功能分区分别达到国家规定的有关标准；淮河、太湖要实现水体变清；海河、辽河、滇池、巢湖的地面水水质应有明显改善
1999	国家经贸委副主任石万鹏答记者问	加大总量控制力度坚决清理整顿“五小”	加快行业调整和改组的步伐，继续压缩纺织、煤炭、冶金、石化、建材、机电、轻工等行业过剩的生产能力，坚决淘汰那些技术落后、浪费资源、产品质量低劣和污染严重的小企业 “五小”，是指那些技术落后、浪费资源、质量低劣、污染环境、不符合安全生产条件的小厂小矿 控制总量的主要目标是：纺织行业，累计完成压缩淘汰 900 万 ~ 950 万落后棉纺锭，分流安置 110 万职工，比去年减亏 30 亿元；煤炭行业，累计关闭各类非法和不合理的煤矿 2.58 万处，压减产量 2.5 亿吨，全国煤炭年产量控制在 11 亿吨以内；石油石化行业，原油加工量严格控制在 1.61 亿吨；烟草行业，全年生产卷烟 3425 万箱，年末卷烟库存控制在 300 万箱以内；冶金行业，全国钢产量在 1998 年实际产量基础上压缩 10%
2001	国务院办公厅 6 月 13 日发出紧急通知	国务院办公厅紧急通知：矿办小井全部关闭 乡镇煤矿一律停产	国有煤矿要对各自的矿办小井严格清理，并制定切实有效的关闭政策，确保矿区稳定 凡与个人联营或者实行个体承包的，要立即解除联营合同或承包合同：凡国有煤矿经营者和政府公职人员在矿办小井参股入股的，要立即退出，并进行清理；违法违纪的，一律依法予以查处；全国所有乡镇煤矿，一律停产整顿；由地方人民政府组织有关部门和机构组成检查组进行检查和认定；通知中规定，凡国有煤矿矿区范围内的各类小煤矿，一律予以关闭，凡采矿许可证、煤炭生产许可证、营业执照、矿长资格证四种证件不全的，以及生产高硫高灰煤炭的，一律予以关闭，凡不具备规定的基本安全生产条件的，也一律予以关闭

续表

2001	国务院办公厅	国务院办公厅关于进一步做好关闭整顿小煤矿和煤矿安全生产工作的通知	凡属“四个一律关闭”的小煤矿，即国有煤矿矿办小井、国有煤矿矿区范围（即国有煤矿采矿登记确认的范围）内的小煤矿、不具备基本安全生产条件的各类小煤矿、“四证”（即采矿许可证、煤炭生产许可证、营业执照和矿长资格证书）不全以及生产高灰高硫煤炭（灰分超过40%、含硫超过3%）的小煤矿，必须按照《紧急通知》有关规定全部予以关闭；未按《紧急通知》要求时限完成关闭任务的地区，必须采取有效措施，尽快实现关闭目标，关闭任务重的地区也要加快进度，确保在2001年10月底前全部关闭
2003	国办发［2003］4号	国务院办公厅关于部分地区环境污染案件查处情况的通报	对一些地区环境污染案件的查处情况：湖南省长沙县黄兴镇13家硫酸锰生产企业，没有任何污染治理设施，生产过程中产生的有害粉尘、废气、废水、废渣随意排放，污染了周边的土地、河流和地下水源，严重影响了当地群众的生活和生产，多次引起纠纷，已成为社会不稳定的因素之一 小企业污染环境的案件：国务院多次要求，对土法炼油等“十五小”企业和环境污染严重的小造纸等“新五小”企业实行关停并转，但是一些地区的“十五小”和“新五小”企业却屡禁不止，造成环境污染 向西部地区转移污染的案件：保护和改善西部地区环境，防止污染严重的企业及其技术、工艺、设备向西部地区转移，是一项十分重要的要求和任务，但一些地区为了眼前利益，不惜以牺牲环境为代价，继续从事向西部地区转移污染的活动

为了更好地说明问题，本部分以北京为例，总结了环境政策的演变（见专栏4.3）。

专栏4.3　北京市的环境政策演变阶段及其特点

如果将重要的法规的颁布和实施，作为划分阶段的依据。新中国成立以来，北京市的环境政策主要经历了以下几个阶段。

第一阶段，1949～1970年。

1953年编制《城市建设总体规划方案》，提出将文教区布置在城市上风向、水源上游的西北郊，将工业区布置在城市下风向、水源下游的东郊及南郊地区；在工业发展上提出控制市区、发展远郊区，在远郊区建设卫星城镇，以及发展清洁能源、开展绿化等城市建设原则，为城市合理布局，保护环境奠定了基础。

此阶段仅仅是城市产业空间布局的角度考虑环境保护，并未考虑产业类型之间环境压力的差异性。一方面，由于城市人群的基本生活条件需要满足，对环境质量的需求程度远远低于对物质生活需求；另一方面，处于工业化起步阶段的北京，产业（包括汽车、家庭生活等）排放的污染总量，还无法实现在经济层面的规模效益。

第二阶段，1971～1977年。

20世纪60年代末70年代初，中国兴起环境保护事业，提出把北京建成为清洁的城市、清洁的首都。

1971年成立“三废”管理办公室，1972年6月北京市派出代表参加在斯德哥尔摩召开的联合国第一次环境保护会议，同年颁布北京市《“三废”管理试行办法》，为北京环境保护工作奠定了基础。

组织调查了1624个工厂，产生污染的企业占62%。在此基础上，将城区污染严重、危害较大的工厂有计划地分期分批迁至远郊区进行治理，并对污染企业采取“治、改、并、迁、停”的方针，开始大规模的工业污染源治理及工业布局调整工作。

此阶段政府对城市环境问题开始重视，并且对污染企业采取了一系列行政强制措施，但是本阶段环境问题刚刚受到重视，环境政策甚至尚未进入法律程序，还只是属于政府的临时举措。

所以本阶段环境污染治理赶不上污染的发展，环境仍继续恶化。

第三阶段，1978～1981年。

1978年中国首次将“国家保护环境和自然资源，防止污染和公害”列入宪法，1979年颁布《中华人民共和国环境保护法（试行）》，使北京的环境保护工作走上法制的轨道。党中央、国务院多次对首都的城市建设做出重要指示。

1981 年 4 月，国务院发布《关于在国民经济调整时期加强环境保护工作的决定》，特别提到“北京是中国的首都，环境保护工作要走在全国的前面”，并要求“北京市人民政府要认真贯彻中央书记处对首都的四条建议，搞好城市建设和整治规划，要组织发动群众，努力使北京市的环境面貌有明显的改善”。

此阶段环境保护的已经列入法律条文中，并且北京城市的环境保护和治理得到国家的重视和支持。

第四阶段，1982～1993 年。

1982 年中国发布了《征收排污费暂行办法》。

1983 年召开的第二次全国环境保护会议明确了环境保护是中国的一项基本国策，提出“经济建设、城乡建设、环境建设同步规划、同步实施、同步发展”的方针，确立了环境保护在社会经济发展中的重要地位。同年，国务院在北京城市总体规划的批复中指出，要“切实保护和改善首都地区的生态环境”“将北京建成经济繁荣、社会安定和各项公共服务设施、基础建设及生态环境达到世界第一流水平的历史文化名城和现代化国际城市”。

1985 年 9 月，中共中央在《关于“七五”计划的建议》中，要求把环境保护作为编制“七五”国民经济和社会发展计划的指导原则之一。

1987 年 10 月，中共十三大特别指出：“环境保护和生态平衡，是关系经济和社会发展全局的重要问题。在推进经济建设的同时，要大力保护和合理利用各种自然资源，努力开展对环境污染的综合治理，加强生态环境的保护，把经济效益、社会效益、环境效益很好地结合起来。”从而确立了环境保护在现代化建设中的战略地位。

此阶段引入了环境保护和治理的经济手段——排污收费制度。环境保护已经上升到了基本国策的高度，纳入了国民经济和社会发展计划。

第五阶段，1994 年至今

1994 年，国务院通过了《中国 21 世纪议程——中国 21 世纪人口、环境与发展白皮书》，其核心思想是提出要在中国实施可持续发展战略。

1996 年，《北京市国民经济和社会发展“九五”计划和 2010 年远景目标纲要》提出，把“坚持经济、社会的发展与资源、人口、环境相协调，走可持续发展的道路”作为指导北京今后发展的重要方针。

1998 年，开始发放排污许可证。

2000 年，北京市委、市政府认真贯彻中央人口资源环境座谈会业精神和国务院对《1998～2002 年北京市环境污染防治目标和对策》的批复要求，以人为本，继续加大环境污染防治力度，以申办 2008 年奥运会为契机，加快城市环境基础设施建设，大力开展环境综合整治，实现了环境质量明显改善的既定目标。

2001 年，全市认真贯彻中央人口资源环境座谈会精神，以申办、筹办“绿色奥运”为契机，继续以改善生态环境质量为根本任务，积极落实国务院批复的《1998～2002 年北京市环境污染防治目标和对策》，突出抓好以颗粒物污染控制为重点的大气污染防治，努力加大生态保护与建设力度，不断完善管理保障长效工作机制，为新世纪初期的环保工作开创了良好局面。

2001 年，北京申奥成功后，提出了“绿色奥运”的口号，全面加强生态环境建设，并采取一系列强制措施：譬如污染企业全部搬出四环；2004 年在北京出售的汽车，全面推行欧Ⅱ尾气标准，并在 2005 年率先执行欧Ⅲ汽车尾气排放标准并执行相应的清洁汽油标准等。

2002 年，以改善大气环境质量为重点，以削减污染物排放总量为主线，强化环境监督管理，全面推进环境污染防治和生态保护与建设工作，实现了全年环境质量改善目标。

2003 年，环境保护工作围绕全面建设小康社会和“新北京、新奥运”的战略目标，坚持以人为本，开拓创新，以改善空气质量为重点，全面推进环境污染防治和生态保护与建设，努力克服“非典”疫情的负面影响，实现了全年环境质量改善目标，全市生态状况也有一定程度的改善。

这一阶段在经济发展的基础上，以2008年奥运会为契机，强调城市环境质量。提出了削减城市污染总量的概念，重视排污收费等经济手段在环境政策中的作用。

北京市的环境政策经历了上述五个阶段的发展，可以得到以下几个重要结论。

①鉴于市场化尚未成熟，环境保护以行政手段为主，辅以排污收费等经济手段。

②环境政策的实施目标逐步走向综合化的道路，从单独的治理某一个污染源发展到以可持续发展为前提改善城市环境质量。

③北京的环境保护和改善是在首都效应、外部示范效应以及内部环境需求的共同作用下实现的，而且很多研究表明，北京已经达到了环境库兹涅茨曲线的转折点，在实现经济发展的同时，保护生态环境。

很明显，出于环境保护的角度而采取的限制、取缔“十小”和“五小”企业的政策，将极大地限制农村工业的发展，缩小农村非农就业的空间规模。那么，仅仅通过取缔和限制不是解决问题的关键，而做好空间上向小城镇集中，实现环境保护和扩大的就业的双重目的是解决问题的关键。进入20世纪90年代以后，中国的环境问题更加突出，也开始有足够的经济实力执行环境政策，国家开始采取诸如关闭“十五小”等严格措施保护环境，这些政策的实施，极大地影响了中国的某些行业的就业容量。如1996年8月，国务院《关于环境保护若干问题的决定》公布后，由于各省、自治区、直辖市政府部门积极采取行动，对属于取缔、关闭和停产的15种产品的70024个企业进行了整顿，至1997年5月已落实49735个企业关停，占计划的71%。据国家环保总局发布的信息，1997年，北京、天津、河南、江苏、甘肃、福建、吉林、海南等8个省市已完成取缔、关闭和停产污染严重企业的工作。在15种污染严重的产品中，取缔关停小造纸厂4271个，按取缔关闭停产所占该行业小企业总数的比例，小造纸为73.9%，这是造纸行业的就业人数快速下降的一个原因。又如纺织行业为例，1998年提出完成压缩淘汰900万~950万落后棉纺锭，分流安置110万职工。1999年基本完成压缩1000万落后纺锭，分流安置下岗人员120万。根据《中国的环境保护（1996~2005）》公布的数据，中国在1996~2000年关闭了严重浪费资源、污染环境的8.4万家小企业。2001~2004年又淘汰了3万家企业，主要涉及钢铁和水泥等行业。

以辽宁省为例，在2002年，开展的严肃查处环境违法行为专项行动中，立案查处违法案件2535起，查封了284家污染企业，对625家企业进行了停产治理。一大批小炼油、小电镀等严重污染环境的“十五小”和“新五小”企业被取缔，抚顺市青原县65台汞碾子已全部停止加工，17家小氰化选金点全部拆除了加工设备，并清除了生产原料；锦州市取缔了13处土法选金点；营口、盘锦、鞍山市的多家土法炼油点也被取缔。

上述行动使得中国的环境敏感性行业的就业人数发生了快速的下降，在采掘业和造纸业尤为明显（见表4.2）。

表4.2　　采掘业和造纸业职工人数变化　　单位：万人

年份	1994	1995	1996	1997	1998	1999	2000	2001	2002
采掘业	904	914	886	851	702	650	581	544	537
造纸业	128	133	128	124	84	75	66	61	58

资料来源：相关年度中国统计年鉴。

如上文所述，乡镇企业的发展为解决我国农村剩余劳动力就业发挥了巨大作用，但是也由于其技术水平低，空间分散，使得乡镇企业的环境污染问题日益成为人们关注的对象。在推行环境政策的过程中，乡镇企业受到的影响也十分巨大。图4.1的数据显示：“六五”时期乡镇企业劳动力就业人数平均每年增加552万人；“七五”时期平均每年增加596万人；“八五”时期平均每年增加688万人。而1995年以来，乡镇企业吸收劳动力就业的数量明显下降，平均每年仅增加94万人。到1998年，乡镇企业从业人数仅 12537 万人，在 1997 减少 458 万人的基础上又减少了 513 万人。

很明显，出于环境保护的角度而采取的限制、取缔“十小”和“五小”企业的政策，将极大地限制农村工业的发展，缩小农村非农就业的空间规模。那么，仅仅通过取缔和限制不是解决问题的关键，而作好空间上向小城镇集中，实现环境保护和扩大就业的双重目的是解决问题的所在。

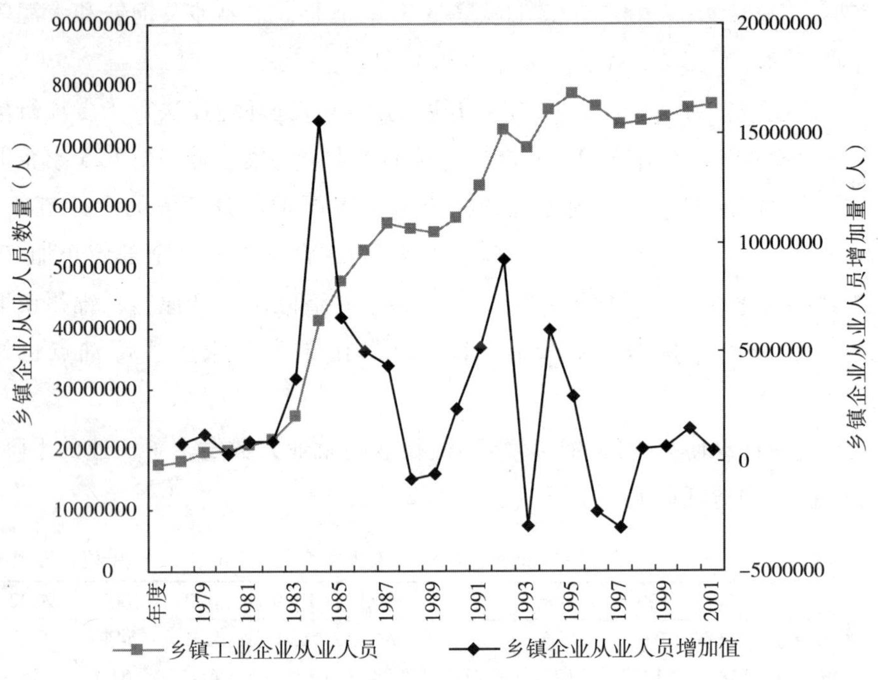

图 4.1　1978～2002 年乡镇企业吸纳非农就业变动图

资料来源：《中国统计年鉴 2005》，2006。

二、产业技术政策

本部分所称的产业技术政策是指国家针对劳动密集型和资本技术密集型的产业方面的政策。中国在未来很长的一段时间中将面临就业的强大压力。一方面是城镇除大量下岗职工以外，还需要为新增劳动力提供就业岗位700万个，与此同时，也需要为农村富余劳动力提供1000万个非农产业岗位。那么，如何制定既有利于经济增长质量，又有利于扩大就业的产业技术政策就显得更为重要。这里有必要首先梳理一下改革开放以来中国产业技术政策的演变，并进行产业就业弹性的对比分析，以验证产业技术政策是否有助于非农就业的扩大。

（一）第一阶段：改革开放初期（1978～1990年）

从1978年开始，我国对产业结构进行了全面调整。具体包括：大力发展农业，调动农民的积极性；调整轻、重工业的比例关系，扩大消费品工业的生产规模，改善消费品生产结构；增加对基础产业的投入，重点解决交通运输业、邮电通讯的效率问题，加快通讯设施建设；积极发展第三产业等。经过调整，我国向重工业严重倾斜的产业结构得到纠正农业生产全面跃升，第三产业有了一定程度的发展。

针对1988年以前出现的经济过热我国进一步进行了产业结构调整。这一时期的经济过热主要表现在：工业生产以年均递增10%以上的速度迅猛发展，尤其是加工工业发展最快；基础产业中的电力、石油、原材料制造等产业的增速相对缓慢，成为经济增长的"瓶颈"部门；农业经济低速增长并出现农副产品供给短缺现象；社会消费需求热点迅速转向电视机、洗衣机、冰箱、电扇等耐用消费品，产业结构出现"轻型化"倾向，再加上价格"闯关"，导致1988年的通货膨胀。在此历史背景下，1989年中央依据国务院颁布的《中国产业政策大纲》对产业结构进行了重大调整。调整的目标是：优先发展农业、基础工业和高新技术产业，但就这一阶段国家的产业技术政策和就业政策来说，国家并没有把制造业的发展和促进就业结合起来，只是意图通过发展第三产业和农林牧副渔业来促进就业增长。

为了进一步分析国家产业政策对就业的影响，我们以制造业为例，将制造业分为劳动密集和资本技术密集两大产业，并且通过对固定资产增加对就业的影响来具体分析这一时期的产业政策的就业效应。如表4.3所示，在1986～1990年劳动密集型产业对就业的贡献率要远大于资本技术密集型产业，其原因主要是前者投资效率的变化要远大于后者，1989年国家产业政策的调整，两产业间投资结构的差距进一步扩大，加大了投资比重对投资就业效应的影响程度，导致两行业投资的就业效应的差距得到一定的缩小。

从两类产业投资数量的就业效应来看，劳动密集型产业的效应值总体上要大于资本技术密集型业，这种数据结果符合我们对劳动密集型产业的定义，增加一定的投资，前者吸纳的就业人数应该大于后者。无论就业总量的增加还是就业总量的减少，都是由于劳动密集型产业就业总量变化所造成的。

表 4.3　制造业投资的就业效应情况（1986～1990 年）

年份	行业	投资比重（%）	数量效应（万人）	结构效应（万人）	效率效应（万人）	总效应（万人）
1986	部门 1	0.477	61.48	5.30	－130.04	－63.26
	部门 2	0.523	17.21	－1.30	－46.83	－30.92
1987	部门 1	0.446	29.59	－10.97	150.89	169.51
	部门 2	0.554	5.41	1.83	54.51	61.75
1988	部门 1	0.423	83.06	－19.67	－268.51	－205.12
	部门 2	0.577	23.55	4.48	6.52	34.55
1989	部门 1	0.390	－18.15	－6.32	－120.68	－145.15
	部门 2	0.610	－21.95	5.61	－66.14	－82.48
1990	部门 1	0.369	－2.07	2.54	78.39	78.86
	部门 2	0.631	1.78	1.40	16.57	19.75

资料来源：国家统计局，《中国统计年鉴》（历年），《中国工业经济统计年鉴》（历年）整理计算所得。

注：部门 1 是指劳动密集型产业，部门 2 是指资本技术密集型产业。

（二）第二阶段："八五" 期间（1991～1995 年）

进入 90 年代以来，我国总结以往制定产业政策的经验与教训，提出了新的产业政策，此阶段与 80 年代以弥补产业短线和克服供应短缺为目标、具有明显 "宏观平衡导向" 性质的产业政策不同，这一时期产业结构升级的目标被放在了首位。

1993 年，国家计委对 "八五" 计划进行了调整，重点是调整优化产业结构。强化交通运输和通信等基础设施建设；加快能源和重要原材料工业的发展，加快能源工业的发展，重点是加快煤炭工业和电力工业的发展。重要原材料工业的发展，重点是加快钢铁、建筑材料和石化工业的发展，同时加强资源节约工作；加强农业发展，促进农村经济的全面发展。粮食产量指标未作调整，但要求大幅度地增加优质品种的产量；按照规模经济、合理布局和突出重点的原则，积极发展机械电子、石油化工、汽车制造和建筑业，使之成为国民经济的支柱产业；加快第三产业的发展。

1994 年，国务院印发了《90 年代国家产业政策纲要》，这一时期产业政策的制定与实施从以下几个方面展开。

第一，通过制定了《90 年代国家产业政策纲要》，并将其作为今后制定各项产业政策的指导和依据。政策要解决的重要目标是：

①强化农业的基础地位，全面发展农村经济[①]。

②大力加强基础产业，努力缓解基础设施和基础工业严重滞后的局面，其中包括交通运输业、通信业、能源工业、石油工业、电力工业。

③加快发展支柱产业，带动国民经济的全面振兴。要努力加快机械电子、石油化工、汽车制造和建筑业的发展，使它们成为国民经济的支柱产业。

④合理调整对外经济贸易结构，增强我国产业的国际竞争能力。鼓励以下产品扩大出口：具有比较优势的农副产品、轻工产品和纺织产品；国内生产技术趋于成熟的家用电器和其他机电产品；具有高附加值和国际竞争力的产品；高新技术产品。

⑤加快高新技术产业发展的步伐，支持新兴产业的发展和新产品开发。

⑥继续大力发展第三产业，同时，要优化产业组织结构，提高产业技术。

第二，制定汽车工业、电子工业、建筑业、交通业、通讯业、炼油业和钢铁业等的专项产业政策。

“八五”期间重点优先发展的支柱产业是重要原材料工业（钢铁、建筑材料和石化工业）、机械电子、石油化工和汽车制造工业，具体行业包括：黑色金属冶炼与压延工业、石油加工及炼焦业、化学原料及化学制品制造业、非金属矿物制造业、普通机械制造业、专用设备制造业、金

---

① 在经典的产业政策理论中，农业不属于其研究的范围。纲要从中国国情出发，把农业也纳入了我国产业政策的研究范围。

属制品业、电气机械及器材制造业、仪器仪表文化办公用机械、交通运输设备制造业和电子及通讯设备制造业，其中非金属矿物制造业、普通机械制造业、专用设备制造业和金属制品业属于劳动密集型制造业，其他都属于资本技术密集型制造业。

在这一阶段，从投资的总就业效应来看，在制造业26个行业中排在前5名的行业分别为：交通运输设备制造业、非金属矿物制品业、皮革毛皮羽绒及其制品业、服装及其他纤维制造业和仪器仪表及文化办公用机械制造业，其中交通运输设备制造业、仪器仪表及文化办公用机械制造业和非金属矿物制品业是这一时期国家的重点发展产业，可见国家产业政策对产业发展的影响是非常大的，合适的产业发展战略是经济增长和解决就业问题的关键。然而在制造业26个行业中大多数行业的投资就业效率都在降低，并且它们的投资产值效率都在升高，这种情况表明制造业各行业正面临资本深化的问题，它们技术或装备水平提高的同时，也在排斥就业。劳动密集型产业投资就业效率降低的幅度总体上要高于资本技术密集型产业，这表明前者资本深化的进程要高于后者。

（三）第三阶段（1996年至今）

1996年，国家计委确定了“九五”产业政策，提出振兴机械电子、石油化工、汽车制造和建筑业，使之成为国民经济的支柱产业，以带动整个经济的增长。机械工业以发展重要机械、机械基础件和重大成套技术设备为主攻方向；电子工业以微电子为重点，大力开发大规模集成电路，推进国民经济信息化，带动产业结构的升级；重点发展轿车关键零部件、经济型轿车、大中型客车和专用车，努力满足国内市场需求。石油化学工业以改造扩建现有企业为主，适当安排新的建设项目，搞好深度加工。

从1996开始，为了缓解国有企业内部日益严重的冗员现象，国家通过下岗的方式对企业进行减员增效，在整个“九五”期间，制造业就业人数共减少2320.4万人，其中劳动密集型制造业减少的人数要占到76.53%，资本技术密集型制造业只占23.47%。在资本的深化、技术或装备水平不断提升的情况下，势必会产生大量的冗员和无效就业，降低企业的生产经营效率，减员增效也成为提高企业效率的必要手段。

2001 年 3 月，九届人大四次会议批准通过了《中华人民共和国国民经济和社会发展第十个五年计划纲要》，“十五”计划中有关产业政策的部分提出：重点强化对传统产业的改造升级，进一步发挥劳动密集型产业的比较优势。积极发展高新技术产业和新兴产业，形成新的比较优势。以信息化带动工业化，发挥后发优势，实现社会生产力的跨越式发展。鼓励采用高新技术和先进适用技术改造传统产业，带动产业结构优化升级。提高工业产品开发和深加工能力，优化产品结构。原材料工业：积极发展三大合成材料和精细化工产品、不锈钢和冷轧板、氧化铝、稀土深加工产品、新型干法水泥以及市场需求量大的高效化肥、药品及关键中间体等。轻纺工业：积极发展木浆、高档纸及纸板、新型家用电器、差别化纤维、产业用纺织品、高档面料、名牌服装及农产品深加工等。研究制定振兴装备制造业的政策措施，依托重大工程，大力振兴装备制造业，提高先进技术装备的设计、制造和成套水平，增强能力。把发展数控机床、仪器仪表和基础零部件放到重要位置，努力提高质量和技术水平。支持发展大型燃气轮机、大型抽水蓄能机组、核电机组等新型高效发电设备，超高压直流输变电设备，大型冶金、化肥和石化成套设备，城市轨道交通设备，新型造纸和纺织机械等。发展农业机械、民用船舶和经济型轿车。提高汽车及关键零部件的制造水平。积极发展高效节能低排放车用发动机和混合动力系统。

通过对“十五”计划中关于产业政策的具体内容进行分析得出，“十五”期间我国的重点产业是劳动密集型产业、高新技术产业，具体包括：装备制造业①、纺织业、造纸及纸制品加工业、服装及其他纤维制造业、化学原料及化学制品制造业、黑色金属冶炼及压延工业、有色金属冶炼及压延工业、非金属矿物制品业等制造业行业。

就分产业看投资的就业效应，两产业就业效应出现逐年上升。由于投资比重的变化微小，所以投资结构对总效应的贡献率依然很低；投资效率对各产业就业效应的变化起决定性作用，从 2001 年开始，投资效率开始逐年回升，使制造业吸纳就业人数的增长呈稳步上升态势；总体上

---

① 包括金属制品业、普通机械制造业、专用设备制造业、交通运输设备制造业、电气机械及器材制造业、电子及通讯设备制造业。

来说，劳动密集型产业投资就业效率要大于资本密集型产业（见表4.4）。

表4.4　　制造业投资的就业效应情况（2001～2003年）

年份	行业	投资比重（%）	数量效应（万人）	结构效应（万人）	效率效应（万人）	总效应（万人）
2001	部门1	0.354	-27.52	0.25	103.44	76.17
	部门2	0.646	-16.04	-0.08	26.85	10.73
2002	部门1	0.382	-8.05	-2.48	107.15	96.62
	部门2	0.618	-16.22	2.74	70.57	57.09
2003	部门1	0.407	41.57	7.58	52.99	102.14
	部门2	0.593	5.54	-0.62	115.61	120.53

资料来源：国家统计局，《中国统计年鉴》（历年），《中国工业经济统计年鉴》（历年）整理计算所得。

注：部门1是指劳动密集型产业，部门2是指资本技术密集型产业。

综合前面对产业政策及其就业效应的分析，可以得出以下三个基本结论。

首先，如果大幅度压缩或升高投资规模，将会使投资数量的效应迅速变化，并且使投资数量成为影响总效应变化的主要支配因素。所以为了防止经济增长和就业增长的大起大落，保持国民经济稳定的发展，应该避免投资规模大幅度的变化。

其次，反映行业技术或装备水平的投资产值效率和投资就业效率之间是此消彼长的关系，两者之间不协调的发展将会对经济增长或就业产生不利的影响。改革开放以来，由于制造业技术或装备水平上升过快，导致投资产值率不断上升，同时投资就业率却不断下降，最终不得不在“九五”期间依靠强制性的减员增效手段来释放被资本排斥的劳动力。“十五”期间，由于冗员现象的缓解，资本和劳动之间的关系又回归到良好的“匹配”关系，经济增长和就业之间协调发展。在今后的产业政策中，必须注意防止历史的重演，控制投资产值率的上升，以及使投资就业率保持在适宜的比率，即控制技术或装备的提升速度，寻求适合中国发展的“中间技术”和“适当技术”。

再次，投资产值效率和投资就业效率分别是决定制造业就业效应的最重要因素。总体上看，劳动密集型产业的投资产值效率和投资就业效率在“十五”以前基本上都大于资本密集型产业，即前者对经济增长和就业增长的贡献率大于后者。但是在“十五”之前，我们国家的产业政策重点还是偏向于后者，所以中国实际上已经错过了大力发展劳动密集型产业，以促进经济增长和就业增长的大好时机。

表 4.5　　三大产业的就业贡献和产值贡献表

	第一产业	第二产业	第三产业
2003～2004 年三大产业 GDP 贡献率	9.2	61.8（其中工业 56.0）	29.0
2003～2004 年三大产业 GDP 拉动率	0.9	5.9（其中工业 5.3）	2.7
2004 年就业人员构成（%）	46.9	22.5	30.6
2000～2004 年三大产业就业增长贡献率（%）	－24.8	22.5	102.3
2004 年 GDP 三大产业构成（%）	15.2	52.9（其中工业 45.9）	31.9

资料来源：《中国统计年鉴 2005》。
注：①产业 GDP 贡献率指各产业增加值与 GDP 增量比；
②产业 GDP 拉动率指 GDP 增长速度与各产业贡献率之乘积；
③产业就业增长贡献率指各产业就业人口增加量与全国就业人口增加量比。

表4.5 的数据显示，中国经济增长主要靠第二产业拉动，而第二产业的劳动力需求弹性太低，新创造的就业岗位比较少。第三产业就业的劳动力比重很低，但是它却创造了近一半的新增就业岗位，这也正是中国将来解决非农就业的潜力所在。2004 年中国总的就业人数达到了 75200 万人，比 1978 年增加了 35048 万，其中第一产业增加了 6951 万人，占总就业人口增量的 19.8%；第二产业增加 9975 万人，占 28.5%；第三产业增加 18121 万人，占 51.7%。过去十年的数据更表明，第三产业创造了中国大部分新增就业岗位。

在过去 25 年推进工业化的进程中，随着第二、第三产业在国民经济中的比重上升，中国的劳动力逐步向第二、第三产业转移，在第一产业就业的劳动力比重已由 1978 年的 70.5% 下降到了 2004 年的 46.9%，与此同时，在第二产业和第三产业就业的劳动力比重则分别由 17.3% 和 12.2% 上升到了 22.5% 和 30.6%。但是，目前中国第一产业的劳动力比重依然太高，不仅大大高于发达国家，也明显高于许多发展中国家。与此相反，中国第三产业吸纳的劳动力比重又明显偏低，拉动 GDP 所占的比重也明显偏低，既显著低于发达国家，也低于许多发展中国家。

表 4.6　典型的劳动密集型行业与资本密集型行业的国内贷款比较

<table>
<tr><th>行业</th><th colspan="4">2004 年国内贷款比重</th></tr>
<tr><td>第一产业</td><td colspan="4">0.6%（其中农林牧渔服务业占 0.06%）</td></tr>
<tr><td rowspan="9">第二产业</td><td rowspan="9">38.7%</td><td rowspan="1"></td><td>行业</td><td>占国内贷款比重</td></tr>
<tr><td rowspan="4">典型
劳动密集型行业</td><td>食品制造</td><td>0.5%</td></tr>
<tr><td>饮料制造</td><td>0.3%</td></tr>
<tr><td>服装</td><td>0.3%</td></tr>
<tr><td>家具</td><td>0.1%</td></tr>
<tr><td rowspan="4">典型
资本密集型行业</td><td>石油加工、炼焦等</td><td>1.8%</td></tr>
<tr><td>化学原料</td><td>7.5%</td></tr>
<tr><td>黑色金属</td><td>3.3%</td></tr>
<tr><td>有色金属</td><td>4.5%</td></tr>
<tr><td>第三产业</td><td colspan="4">61.7%（其中，住宿餐饮占 0.4%；批发零售占 0.8%）</td></tr>
</table>

资料来源：根据《中国统计年鉴 2005》的数据计算。

分析表4.6可以得出如下的结论：目前，中国在银行贷款的政策支持方面，过于倾向于资本和技术密集型的行业。对第一产业的农林牧渔业和第三产业中进城农民比较集中的住宿餐饮和批发零售行业的金融支持力度偏低。

中国现行的很多政策使得各产业非农就业贡献力度与获得国内金融支持的强度的偏差。现行的很多产业政策是鼓励资本和技术密集型的产业，这样不利于就业的扩大和经济的长期稳定发展。比如政府制定的福利保障制度对从事于城市工业和农村工业的差别，不利于就业弹性大的农村工业的发展；再则对吸纳就业能力低的高新技术产业和重化工业给予过高的优惠，对于中小企业和农村工业则在投资、贷款等方面进行限制。

三、企业安全政策的影响

小型采矿企业往往因为缺乏足够的环保技术和安全技术而具有很大的隐患。国务院办公厅 2001 年 6 月 13 日发出紧急通知，决定关闭国有煤矿矿办小井，所有乡镇煤矿（含国有煤矿以外的各类小煤矿）一律停产整顿。通知规定，所有国有煤矿矿办小井立即停止生产，并于 2001 年 6 月 30 日以前予以关闭，关闭任务重的山西、吉林、黑龙江省也必须在 9

月底前将本省的矿办小井全部关闭。小煤矿整顿工作原则上于2001年年底前结束，经整顿后仍不符合有关规定的，一律依法关闭。表4.7的数据显示，造纸行业非农就业的数量在1998年急剧下降。而且，一直持续到2001和2002年。

表4.7　　采掘业和造纸业职工人数变化　　单位：万人

年份	1994	1995	1996	1997	1998	1999	2000	2001	2002
采掘业	904	914	886	851	702	650	581	544	537
造纸业	128	133	128	124	84	75	66	61	58

四、中小企业政策

经过20年的发展，中小企业已经成为中国经济发展重要力量。就所有经济部门而言，中国有中小企业3980万家（其中8人以上的大约有1000万家，大约占全国企业总数的99%）。在全国工业部门，中小企业占就业人口的75%，产值的60%，利税的40%，销售收入的60%，在全国外贸出口中占60%。从城乡分布来看，城镇占全国中小企业总数的49.7%，乡村占50.3%。

经过20年的发展，中小企业已经成为中国经济发展重要力量。就所有经济部门而言，中国有中小企业3980万家（其中8人以上的大约有1000万家，大约占全国企业总数的99%）。在全国工业部门，中小企业占就业人口的75%，产值的60%，利税的40%，销售收入的60%。在全国外贸出口中占60%。从城乡分布来看，城镇占全国中小企业总数的49.7%，乡村占50.3%。

（一）中小企业政策演变概述

改革开放前，中国一直是国有和集体企业为主体的经济，对私营企业严格控制其存在和发展。

改革开放以后，中国为促进经济发展，在基本方针的框架内还出台了一些具体举措。这些针对中小企业的措施，更多地分散在一些国家政策和文件中。表4.8对各个时期的政策予以了凝练。

表 4.8　　中小企业政策概览

时期	重要会议或政策名称	内容
1978 年以前	控制私营工商企业	中国一直是国有和集体企业为主体的经济，对私营企业严格控制其存在和发展
1978 年	十一届三中全会	党的工作重点要向社会主义经济建设作战略转移，经济工作要向生产斗争和技术革命转移、向高效的科学管理转移、向参与国际分工转移，也从根本上决定着中国中小企业政策的走向
1979 年 4 月	“调整、改革、整顿、提高”的八字方针	把积累率由 1978 年的 36.5% 压缩到 31.6%；在工业生产中，把消费品和轻工业放在优先地位，等等；这无疑为中小企业的发展拓展了更大的空间
1982 年	中共十二大	计划经济为主、市场调节为辅的政策，并决定在公有制为基础、国有经济为主导的前提下继续改善所有制结构，鼓励合作经济的发展，允许个体经济的适当发展
1984 年 1 月	十二届三中全会	会上进一步提出，社会主义市场经济就是“在公有制基础上的有计划的商品经济”，“商品经济的充分发展”是我国实现经济现代化的条件
1978 年 10 月	中共十三大	根据这一精神，此后继续对所有制结构进行调整，对私营经济采取了“允许存在，加强管理，兴利抑弊，逐步引导”的十六字方针
1988 年	七届人大一次会议	审议通过的宪法修正案中首次给予私营企业以合法地位
1992 年 10 月	中共十四大	明确把中国经济改革的目标确定为社会主义市场经济
1993 年 11 月	十四届三中全会	在所有制结构上，坚持以公有制为主体、多种经济成分共同发展的方针，由于非公有制经济被提升到了“共同发展”的地位，中小企业便有了更广阔的发展空间
1995 年	国有企业改革	提出的“抓大放小”方针实际上为中小企业的发展腾出了新的地盘；第九个五年计划完成后，中国初步建立起社会主义市场经济体制，从而使创建中小企业的自由得到了充分的保证
1997 年 9 月	中共十五大	把“公有制为主体、多种所有制经济共同发展”定位为我国社会主义初级阶段的一项基本经济制度；认为公有制的主体地位主要体现于它对国民经济命脉的控制和对经济发展的主导作

续表

时期	重要会议或政策名称	内容
1997年9月	中共十五大	用；公有制对经济的主导作用又主要体现在控制力上；公有制实现形式可以而且应当多样化；非公有制是我国社会主义市场经济的重要组成部分；坚持按劳分配为主体、多种分配方式并存的制度，允许和鼓励资本、技术等生产要素参与收益分配，等等
1999年	宪法条文	进一步明确了私营经济的法律地位；认识的深化和理论的突破，再加上各项有关法律的陆续出台，使民间中小企业的创建、发展和繁荣有了制度上的保证
2000年8月	《关于鼓励和促进中小企业发展的若干政策意见》	大力推进中小企业的结构和布局调整；鼓励中小企业进行技术创新；加大财税政策的扶持力度；积极拓宽融资渠道；加快建立信用担保体系；鼓励中小企业安置残疾人就业减轻税负、扶持小企业发展等
2000年	江泽民总书记“七一”讲话	民营科技企业的创业人员、个体户、私人企业主是有中国特色社会主义事业的建设者，从而使中国民营中小企业发展的意识形态障碍已基本清除
2002年	中小企业促进法	在资金、技术、社会服务方面制定了相关的条款对中小企业予以支持

资料来源：戎殿新：《中国中小企业政策的演变及存在的问题》，2001年载于国家发展改革委中小企业司网站。

这些政策极大地改善了中国中小企业的发展环境（见表4.9），而且在农村和城镇的空间分布上也呈现了此消彼长的明显变化（见图4.2）。

表4.9　1978～2004年私营与个体企业从业人员数量变化　单位：万人,%

年度	全国	私营		个体		中小企业就业比重（%）
		城镇私营	乡村私营	城镇个体	乡村个体	
1978	40152		15			0.037358
1980	42361		81			0.191214
1985	49873		450			0.902292
1989	55329		648			1.171176
1990	64749	57	614	113	1491	3.513568
1991	65491	68	692	116	1616	3.805103
1992	66152	98	740	134	1728	4.081509

续表

年度	全国	私营		个体		中小企业就业比重（%）
		城镇私营	乡村私营	城镇个体	乡村个体	
1993	66808	186	930	187	2010	4.958987
1994	67455	332	1225	316	2551	6.558446
1995	68065	485	1560	471	3054	8.183354
1996	68950	620	1709	551	3308	8.974619
1997	69820	750	1919	600	3522	9.726439
1998	70637	973	2259	737	3855	11.07635
1999	71394	153	2414	969	3827	10.31319
2000	72085	1268	2136	1139	2934	10.37248
2001	73025	1527	2131	1187	2629	10.23485
2002	73740	1999	2269	1411	2474	11.05641
2003	74432	2545	2377	1754	2260	12.00559
2004	75200	2994	2521	2024	2066	12.77261

资料来源：《中国统计年鉴2005》，2005。

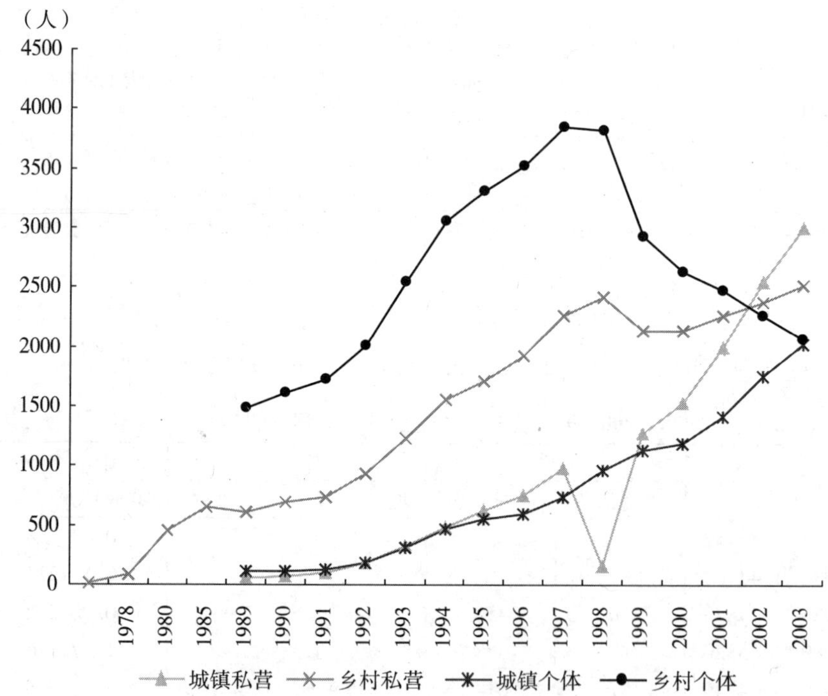

图4.2　1978～2004年城镇与乡村私营个体从业人员数量变化图

分析表4.9和图4.2可以得出以下结论：①无论私营企业还是个体企业，2001年以前，主要分布在农村；②就个体企业的从业人员数量而言，农村在1998年前呈现高速增长以后，出现大幅度下滑，而城镇个体企业人员数量则呈现相对稳定的快速上升，并在2001年左右与农村持平；③私营企业的从业人员数据显示，在城镇和农村从业人员的数量都稳步上升，并在2001年左右，城镇的从业人员数量高于农村；④就两者所占全国的从业人员的比重而言，私营和个体企业的从业人员的比重，除个别年份出现回落以外，基本上是高速提高。

以上分析表明，城镇的中小企业的发展已经成为解决我国农村非农就业的重点领域，但是这一比重仍然过低，低于美国的中小企业的就业人数占到全社会就业总数的60%，欧盟中小企业的就业人数占到企业就业总数的60%，下一步必须在政策上予以扶持。

（二）存在问题

1. 中小企业的社会化服务体系不完善

社会化服务体系是现代中小企业的一个重要支柱。社会化服务体系特别是销售服务体系，是中小企业配置资源、组织生产的真正组织者。随着传播和交通运输技术手段的日益发达以及国际贸易和国际金融的日益自由化，地方市场、区域市场越来越具有全国市场、国际市场甚至全球市场的色彩，竞争空前激烈。中小企业要具有或强化应对能力，就必须利用联合起来的集体力量；而要联合起来，就必须形成一个完善有效的社会化服务体系，以便从中获得信息、培训、展销、融资、技术创新、进出口等方面的服务。总的来看，中国在这一方面尚处于起步阶段，还有相当长的一段路要走。

2. 融资难仍然是个问题

2001年11月6日，中国人民银行公布的一项关于中小企业贷款发放情况的调查显示，至2001年9月末，被调查企业申请贷款笔数和金额的满足率分别为71.3%和68.5%。仅从数据上看，中小企业融资似乎已无什么问题，但是如果考虑到许多中小企业的申请贷款意识薄弱或因贷款难而干脆不去申请，那么对中小企业的融资问题仍不能乐观。据国际金融公司对中国私营企业的抽样调查，90%以上的被调查企业在创业阶段依靠的都是自筹资金，而美国中小企业的这一比例仅为30%。从中小企业的信用担保情况来看，这类担保机构虽已覆盖全国30个省市区的200个地、市、州、盟，但要解决全国1000多万家中小企业的融资问题，仍然是杯水车薪。

就银行系统的贷款倾向来说，这个问题更加突出。中国金融体系的特征是银行集中度较高，几家到十几家银行垄断了全国的资金市场，特大和大型企业有雄厚的资产，因此，银行贷款的绝大部分投放给它们，而微型和中小企业可以抵押的资产微薄，担保体系又不完善，为其贷款服务的中小银行很不发达，在资金市场上很少能获得贷款融资。1996～2002年，国有和集体经济，其贷款余额为每就业职工平均2.49万～7.03万元，而个体私营经济贷款余额，按就业职工人均只有1200～2500元。并且，给个私贷款的绝大部分，主要是贷给私营企业中实力雄厚、可抵押资产较多、规模较大的企业，一般个体、微型和中小企业，几乎不可能从银行体系中贷到款。分析不同经济类型的投资可以看出，就业吸纳能力强的集体和私营企业获得贷款的强度过低（见表4.10）。

表4.10　　2004年分经济类型固定资产投资

经济类型	比重（%）
国有	39.1
集体	2.1
股份合作	1.0
联营企业	0.8（其中国有、集体联营和国有集体联营合计占0.6）
私营企业	9.9

资料来源：《中国统计摘要2005》，2005。

3. 民营、私营企业在“非国民待遇”方面的问题仍不可忽视

这既有政策法律方面的原因，如现有政策法规尚不能完全适应民营、私营企业发展的新形势，非公有制经济在许多方面还缺乏具体、可操作的法律保证；也有观念上的问题，如不少人很难一下子摆脱公有制经济一统天下时期的思维惯性，有意无意地把民营、私营企业视为另类，这自然不利于民营、私营中小企业享受完全的“国民待遇”。当然，民营、私营中小企业也有自身的问题，如有的资质和信用形象太差，使中小企业信用担保机构“越担保，越担心”。

五、建设用地调控政策对农村非农就业的影响

改革开放以来，中国农村乡镇企业的崛起和农村非农就业的增加，一个重要的原因是土地用地成本的低廉。在传统的建设用地按照行政划拨的方式供给以及国有征地制度的控制下，在农村集体建设用地市场开始通过租赁、股份等方式，实现了非农用途的工业开发，等于突破了土地供给管理制度上的限制。不可否认，正是这种突破，开辟了我国成为“世界工厂”的先河，同时，也促进了农村大规模的剩余劳动力向非农产业的转移。然而，进入20世纪90年代中期以后，由于粮食供给的形势发生波动，导致中央政府重新审视土地供给的宏观政策问题。关于用地政策和土地管理制度对于小城镇和城镇化发展的影响涉及很多方面，我们将在以后的课题研究中专门论述，本课题中仅就用地政策对非农就业的影响做一简要描述。

中央对建设用地政策供给的管理从20世纪80年代以来发生了较明显的变化，大致可以分为以下几个阶段。

（一）第一阶段（1982~1989年）：探索和松动阶段

所谓探索意味着对于在市场经济条件下，如何根据我国现行的土地管理制度，特别是在两种土地所有制下解决农村工业投资迅速增长的矛盾，还没有一定的规则可循。因此在这个时期土地管理最重要的标准是在实践中总结经验，摸索管理规律，逐步把土地管理纳入法制化的轨道。同时，允许地方或者基层在用地政策方面进行大胆的试验。

1982年，中央颁布《国家建设征用土地条例》，对建设用地征用的程序、补偿的标准等问题进行了具体的规定，这条例是1986年《土地管理法》出台以前国有建设用地征用和使用的基本依据。在这一条例中同时把“发展社队工副业生产”作为安置征地造成剩余劳动力的基本手段。社队企业即乡镇企业的前身，在十一届三中全会以来社队企业的发展得到了中央的高度重视，1979年国务院颁布《关于发展社队企业若干问题的规定（试行草案）》对社队企业的发展意义，经营方针、范围和优惠措施等进行了具体的规定，这无疑对促进乡镇企业的发展具有重要的意义。并且乡镇企业

的发展成为国家解决农村剩余劳动力就业，控制农村人口流入城镇的一个重要手段，1981年《中共中央、国务院关于广开门路，搞活经济，解决城镇就业问题的若干决定》在这一文件中充分体现中央把乡镇企业的发展作为在就业方面控制农村人口流入城镇的基本手段。因此，乡镇企业的发展不仅仅承担发展农村经济的重要责任，而且成为国家控制人口流入城镇的重要手段。与此同时中央颁布多个文件，具体提出多项促进乡镇企业发展的优惠措施。在这个时期农村非农建设和耕地保护的矛盾还没有得到凸现，因此中央并没有在建设用地方面进行严格控制。

改革开放初期，乡镇企业得到快速的发展。1978～1985年乡镇企业总产值从493亿元迅速增长到2755亿元，增长了4.6倍；占农村社会总产值的比重也由24.3%上升到43.5%，特别是从1984年开始，1984年我国乡镇企业增加值为633亿元，其中比1983年增长225亿元，增幅达到50%以上，而“卖粮难”问题也正是从这一年开始出现，农业生产的发展是非农产业发展的基础。在这一时期，乡镇企业从业人员从1978年2827万，迅速增长到1985年6979万，增长了1.46倍，与乡镇企业的迅速发展相适应，乡村集体建设用地年均占用耕地接近8万公顷。在国家控制农村人口流入到城镇的背景下，“离土不离乡”的乡镇企业就业成为这一阶段解决农村剩余劳动力的主要渠道。

随着经济的迅速发展，非农建设用地不断增长，非农建设与耕地保护的矛盾日益凸现。从全国来看，城乡非农业建设乱占滥用土地的问题仍然普遍存在，有的地方甚至出现了猛增的势头。乡镇企业和农村建房乱占耕地、滥用土地的现象极为突出。许多地方耕地大量减少，有的省一年减少一个中等县的耕地面积。为此中共中央1986年3月发布《中共中央、国务院关于加强土地管理、制止乱占耕地的通知》，以期控制非农建设用地的增加，并且为了加强对全国土地的统一管理，决定成立国家土地管理局，作为国务院的直属机构。要求全面清查非法占地，并且各地要对所有非农业用地进行登记和发证，建立健全地籍管理制度。同年6月土地管理法颁布，从此以后对建设用地的审批管理纳入到法律范畴。对国有建设用地和农村集体建设用的审批和管理都进行了明确的规定。同时为了控制建设用地增加，保护耕地，提高城镇土地使用效益，加强土地管理，完善土地税制，1987 年和 1988 年分别开征了耕地占用税和城镇土地使用税。1989 年为了完善对国有建设用地的管理，1989 年《国务院关于出让国有土地使用权批准权限的通知》出台。

随着建设用地的增加与耕地保护矛盾开始凸现，中央加强了对土地的宏观管理，完善健全土地宏观管理机关。同时，因为具有前一时期乡镇企业发展的积累，在这一阶段，乡镇企业同样得到了快速发展。乡镇企业从业人员从 1986 年初的 6979 万，迅速增长到 1989 年的 9367 万，4 年间增长 3588 万，相当于 1984 年我国乡镇企业的总就业人员，乡镇企业就业的迅速增长同时带来农村劳动力流动的增多，据调查 1988 年广东省东莞市的外来劳动力增加到 30 万人，其中近 30% 来自外省区。同样乡镇企业的增加值也迅速增长，1987 年乡镇企业产值占农村社会总产值的比重已经超过 50% 。在这一阶段由于中央对耕地保护力度的加大我国耕地面积锐减的势头初步得到控制，耕地减少数和净减数不断减小，从 1985 年的 160 万公顷（2400 万亩）和 100 万公顷（1500 万亩），下降到 1990 年的 46 万多公顷（700 万亩）和 6 万多公顷（100 多万亩）。相对 90 年代后期以来的国家土地宏观调控手段和力度来说，这一时期对乡镇企业用地的管理仅仅是加强了行政管理，完善土地税制及土地行政管理机构，要求实行规范合法的土地使用审批程序等，其他具体的调控手段并不多。根据这一阶段土地管理法规文件的规定，地方政府的土地审批权限比较大。比如在乡镇企业用地上，我国 1986 年土地管理法规定“乡（镇）村企业建设需要使用土地的，必须持县级以上地方人民政府批准的设计任务书或者其他批准文件，向县级人民政府土地管理部门提出申请”，也就是说县级人民政府就具有乡镇企业用地审批权。在国有建设用地的审批上，地方政府同样具有相当大的权限，征用 1000 亩以上耕地或 2000 亩以上其他土地由国务院审批，在这标准以下由地方政府进行审批。从这些文件和法律条文的规定来看，在这一阶段，地方政府土地管理的权限非常大，也就是说建设用地还没有成为国家宏观调控的重要手段，并不是制约地方经济发展的关键因素。而且国家对耕地保护也仅仅是停留在意识和口号上，在具体的措施方面做得并不多，因此在国家对耕地保护的加强并没有影响到乡镇企业的快速发展，乡镇企业的发展以及国家对人口流动控制的松动带来了农村劳动力跨地区流动的出现。

在这个阶段值得注意的现象是，在农村发展乡镇企业，低价征地用于工业投资比较普遍，促进了农村非农产业的发展，土地在就业方面发挥了重要的作用。

（二）第二阶段（1990～1996 年）：改革和耕地占用放大阶段

20 世纪 90 年代以来，建设用地用途发生了比较大的变化。随着城市改革的推进和房地产业的兴起，城镇征地用于开发和工业用地并存的现象，加大了对建设用地的需求。在这个时期，对土地管理也开始逐步规范起来，但是并没有影响到对耕地大规模地占用。

城镇国有土地使用制度的改革是这一个阶段土地管理政策的主要内容之一，对我国未来的建设用地管理有非常大的影响。1990 年中央颁布《中华人民共和国城镇国有土地使用权出让和转让暂行条例》对城镇国有土地使用制度进行改革，规定“国有土地使用权在使用年限内可以转让、出租、抵押或者用于其他经济活动”，从此国有土地的使用权逐渐完善。同时由于建设用地与耕地保护之间矛盾日益凸现，1992 年《国务院批转国家土地管理局、农业部关于在全国开展基本农田保护工作请示的通知》，具体要求开展基本农田保护工作，并且严格对占用保护区土地的审批管理，但是在这一阶段，并没有扼制住耕地减少的势头，乱占、滥用耕地及违法用地、批地的现象又重新抬头。1991 年全国净减少耕地又回升到 23 万多公顷（350 万亩），为此 1992 年发布《国务院关于严格控制乱占、滥用耕地的紧急通知》要求严格依法审批土地，并且加强对各类开发区审批、建设的管理等多项措施严格控制耕地的减少。1994 年颁布《基本农田保护条例》希望加强对耕地的保护，控制建设用地的增加。

在这一阶段，经过 1990 年的国有土地使用制度的改革使各级城镇政府加大了非农建设用地的需求，把农村耕地先行征为国有土地然后开发所占比重越来越高，据调查 1994 年底，江苏昆山与浙江义乌、绍兴、上虞等县市，国有土地的供给比重分别占到 70%、50%、50% 和 80% 以上。这一时期城镇政府用地开始成为建设用地的主角，同时以集体所有制建设用地的形式，通过租用等方式发展乡镇企业的势头也在继续。两种用地形式的并存大大地推进了对耕地占用的势头。1992～1996 年国内生产总值每年都以10%以上的速度在迅速增长；非农就业总量增长同样迅速，非农就业总量增长7737万，年均增长1547万，为我国非农就业增长最为迅速的时期。乡镇企业在这一阶段得到了更为迅速的发展，乡镇企业增加值占国内生产总值的比重由1991年的13.7%，增长到1996年的26%，比重几乎提高了一倍。乡镇企业从业人员到1996年增长到阶段性最高峰，达到1.35亿。经济迅速发展的代价之一就是占用大量耕地，1992年耕地减少227.3万公顷，1993年减少325万公顷，1994年减少194万公顷，仅此三年一共净减少耕地达到惊人的746.3万公顷（1.1亿亩），从耕地减少的总量来看，增长所付出的代价是相对比较昂贵的，特别是在像中国这样一个人多地少的国家。

（三）第三阶段（1997~2003年）：严格控制阶段

20世纪90年代中期亚洲金融危机和中国农产品供给的波动，导致中央政府对耕地大量减少开始重视起来。对我国经济的持续增长和耕地严重减少的矛盾，中央政府开始采取一系列措施，强化对耕地占用的管理。1997年《中共中央、国务院关于进一步加强土地管理切实保护耕地的通知》发布，文件主要内容包括以下五点：一是实行占用耕地与开发、复垦挂钩政策。非农业建设确需占用耕地的，必须开发、复垦不少于所占面积且符合质量标准的耕地。二是冻结非农业建设项目占用耕地一年，确实需要占用耕地的，报国务院审批。三是严格控制城市间建设用地规模，特别要严格控制中等城市和小城市用地。四是加强农村集体土地管理。五是加强国有土地资产管理。1998年3月，中央发文要求继续冻结非农建设项目的用地至土地管理法的修订完成。1998年8月，《土地管理法》经过第二次修订后颁布，在修订后的《土地管理法》对地方土地管理权限进行具体规定，征收基本农田、基本农田以外的耕地超过35公顷的或其他土地超过70公顷必须由国务院批准；征收以上标准以下的土地，由省、自治区、直辖市人民政府批准，并报国务院备案，自此以后地市级以下政府就不具有土地审批的权限。同时要求各级人民政府应当加强土地利用计划管理，实行建设用地总量控制。为进一步保护耕地1998年12月在土地管理法的基础上重新颁布了《基本农田保护条例》。

1998年《土地管理法》的修订，国家通过法律手段加强了对建设用地的宏观调控，从此地方政府对土地审批权限在不断地缩小，而且地市级以下政府没有了土地的最终审批权。实行土地利用年度计划管理，这样越是上级政府掌握能够利用的土地资源就越丰富，建设用地指标计划成为限制地方基层政府发展的一个重要的因素。实行耕地动态平衡的管理，那么占用多少耕地就必须有同样数量的耕地整理出来，即使在乡村有空余的土地用于建设用地，这些土地往往也会被上级政府用来实现耕地的动态平衡，耕地动态平衡对基层政府的影响明显要大于上级政府，特别是依靠低土地成本发展起来的乡镇企业发展受到了非常大的影响。1997 年开始，国家从宏观上控制土地供给政策的实施使乡镇企业发展受到了前所未有的冲击，1997 年乡镇企业的从业人员相比上年减少 457 万，1998 年相比 1997 年减少 514 万，2 年内减小将近 1000 万。

（四）第四阶段（2003 年至今）：土地作为宏观调控政策的手段

2003 年 10 月，《中共中央关于完善社会主义市场经济体制若干问题的决定》提出“实行最严格的耕地保护制度”以此控制耕地的非农占用。2004 年 1 号文件重申“各级政府要切实落实最严格的耕地保护制度，按照保障农民权益、控制征地规模的原则，严格遵守对非农占地的审批权限和审批程序，严格执行土地利用总体规划。要严格区分公益性用地和经营性用地，明确界定政府土地征用权和征用范围。”为了整顿开发区过度占用耕地的现象，2003 年 7 月，国务院办公厅发布《关于清理整顿各类开发区加强建设用地管理的通知》要求对各级政府对开发区进行全面清查，加强对开发区建设用地的集中统一管理，今后要更严格控制设立以成片土地开发为条件的开发区。同年 11 月《国务院关于加大工作力度进一步治理整顿土地市场秩序的紧急通知》发布，要求进一步落实开发区清理整顿工作，建立完善土地管理制度。2004 年 10 月，国务院发布《关于深化改革严格土地管理的决定》，要求从严从紧控制农用地转为建设用地的总量和速度，而且为巩固土地市场治理整顿成果，要求 2004 年农用地转用计划指标不再追加。但是在这个文件中同时为城镇建设用地增加留出一条新渠道，即“鼓励农村建设用地整理，城镇建设用地增加要与农村建设用地减少相挂钩”。2005 年 10 月，国土资源部下文开展“城镇建设用地增加要与农村建设用地减少相挂钩”具体试点工作。2006

年8月，国务院颁布《关于加强土地调控有关问题的通知》要求“地方各级人民政府主要负责人对本行政区域内耕地保有量和基本农田保护面积、土地利用总体规划和年度计划执行情况负总责。将新增建设用地控制指标（包括占用农用地和未利用地）纳入土地利用年度计划”，实行问责制，建立工业用地出让最低价标准统一公布制度。

从2003年开始，中央的新一轮宏观调控政策，开始把建设用地的管理作为调控政策的重要手段。实际上，是在严格实行耕地保护政策的同时，加大了中央政府运用计划经济手段的杠杆，通过土地用量的计划调节和分配，控制投资的增长和经济的波动。运用土地政策的杠杆更多的是针对中国的国情，遏制地方政府膨胀的投资势头。这一措施首先是从清理各类开发区入手，需要指出的是，这次清理开发区，主要砍掉了县以下的各类工业小区和园区，对于乡镇政府吸引投资发展中小企业产生了十分不利的影响。根据《国务院办公厅关于清理整顿各类开发区加强建设用地管理的通知》（国办发［2003］70号）和《国务院关于加大工作力度进一步治理整顿土地市场秩序的紧急通知》（国发明电［2003］7号）的要求，把省及省级以下人民政府和国务院有关部门批准设立的各类开发区，以及未经批准而扩建的国家级开发区作为清查的重点，这样县及县级以下政府不再具有设开发区的权利，大量县级开发区被取缔。到2004年8月，最终清理出有各类开发区6866个，规划面积3.86万平方公里。经过清理整顿，到阶段性检查验收结束时，全国的开发区数量已经减少到2053个，规划面积压缩到1.37万平方公里。开发区核减数量占原有开发区总数的70.1%，压缩的规划面积占原有规划面积的64.5%。已退出开发区土地2617平方公里，复耕1324平方公里，收回闲置土地116.5平方公里。

这一行动的直接后果是影响了乡镇一级的非农就业的增长速度。2004年乡镇企业增加值比2001年增长42%，相对于产值的快速增长，乡镇企业的从业人员增长显得要滞后于产值的增长，2004年乡镇企业从业人员比2001年增长5%，年均增长仅260万人，虽然乡镇企业的从业人员出现回升，到2004年我国乡镇企业从业人员达到1.39亿，但实际上比1996年增长不足400万，乡镇企业吸纳就业人员能力在不断下降。

第五章　小城镇的政府管理体制

执笔：何宇鹏　荣西武

1998年，中共中央十五届三中全会提出“小城镇，大战略”，第一次把小城镇作为中国城镇化道路的重要选择之一。2000年中共中央、国务院颁发的《关于促进小城镇健康发展的若干指导意见》，提出要在小城镇开展促进农村劳动力转移，推进城镇化发展的重要改革，次年，国务院转发了公安部《关于在小城镇进行户籍管理制度改革的意见》，此后，有关部门也纷纷在小城镇开展了各项改革的试验。可以说，在小城镇率先进行的各项改革，从实际上推动了中国城镇化进程。

在小城镇进行改革，主要基于以下几个方面的考虑：一是小城镇和农村有着天然地缘上的联系，同处于农村管理的范畴，计划经济的管理体制在这里相对薄弱，从这里进行改革，传统上的制度障碍较小；农村人口向小城镇集中，由于涉及人口范围少，人口集中程度低，不至于引起较大的社会波动；改革开放以后已经在全国范围内兴起了将近2万个小城镇，并在这里集中了大部分乡镇企业，小城镇已经成为农村城镇化的一个重要现实；从1995年以来，已经开始在小城镇进行的各项改革试点取得了很好的经验积累。

值得提出的是，中国城镇化道路和国际一般经验有着十分重要的区别。中国是因为实行了长达几十年的城乡分割管理制度，在农村乡镇企业发展之后，农民要求从非农就业转向城镇定居，在户籍管理制度的限制下，无法向大中城市转移，只能就地就近在小城镇创造自身的城镇化发展空间。因此，在改革开放之后，中国农村劳动力向城镇转移的流向

何宇鹏：国家发改委城市和小城镇改革发展中心原副主任、研究员。
荣西武：国家发改委城市和小城镇改革发展中心发展规划部副处长、副研究员。

是先小城镇，再逐步转向大中城市。而在其他国家，由于没有户籍管理制度的限制，农民可以自由地进入城市定居，当城市或者是大城市可以提供更多的就业机会时，农民先进入大城市；当城市变得拥挤，发生各种环境、治安、交通问题时，一部分城市人口开始向郊区转移，追求生态、舒适和环境。城市化发展的道路是先大城市，后小城镇。因此，中国的城镇化道路在国际上无先例可言，研究中国小城镇问题，实质上也就是研究中国特色的城镇化道路问题。

在中国，小城镇就是行政上建制镇所在地的镇区。镇是中国最基层的政府行政管理层次，镇既包含了小城镇，又包括管辖范围镇域内的广大农村。小城镇意指镇区部分，但是在研究中国的小城镇政府管理制度改革时，我们无法严格地把镇政府的城镇管理职能和农村管理职能分割开来，因为两者的功能混在一起，这是需要特别说明的。建制镇和乡同是最基层的行政管理层次，基本上是由乡演化而来的。也就是说，在乡的经济发展到一定水平，乡政府所在地聚集了一定的人口规模和经济规模之后，乡可以提出建镇的要求。

研究中国的小城镇要特别注意其发展水平上的差异，也就是说，东、中、西部地区无论从经济规模和财政能力上，还是在容纳外来就业人口或者是本地就业率上，都有十分大的差别。例如，东部地区建制镇，平均非农就业率达 52%，超过了农业就业率。全国按收入水平排序的前 10000 名小城镇，非农就业率均在 50% 以上，前 1000 名的小城镇，非农就业率在 80% 以上。按人口规模排序的前 5000 名小城镇，非农就业率也在 50% 以上，前 1000 名小城镇，非农就业也高于 2/3，但在小城镇政府管理职能上，却还没有作出相应的调整。特别是对经济综合能力前 1000 名的千强镇来说，2003 年千强镇人口仅占全国小城镇人口的 10%，但创造的财政收入占到了全国建制镇的 50% 左右，居民储蓄存款余额占 45%；财政总收入平均每镇达 1.55 亿元，是全国建制镇平均水平的 10 倍多；拥有乡镇企业个数达 150 万个，占全国建制镇乡镇企业数的 15%；吸纳外来人口达 2400 多万人，平均每镇 2.4 万人，外来人口占全镇总人口比例达 30%。按户籍人口平均的千强镇财政收入，在 279 个地级城市以上中，能排到 19 位。按常住人口平均的千强镇财政收入，在 279 个地级城市以上中，能排到30位。在小城镇中涌现出一批经济实力强、人口规模大的超级镇。2003年，财政收入超亿元的镇达538个，其中5亿元以上的39个。人口超过10万的镇达403个，其中人口20万以上的镇43个，30万以上的镇10个，50万以上的镇3个。而同时，全国一大批分布在中西部的小城镇，发展水平相对落后，还在为财政问题所困扰。

经济发展水平的差异，决定了小城镇政府管理职能上的不同，而且也直接影响到小城镇和上级政府的关系、小城镇政府提供公共品的能力、小城镇政府的财力甚至于政府的决策行为，因此应作为一个基本背景予以了解。

中国的小城镇并不是一个自治管理体制，区别于国际上城镇的管理制度。在中国，小城镇一般情况下隶属于上级县政府或县级市（区）政府的管理，中国的市和所辖小城镇政府之间具有行政上的隶属关系。

一、小城镇在城镇等级管理体制中的位置

小城镇位于五级政府管理体制的最底端（见图5.1）。

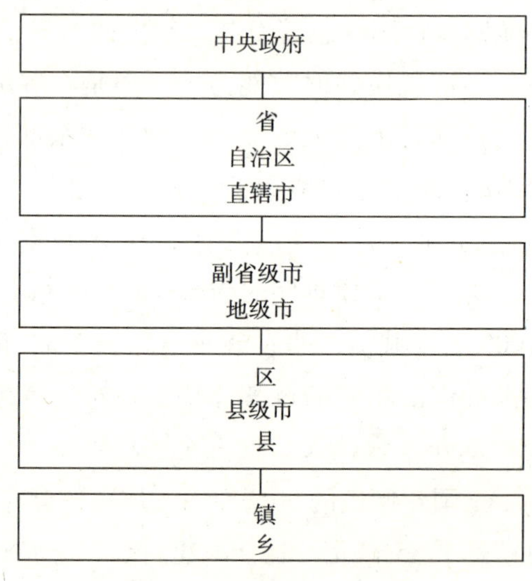

图5.1　小城镇的行政等级

资料来源：PADCO和CCTRD，2005。

城镇化的等级管理体制在一定程度上约束着各级政府的行为，也就意味着，只要是小城镇上级政府提出的有关政策要求，小城镇政府就应

该不折不扣地执行，也就是说小城镇政府的一部分职能是完成上级政府和部门交办或者下达的任务，这是中国城镇管理体制中最重要的特点。

在这种等级化的行政管理体制下，小城镇由于处于最末梢，使得传统的计划经济管理制度在这里是薄弱环节，有利于各项改革政策推进和试验，但是因为中国政府的一部分资源或者是行政审批职能，在上级政府的有关部门中，所以在获得资源的补贴或者供给上，小城镇处于十分不利的地位。

二、小城镇的行政机构设置

中国的小城镇是最基层的政府管理机构，在经济和行政管理职能上是一个相对不健全的一级政府组织。一般的小城镇行政机构设置如图 5.2 所示。

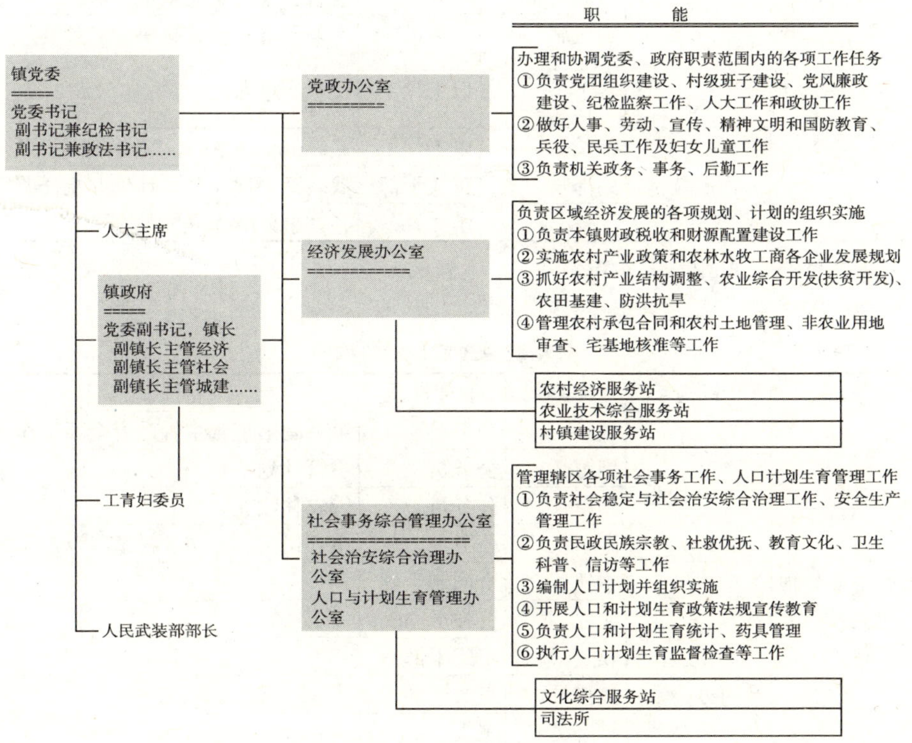

图 5.2 小城镇行政管理机构设置

资料来源：白南生等，2003。

更详细的小城镇管理体制见如下图表。

表 5.1　　某小城镇党委管理机构表

	机构	职位	职业性质	备注
镇党委主要部门及其办公人员	主要负责人	党委书记	公务员	主抓全面工作
		党委副书记		
		纪检书记		
		政法书记	公务员	
		纪律组织宣传委员	正式干部	
	党委办公室	主任	公务员	
		文秘干	公务员	
		文秘干事	正式干部	
		妇女干事	以工代干	计生办干事兼
		团委书记	正式干部	镇建设办副主任兼
	人大	专职主席	公务员	监管档案、农民减负、房改
		副主席	公务员	专职干部，监管科协、老龄委
		人大办公室主任	以工代干	民政干事兼
	人民武装部	部长	以工代干	武装部干部系列，“副科级工人”
		副部长	正式干部	武装部干部系列，计生办主任兼
		干事	不详	各办事处共 5 人

资料来源：白南生等，2003。

表 5.2　　某小城镇政府管理机构

	机构	职位	职业性质	备注
镇政府管理机关及办公人员	主要负责人	镇长	公务员	第一副书记，主管政府全面工作
		副镇长	公务员	主管计划生育
		副镇长	公务员	管农林牧业
		副镇长	公务员	主管司法、信访、村镇建设工作
	政府办公室	主任	合同制干部	
		文秘	公务员	
		收发	正式干部	
		接待员	正式干部	
		打字员	工人	
		司机	工人	
		炊事员	临时工	

续表

	机构	职位	职业性质	备注
镇政府管理机关及办公人员	产业办公室	主任	合同制干部	
		农业干事	公务员	
		企业干事	公务员	
		多经干事	以工代干	
	综合治理办公室	主任	合同制干部	
		副主任	公务员	
		综合治理干事	合同制干部	
		民政干事	以工代干	主管敬老院
	村镇建设办公室	主任	合同制干部	
		副主任	正式干部	
		干事	合同工	
	计划生育办公室	主任	正式干部	各办事处计生专干 9 人
		副主任	以工代干	
		计生干事	以工代干	
	办事处	全镇下设 5 个管理处，1 个工作组，计 74 人		
	镇属机构	广播电视站（由党委办管）司法所 敬老院 城管队		

资料来源：白南生等，2003。

概言之，在经历了最近新一轮的乡镇政府体制改革后，小城镇的机构大致由党政机关、事业单位和上级政府派出的驻镇单位组成。一般而言，党政机关主要包括：党政办公室、经济发展办公室、社会事务办公室和财政所；事业单位主要包括：农业服务中心、村镇建设中心、文化服务中心、计划生育服务中心和劳动保障事务所；驻镇派出机构主要包括：土地所、工商所、国税所、地税所、派出所、司法所和法庭（此外，还有商业银行的分支机构和邮电、通讯等国有企业的分支机构）。以湖北省为例，每镇政府工作人员的编制数大约为：大镇 45 人、中等镇 40 人、小镇 35 人（其中党政领导职数 9 人左右），事业单位工作人员的编制数大体相当（张宝华，2004）。

如果对比乡镇与县的管理结构，可以看出，乡镇是一级不完整的基层政权组织。在这个层面上，乡镇政府的机构设置不仅不完整，而且在很多镇级机构中没有独立的人事权、执法权等。

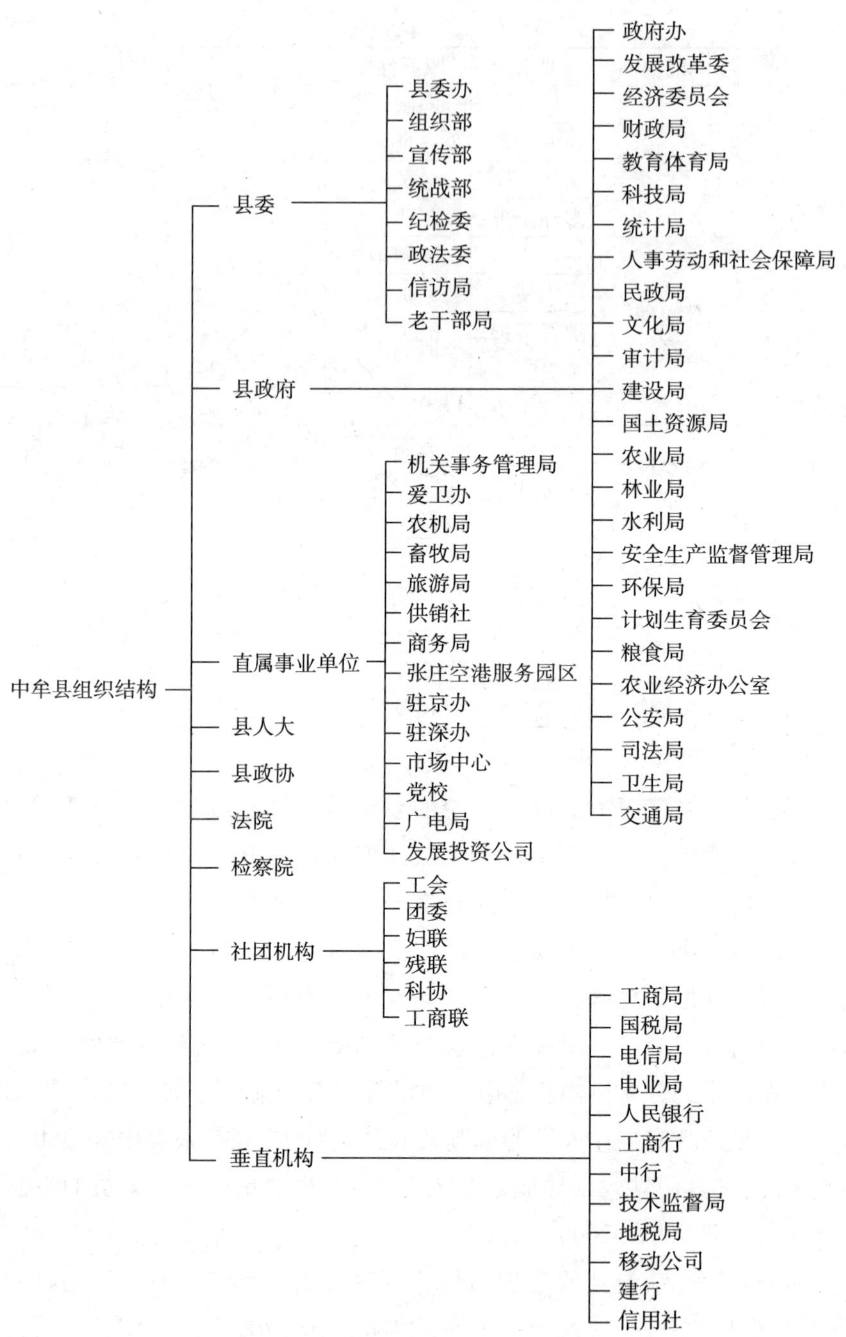

图 5.3　中牟县管理结构图

资料来源：小城镇中心经济社会发展调研。

三、小城镇的政府管理职能

一个城镇政府的管理职能如何定位，在中国和国际上一些国家有着非常明显的差别。在国际上，地方或者是城镇政府的主要职能是提供公共品的服务，是在和上一级政府明确划分职能和收入来源的基础上，各自承担公共品提供的范围。而在中国，长期以来受计划经济的影响，公共品的提供在改革开放前是自上而下按照计划分配的。改革开放以后，上级政府下达的公共品分配的内容逐渐减少，但是，附加的行政指令却在增加，使得小城镇政府不得不增加自己提供公共品服务的职能，同时还要确保上级下达的政令畅通。从公共品的分配管理权限上，附加的行政审批职能，在小城镇一级十分不健全，但是在责任上，小城镇政府却承担了上级交办的所有任务的职能，同时还要不断去满足伴随着经济日益增长带来的对公共品的需求增长。

因此，从小城镇的机构设置上就可以看出公共职能分配的基本走向。小城镇的机构，除镇党委、政府的内设机构外，还有县（市）直部门在小城镇的派出机构和企事业单位。在镇一级的派出管理机构大致可以分为两类，一类是具有行政执法能力的派出单位，如公安、国土、工商、税务等；另一类是派出事业单位，如文化、科技和农业等站所。前者的职能和权限在日益强化，人、财、物“三权”管理权限都在县（市）级主管部门，它们在小城镇具有执法和行政管理的手段，因而和镇政府的管理发生了交叉。实际上，在所调查的很多小城镇政府中，对于管事不见人的，或者是权力和责任不对应的都提出过质疑。在地方上，形象地把这种矛盾称为“条块利益冲突”。所谓“条”指上级政府直接管理的部门，所谓“块”是指地方政府，在这里就是指小城镇政府。在条块利益发生矛盾时，在妥协的一般是基层政府，因此有可能造成弱化小城镇政府对本地经济和社会发展的协调能力。

这种管理体制也容易造成小城镇政府的管理权限与管理责任不对称。小城镇的社会经济管理问题，如镇容镇貌、环境卫生、社会治安、市场管理、文化教育、交通消防等，都被列入镇政府的目标责任制，但现行法律规定，社会及经济管理行政处罚权属于县级行政机关，镇政府对违章无权实施处罚，工作难度非常大。此外，由于机构编制权在上级，使得小城镇政府难以根据发展需要配备合适的管理力量。那些吸纳外来人口较多的具有发展活力的大镇，社会经济管理的任务重得多，但在机构人员配备上与小镇差别不大，这在客观上造成了城镇管理的难度加大。我们仅以深圳市布吉镇（在调查的时候，布吉还是个建制镇，在2005年底已经被改为街道办事处，并一分为三了）和吉林省二道白河（在今年行政区划调整已经作为长白山行政管理区政府所在地了）为例，加以说明（见专栏5.1、5.2）。

专栏5.1　布吉镇级政府管理体制不适应城镇化要求

龙岗区布吉镇位于深圳市核心区的北部，镇域面积86平方公里，下辖15个行政村和10个居委会。2000年普查人口约55万人，但据公安部门统计，2001年实际人口（公安户籍管理的人口）已达到70多万人（其中户籍人口仅7.8万人）。2001年底镇域GDP 47.6亿元、税收达15.88亿元（其中镇级可用部分1.1亿元，财政问题将留到下一章讨论）、出口创汇20亿美元、三级（镇、行政村、自然村）集体纯收入4.25亿元、人均分配收入9000元。由此可见，无论是以人口规模还是以经济总量观之，布吉镇都已经达到了大、中城市的水平，但是，其建制和运作还是在镇级水平上进行，经济运行的市场化和外来人口的城镇化与传统计划下行政管理体制和社会管理体制存在着严重的矛盾。

第一，镇级政府管理职能、权限与社会经济发展需要之间不协调、甚至冲突。凡是有行政执法职能、有经济收入的部门都是垂直管理，例如工商、国土、公安、税务、城镇综合执法队等。卫生部门只是将医院下放，而可以收费的医疗卫生监督职能却是垂直管理，包括健康证、体检、职业病防治等，但是卫生责任却要由镇政府（第一责任人）来承担。此外大的酒楼等卫生防疫站还管不了，名义上由市里直接管理，实际上造成了管理的真空。目前有200多家无牌诊所，要镇里签管理责任状实施管理，实际上难以做到管理到位。

第二，城镇化快速发展后，社会管理事务日益繁重，与机构、人员不足的矛盾十分突出。龙岗区下辖的各镇之间经济总量和人口规模差异很大，如布吉镇的人口已达70多万人，而南澳镇的人口只有3万，但是各个镇的行政编制都是76个（另有17个附属编制）。由于强大的民工需求，治安、教育、卫生等公共服务部门人员严重不足，所以现在龙岗镇编制外工作人员已逾千人。例如，城管200多人；安全生产办4个编制，聘请了19个人；计生办4个编制，聘请了58人；教育、卫生等事业单位和部门超编更加严重，教育：目前在校生3.8万人，定编教师280人（近六七年内教师编制仅增加了6人，但学生数却增加了2万人），实有教师1200人。卫生：编制400人，实有1200多义务人员（200多家无牌诊所实际上是医疗需求增长，但公办卫生机构不能满足需求的结果）。超编人员的工资都要从预算外开支支付。

以治安为例作一综合说明。布吉镇警署是市公安局的一个分支机构，根据法律规定，警署不具备执法主体资格，署长除外（因为是分局副局长而具备审批权），副署长无权审批，所以很多时候是违法操作。目前警署虽已具备部分分局职能（已逐步下放了预审等），刑事案件可以直接面对检察院，但没有刑事居留权和具体户政管理职能，也没有财权和人权。根据户籍人口配备的警察300人，警察与户籍人口的比例为1∶260，然而包括外来人口在内，警察同总人口的比例仅为1∶2333。这个比例同香港1∶169，巴黎1∶185，东京1∶301，纽约1∶328和所在市市区1∶370的比例相距甚远。据估计，由于当前犯罪率大约上升到了102/10000，至少还需要增加1000名警力，才能满足当前公共安全事务的需要。在户政管理上，由于警力不足，只能配备户管员，按人口分配，从事暂住人口的管理和建档等。在交通管理上，全镇交警只有13人。因为小城镇范围内的治安实际上是镇政府的责任，社会治安、综合治理、黄赌毒、消防、执法、法轮功等对镇长来说都具有“一票否决权”，但镇政府却不具有警署的管理权和编制权，只好配备一名专职副书记抓社会治安工作，并使用预算外资金雇佣6346名治安员帮助进行治安事务管理。每年镇政府在公安线上的支出高达1000多万，大的专项治理行动还要给予专项资金补助。

以城镇化和经济社会可持续发展的要求来审视，可以发现，在布吉镇发展繁荣景象的背后，存在隐忧：①公共产品供给严重不足，具体表现为缺水、缺电，限制了城镇化的进一步发展；②社会秩序紊乱和无序发展，具体表现为，犯罪率居高不下、城市管理处于失控状态、城市建设规划实施能力低下；③政府调控能力差，社会整合程度低，社会矛盾日益突出，具体表现为，小马拉大车，管理建制低，财力严重不足，房地产和工业区发展面临资源不足和成本上升的局限，吸引劳动力和外来移民能力下降。一句话，小城镇以户籍人口为基础的行政管理体制不适应城镇化的要求和趋势

2002年底，布吉镇已变为街道办事处，成为龙岗区的派出办事机构，但是城镇化和小城镇发展面临的问题，并没有因此迎刃而解。在城镇化日益加快的背景下，市镇管理体制改革和小城镇政府职能改革如何适应这一趋势的课题已被迫切提到议事日程上。

资料来源：根据杜志雄（2002）《布吉镇调查实录》提供的有关资料整理。

专栏5.2 吉林省二道白河镇政府管理体制现状及存在问题

1. 政府管理体制现状

二道白河镇政府于2003年5月调整了机构设置。调整目的是启动和推动二道白河地区的经济快速发展，强化旅游经济镇的功能，加快开发步伐，建立与旅游城镇相匹配的管理和服务体制。

镇按照“区镇合一，以区带镇”的原则设置机构。镇内部设“五局一办”：

①经济发展局（共28人，其中局长1人，副局长3人。内设旅游开发管理科、招商科、农村经济工作科、综合科）。

②综合服务局（共23人，其中局长1名，副局长2名。内设财政

科、社会事业管理科、政务大厅)。

③规划建设局(共63人,其中局长1名,副局长2名。内设规划科、市政科、综合科)。

④国土资源局(共15人,其中局长1名,副局长2名。内设地籍科、用地科、检察科、矿产科、有偿办、综合科)。

⑤环境监察大队(11人,二道中队)。

⑥党政群办公室(共6人,党建科、群团科、综合科)。

总人数146人,其中行政编制43名,全额事业编制33名,差额事业编制3名,自收自支事业编制64名,专职副书记1名,兼职副书记2名,副镇长2名。

2. 政府主要机构职能

①经济发展局。负责制定镇经济和社会发展中长期规划;负责镇的招商引资和项目开发、立项、招标,制定镇内,外商投资的发展战略和中长期规划,指导和管理利用外资促进投资工作;负责镇旅游行业管理,执行有关旅游法律、法规和条例,制定旅游规划并负责组织实施;负责农村经济工作。

②规划建设局。负责镇城乡的规划、建设管理等项工作。

③综合服务局。负责镇财政、审计、统计和税管等项工作;负责镇土地规划、城镇建设用地、矿产等地籍管理和报件审批等项工作;负责镇城环境保护的管理和监测等项工作;负责政策咨询、信息服务和人才中介;负责行政事业性收费;负责文教、卫生、广播电视等社会事务工作。

④党政群办公室。负责镇党建、统战、群团、武装和干部人事等日常工作;负责软环境治理、政务监督、行政后勤、来信来访、信息、文秘档案等项工作。

3. 政府管理体制改革存在的问题

①混编混岗,人员身份不能确定。

②所有工作人员均开行政工资,使事业单位工作人员的职称无法在工资中体现。

③镇政府机构设置基本沿用了传统的“条块结合、以条为主”的机构设置模式。镇政府内部机构和有关站所分设过细，造成了业务工作面窄量小，多头管理，效率较低，整体服务功能较差，不能适应市场经济多元化、综合性发展的新要求。

④镇政府职能和管理方式未得到转变。镇政府内部机构和有关站所的职能定位偏重于行政管理，服务职能弱化；管理职能偏重于经济，社会管理职能弱化；城镇管理职能偏重于投资和建设，忽视城镇的综合管理，规划管理滞后。

⑤镇政府人事干部管理制度存在着编制定终身和任命制。造成了干部能进不能出、能上不能下，缺乏竞争机制和工作活力，行政效率不高。

资料来源：小城镇中心，《二道白河镇经济社会发展规划》。

从另一种类型看，隶属于事业管理范畴的下派单位，由于没有行政执法权限，职能上处于逐渐弱化的趋势，财政支持也捉襟见肘，已经成为部门管理的负担，因此，这部分派出机构绝大部分已经划为小城镇和部门的双重管理（专栏5.3）。在未来的机构改革中，也面临着被裁撤的风险。实际上，这些部门在某种程度上，具有提供社会公共服务的职能，但是由于公共服务能力不足，基本上成为自收自支单位，创收已经使这些部门的服务逐渐变成边缘化的状态。

专栏5.3　关于四川省武都镇畜牧站的调研

县上的派出结构、事业单位，经费自收自支，收支两条线，费用交纳到江油市“行政服务中心”，指导24个行政村，164个合作社，11000农户养殖的猪、牛、羊等的疫病防治工作。工作人员为16个，编制17个，正式员工15个，动物检疫站是上级政府的直属机构，具有执法权，与畜牧兽医站和品种改良站，是三块牌子，一套人马。

主要工作是重大防疫：药品国家给，器械自己出，劳务费不计，贴的钱从检疫费、防疫费中取。

这个畜牧站在武都还算比较好的，因为消费市场大，所以费用收得比较多，但在偏远地区，收的费用抵不上支出。检疫费属于行政事业的费用，所有的费用全部上交再下发。

目前存在的最大问题是人才断裂、人员素质低，因为国家不够重视和行业本身的艰苦性，而被人歧视，有能力的人都不愿意选择从事畜牧行业。

2001 年 14 号文件没有得到落实，很多地方连工资都发不起。

资料来源：小城镇中心，《武都镇经济社会发展规划》。

根据以上的案例说明，在小城镇政府管理职能上，东、中、西部地区特别是发达小城镇和一般的小城镇，有着很大的差异，前者需要根据自己管理的人口规模和经济规模，提供更完善的社会服务，因此要强化职能管理的权限，增加机构设置。而对于发展水平相对落后，没有一定城镇规模，基本上依赖于农业发展来支撑财政增长的政府，面临的问题可能是如何进一步精简机构，削减不必要的职能，确保政府工作的正常运转，以及完成必要的公共服务。

四、分级管理的县镇财政管理体制

虽然中国自 20 世纪 90 年代开始实行了分税制，但是在县和镇之间，基本上还没有推行。由于经济发展水平的差异，在财政管理体制上也存在着很大的差别，并且直接影响到中央政府对于小城镇财政管理政策的制定。2006 年全国农村综合改革工作会议，已经明确提出“乡财县管”的改革思路，意味着在全国乡镇一级取消独立的财政管理体制。这是针对绝大部分乡镇财政入不敷出，债务负担严重的状况而制定的政策，但是在全国也存在着一部分经济发达的镇，这些小城镇的财政体制是非独立的，上级政府以统收统支的方式直接管理小城镇的财政体制。小城镇创造的财政收入大部分在上缴给上级政府之后，由上级政府根据小城镇公共管理开支的需要适度返还，只能基本上保证行政事业人员开支的需要（人头办公费），严重限制了小城镇政府职能向提供公共服务转变的政府体制改革目标的实现。剩余部分则由上级政府负责完成转移支付、弥补自己的开支不足或者是继续上缴等。

（一）小城镇的财政管理体制

中国实行五级政府的行政管理体制，即中央政府和地方政府体系中的省级（省、直辖市、自治区）政府、市级（地区级）政府、县级政府（包括县级市政府）和乡镇政府。按照“一级政府，一级财政”的原则，中国的财政体系亦应包括五级财政。但是，正如小城镇政府是一级不完全的政府一样，小城镇财政亦是一级不独立的财政。1994 年实行的“分税制”改革，原则上是要在中央政府和各级地方政府之间划清财权分配关系，实际上只是在中央和省级政府之间进行财权分配关系调整，地方政府之间的税收划分仍采用隶属关系规则（财贸所，2003；PADCO 和 CCTRD，2005）。尽管各地的乡镇财政管理体制情况因发展水平和税源不同而显现出差异，但是总体上看，小城镇的财政仍以统收统支的管理体制为主，其他还包括“核定基数，增收分成”、“财政包干”等形式（专栏 5.4）。

专栏 5.4　小城镇财政体制分类及案例分析

根据我们的调查，小城镇的财政体制类型如下。

1. 统收统支的体制

以白沟镇为例，2002 年，完成税收 2685 万元，全部上解。市财政下拨白沟的只有 144 万元（市财政下拨每乡、镇公式 = 人头费 + 500 元办公费 × 人 + 6 万元交通费 + 7000 元电话费）。

2. “核定基数，增收分成”的体制

2002 年后，白沟镇实行该体制，即在完成 2002 年基数的基础上，增收超过 7% 的部分，留给镇政府使用。换句话说，必须完成 2873 万元的税收任务，余下的部分归镇。这种政策通常是“一定三年”或“一定五年”，到期后如何调整，实际上还要取决于税收的增长情况及县镇两级政府之间的进一步协调。

不过，这种体制在实践中也有所演变，以郭杜镇为例，2001 ~ 2004 年，实行了“核定收支，定额上解（补助），超收县乡三七分成，超支不补，一定三年”的财政体制。在分税制基础上以1999年的决算数为基础，参考2000年的收入和支出预算并适当考虑个别具体因素确定收支基数。基数年的上解数和补助数在体制实行期间大体不变；乡镇相对于基期的超收部分县与乡镇三七分成，大头留在乡镇；乡镇的财政支出只能在核定的支出基数和超收留成中自求平衡，支出增加部分县级财政不再负担。

从2004年起，郭杜镇实行了“核定收支，核定基数，定额上解，超收分成，超支不补，一定三年”的财政体制。收入基数在2003年基础上做适当调整，支出基数按照2003年核定的编制内人员经费和公用经费核定，乡镇超收分成分段计算，超基数但未超过计划，区与乡镇65∶35分成，超计划部分，区与乡镇2∶8分成。区财政对乡镇实行逐月按收入进度核拨经费。

3. “财政包干”体制

以布吉为例，税收地方分成的25%留镇使用。2001年，完成全部税收15.9亿元，其中国税10.2亿元，地税5.7亿元。假定国税全部为增值税，25%留于地方，为2.55亿元，加地税5.7亿元，计地方留成8.25亿元。按25%的分成，布吉应得2.06亿元，但实际过程远为复杂。由于省、市、区、镇四级之间的分配关系并不是一个固定的比例，最终镇政府的分成为1.1亿元。

当然，有的镇还设有金库，比如陕西省西安市临潼区新丰镇但现在这种情况越来越少。

在发达地区，小城镇创造的财政收入，因现有的财政体制，多被上级政府汲取，是一个不争之事实。2002年，小城镇创造的财政收入为2738亿元，占全国财政收入的13%。平均每镇财政收入1136万元，但可用的部分仅460万元，只占40%。

但是，在提供小城镇的公共服务能力方面，上级政府也在发挥着重要作用，特别是对不发达地区的小城镇，中央政府近年来不断加大对公共投资的支持范围和力度（专栏5.5），但相对于乡镇政府履行其三大职能（即发展地方经济、提供公共服务和维护社会稳定）来说，还是存在巨大的资金缺口。

专栏5.5　国家对乡镇公共投资的支持

为增强乡镇财政的经济实力，促进农村社会经济的发展，国家对乡镇公共投资的支持范围不断拓展，支持力度不断加大。

1. 农村“六小工程”

从2001年开始，为了改变农村基础设施落后的状况，国家设立了对农村的“六小工程”，即节水灌溉、人畜用水、乡村道路、农村沼气、农村水电、草场围栏等。2001年，中央用于农村“六小工程”的投资为101亿元，2002年增加到136亿元，2003年进一步增加到近280亿元。中央对“六小工程”的投资主要是采取投资补助的方式，由此带动了地方各级政府、农民和社会资金的投入，使农村中小型基础设施以前所未有的速度展开。总体来看，“六小工程”建设取得了著的经济效益和社会效益，改善了农村生产生活条件，深受农民欢迎。

2. 农村税费改革转移支付

2003年，中国全面推广农村税费改革试点工作。农村税费改革，是减轻农民负担，促进农村经济发展的重要举措。但是，农村税费改革所减免的税费主要是地方政府，特别是乡镇政府的重要收入来源。乡镇公共基础设施和城镇管理所需资金主要靠农业税、屠宰税、乡镇统筹和村提留。因此，为了弥补地方净收入的减少，中央财政对除北京、天津、上海、江苏、浙江、广东等经济较发达省市外的地区实施农村税费改革转移支付。2003年共下达农村税费改革转移支付305亿元，其中针对农村中小学教师工资补助50亿元。2004年中央财政进一步加大其转移支付力度，达到396亿元。

3. 国家扶贫基金

自20世纪80年代中期开始，中国政府就投入了大量的资金用于农村扶贫开发，特别是1996年中央扶贫工作会议以来，投入力度进一步加大。1998~2003年的6年间，中央扶贫资金（包括财政扶贫资金和扶贫贴息贷款）投入累计达到1265亿元，其中扶贫贴息贷款占57%，财政扶贫资金占43%。除了中央的扶贫投资外，地方政府和社会各界也投入了大量的扶贫资金。根据国家统计局对全国523个扶贫开发重点县（以下简称重点县）的统计，1998~2001年，省、地、县三级投入的扶贫资金约占投入到这些县的总扶贫资金（875亿元）的11%，社会捐助和其他来源的扶贫资金占16%，中央投入的扶贫资金占73%。在“八七扶贫攻坚计划”期间，国家将扶贫工作的重点进一步向中西部转移，扶贫资金的分配也进一步向中西部地区倾斜。1998~2001年，西部、中部和东部的重点县每个乡村人口每年分配到的中央扶贫资金分别为92元、63元和7元。

4. 财政扶持“三农”政策

按照现行口径，财政支持“三农”的范围和重点主要包括：大江大河治理在内的农业农村基础设施建设、农业科技进步和农业结构调整、农业综合开发、林业生态建设、抗灾救灾、农村扶贫开发、农村税费改革和农村其他改革、农业行政事业管理、农村中小学教育、农村卫生、农村社会保障和救济。

中央财政支持“三农”支出总量保持较快增长。1999~2002年，中央财政支农资金年均增长量一直保持在300亿~400亿元。到2003年，中央财政支持“三农”支出规模1950亿元，2004年，中央财政年初预算用于“三农”的支出更高达2250亿元。1998年主要江河发生特大洪水以后，国家加大了对主要江河堤防建设和病险水库除险加固的投资，加大了对长江中上游和黄河上游林业生态建设的投入。2000年以后，随着农村税费改革试点的推进，农村税费改革转移支付支出逐步成为中央财政支持“三农”支出的一个重要部分，比重从2000年的0.8%迅速提高到2003年的15.88%。与此同时，农产品政策性补贴从2000年的35.01%下降到2003年的22.01%。把农村社会事业发展和公共基础设施建设逐步纳入公共财政的支出范围。过去对“三农”的支持主要是支持农业生产，而农村道路桥梁等基础设施和教育文化卫生等社会性支出基本靠农民自筹解决。从2003年起，中央财政用于农村公共基础设施建设和农村教育卫生等社会发展方面的支出大幅度增加。农村社会事业发展和农村公共基础设施建设开始逐步纳入公共财政支出的范围。

资料来源：PADCO和CCTRD，2005。

（二）小城镇政府财权和事权严重的不对称

专栏5.6　四川省武都派出所调查

武都以前有两个派出所，一个是长钢派出所，管理2万多人，一个是武都派出所，管理4万多人，2006年6月两所合并。

两个所合并后，管理常住人口6万左右，暂住人口500人（但估计实际2000人左右），暂住人口因务工、经商、投靠过来（务工、就学、经商），实行人户分离。在江油住，但工作在武都的人有1000人左右。

面临的困难：

第一，经费少。公安经费采取包干，每个人每年2.375万（包括枪支，车辆等设备），此外还有运转费用是每人5000元/年（保证基本办公）。我们经费紧张，并且不能乱收费，所以在困难时还需要镇政府会给予一定的支持。

所里设备在当地经济条件下还算好，有3辆车，7~8辆摩托车。现在不愿意出差办案，因为执法成本很高，而本身经费很困难。

第二，编制少，导致超时劳动，劳动保障无法实现（休假少）现有13个警察，总比例应该达到万分之八，现在只有万分之一点八；此外武都镇有一支保安队，由该派出所管理，保安队有6个人，从事治安监察，费用主要由各单位自愿出资，但实际也带有强制性。

村里自己搞治安，派出所到村里给支书做工作，组建民间治安组织。部分责任压在了村支书身上，还是感情用事，以前有治保员，但现在没有了，因此村里治安很不完善。农村防范模式很好探索，但是却落实不了。对于农村治安我们和政府都不能提供费用，只能给村长和支书加压，主要是资金的困扰。武都现在没有拆保安队，不是因为费用多，而是“作为一面旗帜”不能倒。

资料来源：小城镇中心，《武都镇经济社会发展规划》。

分析这个问题，需要区分发达小城镇和欠发达小城镇。一般的农村小城镇在税费改革前，自筹和统筹资金是农村公共产品及社会事业投资的主要来源。所谓自筹和统筹，基本上来自对农民的摊派和农业的税费。随着税费改革深入，取消和规范了各种摊派，免除了农业的税费，使得以摊派和农业税费为主要收入来源的小城镇财政受到了严重的影响。虽然国家转移支付资金明确解决了农村义务教育开支和一部分工程性开支，但是在促进地方的公共服务能力方面，特别是小城镇自主决策的发展项目方面，则切断了资金来源。农村教育基础设施改善资金不足，农村和小城镇基础设施建设支出缺口较大，社会保障体系难以建立，农村医疗和公共卫生服务严重残缺，政府工作人员工资不能按时足额支付（PADCO 和 CCTRD，2005），特别是以往累积的债务问题也无法得到解决。在这样的状况下，小城镇的公共职能面临着严重挑战，自身服务能力的下降影响了政府的服务信誉，而上级政府的政令也必然难以顺畅地得到落实（专栏 5.6），这意味着在公共财政能力不足的前提下，小城镇的事权必须要做出相应的调整。

对于经济发展水平较高的小城镇政府，面临的是完全不同的问题。在那些吸纳外来人口较多、承担农村劳动力转移任务较重、较有可能成长为区域经济中心的小城镇，政府职能转变严重滞后于市场发育程度，很难提供与经济发展相适应的配套公共服务。招商引资的后果是造成了大量的工业污染，而公共财政能力不足，使小城镇政府没有足够的资金投资基础设施，解决污染治理问题。大量外来人口的涌入，政府没有足够的公共预算支付农民工的社保、子女教育支出以及相应的生活条件的改善问题。流动人口的迅速增长也带来严重的社会治安问题，必要的警力的配备，设施的改善等等，都需要一定的投入解决机构设置、人员开支和设施能力建设等。相对应的责任在增加，但财政能力的不匹配，已经成为经济发达的小城镇政府面临的日趋严重的问题。

专栏 5.7 影响小城镇健康发展的体制障碍——以白沟为例

管理体制不顺，是影响小城镇健康发展的主要制度障碍，是推进城镇化战略需要解决的关键问题。2002 年，我们以小城镇政府行为为题，对河北省白沟镇进行了调研。初步分析表明，像白沟镇这样具有经济活力的小城镇要进一步发展，必须在财政体制（和行政体制）上有所突破。否则，实现城镇化的政策目标，就会受到现行制度的严重制约。

1. 白沟镇发展的现状

作为一个有经济活力的小城镇，白沟镇以占所在市 11% 的人口，创造了全市经济总量的 48%，税收任务的 40%，工商收费的 33%。白沟镇经济的发展，得益于箱包产业的带动作用。白沟镇是全国最大的箱包产销基地，产销量约占全国的 1/10。箱包产业的发展，极大地促进了白沟镇经济结构的调整，全镇三大产业产值和就业结构比分别为 10 : 51 : 39 和 20 : 49 : 31，具备了城市经济的特征。尽管农业人口仍占总人口的 91%，但真正从事农业的农民已经很少。农民收入中只有 20% 来自农业，80% 来在第二、第三产业。人均收入 5800 元，是全市平均的 1.8 倍。白沟镇经济的发展，还带动了周边 5 个县市、50 多个乡镇、500 多个自然村的 30 多万人从事与箱包业有关的生产、销售活动，吸引了和全镇人口规模相当的全国各地 4 万农村流动人口在白沟镇就业和定居。

但是，和其他一些发展较快的小城镇相似，白沟镇的发展也面临着政府财政管理体制的制约。突出表现在，统收统支的财政体制造成上级财政对下级财政的严重抽吸，限制了小城镇自我积累和持续发展的能力。2002 年，所在市财政收入 2.2 亿元，来自白沟镇的 2685 万元，占 13.3%，但市财政下拨白沟镇的只有 144 万元，不足 0.7%。全市财政用于乡镇开支总计也只有 3300 万元（市财政下拨每乡、镇资金 = 人头费 +500 元办公费 × 人 +6 万元交通费 +7000 元电话费），仅占15%。在这种情况下，乡镇通常通过经营土地和增加收费，扩大预算外收入，解决基础设施和公共服务等开支。这个矛盾不解决，那些起步早、发展快、总量大的小城镇将可能逐渐丧失经济活力，不利于城镇化发展。

2. 有钱好办事和有土斯有财

既然财政的钱用不到，增加预算外收入就几乎成了乡镇政府的必然选择。白沟镇镇政府预算外收入主要来自经营箱包大厅。1993年，为了整治当时白沟镇市场“脏、乱、差”的现象，白沟镇镇政府从一村征地建起了建筑面积3.52万平方米的箱包大厅，实行入场经营。现在，箱包大厅的年租金收入可达2000万元，去掉500万元的税收后，有1500万元归政府支配，约占政府预算外收入2684万元的56%。有了这笔预算外收入，政府搞起了“四纵五横”的镇区道路（最宽的达75米），700多人（其中市财政开支的干部70多人，市场管理人员400多人）的开支也就不在话下了。

政府从经营市场中尝到了甜头，2002年，再次从二村征地建起了一座建筑面积4万平方米的现代服饰城，并以城区改建为理由，将原来在街边经营的商户集中到服饰城。这样，预计年租金亦可达2000万左右，去税后余1500万元。不过，和箱包城不同的是，这次镇政府要和村集体要按“镇四村六”分成，镇政府实际可得的年收入为600万元，这样做一方面是因为村集体的谈判能力加强了，另一方面也因为镇政府实际上做的是无本买卖。

由于财政体制的原因，镇政府生财的唯一渠道就是收费，但由于镇一级并不真正掌握土地，征地必须和村集体达成合约。于是，镇政府从二村征地184亩，以100亩建服饰城，拉动周边地价上涨。余84亩的地按60万/亩计算，卖给开发商，得5000多万，再由开发商以工程款形式建设服饰城，交政府使用。这样镇政府再以出租方式经营，并不负担什么成本。结果，镇每年得600万元、村每年得900万元分成收入，开发商通过84亩的商住小区建设得1.5亿毛利。土地出让金方面，属于中央的须交6600元/亩占补费，计120万，属于地方的免了。税收方面，商户在外经营时每个摊位1.4万元/年的国税、地税，按服饰城904个摊位算，减少760多万税收（税务部门的工作量大大减少了）。商户方面，摊位租金增加了，一个30~40平方米的摊位每年增加租金支出1万多元（但减少了和各个收税、收费部门的交道）。这里，真正承担风险的是商户。如果政府发展服饰交易、实行多元化经济的决策是正确的，那么增加一点租金并没有什么损失。如果服饰产业发展不起来，那么商户损失的就不仅是增加的租金，而是失业。不管怎样，政府以地生财的行为正是在现行财税体制下被强化了。

3. 为什么收费屡禁不止：以公安为例

税上交，费返还，这是部门收费的动力所在，这种情况又因为财政只管工资而强化了。2003年1~9月，白沟镇有收费权力的部门及其收费情况如下：市场服务中心97万，卫生防疫部门50万，卫生检疫站4.2万，公安分局80万，城管部门7.8万，劳动部门2.8万，计生部门10万（多为垂直管理部门）。以目前社会上反响较大的公安部门为例，固然有许多个人的违规行为，根本上还是财政体制问题引起的矛盾。这个问题不解决，负担问题很难杜绝。

下面是白沟镇公安分局访谈记录，可供参考。

分局是1992年建的，在编民警28人（含4个领导），包括5个派出所，治安、刑警、巡警、消防和办公室，共9个单位，警力严重不足。有一部分协勤人员，60多人，服装不让穿了，直接影响工作。负责交通秩序，110巡逻队，8小时3班次巡逻。白沟镇镇区常住人口2万多，流动人口大几万，每天客流量8万~10万，管理、治安是大问题，必须24小时有人管理。分局划归政府了，实际还是两边管理。干部任命以市局为主，两边协商。业务上由市局管理，财政归政府（现在还是市里在管，很多事还在协调）。人员编制比较复杂；①6个编制公安局，财政开支，但不是公务员，是工人，主要是做消防工作；②3个市财政开支，没录警，没有警号、警衔、警服，多是自愿兵转业，有的还担任了职务，但没有执法权；③1个所长，有警衔、警服，不是干部，是工人；④1个警校毕业的，录了警，没人开支，按协勤员开支，除工资外，没有其他经费。办案经费和协勤人员工资等各项开支均从罚没款出。协勤人员工资给的是最低的，200元/月，每年30多万。办案经费自己解决，昨天3个干警刚从甘肃抓了3个嫌疑犯回来，在外13天，怎么也得花了大几千，全是自己解决；还有2个嫌疑犯，一个在广东，一个在河南，你说抓不抓？除工资外，全是自己解决，不罚款办不了事。手铐、电棍、钢盔、消防员呼吸器、战斗服，都自己解决，每年要120万罚款解决这些问题。今年刚90多万，冬天要到了，烧煤取暖、自来水、用电，都要解决，这几个月罚款得紧折腾。2002年8月，不让收流动人口管理费了，日子不好过，原来有100多万收入，打工每人10元/月，经商15元，一次交清的话全年收10个月的，前几年改建办公室、更换设施、买车，都靠这些钱。今年就觉得特别紧张。现在是内部紧，外部老百姓监督也强了，罚款做事也没那么容易，出事真让你回家。与以前比，社会治安好多了，但发案率上升，这也是普遍现象。

4. 行政级别与管理权限

1992年，白沟镇设为副县级镇，当时只是给书记、镇长的个人待遇。2002年，所在市委、市政府发文，对白沟镇政府管理体制改革，赋予白沟镇部分县级管理权，主要是镇直部门属地管理，公安、教委、水利、环保、畜牧、粮站、劳动、卫生防疫划归白沟镇管理；镇级财政包干递增；同时，土地、国税、地税、工商分局负责加强联系，但没有独立执法权。从白沟镇的角度看，这个改革并不彻底。一是财权没有落实，在2002年基数的基础上每年递增7%。二是人事权没有落实，副科（镇）级干部任命权仍在市里。三是执法权没有落实，土地、税收权仍在市里。因此，最好能和周边或邻县的乡镇合并，成立一个县，这当然不是所在市所希望的。为了加强行政控制，市已将城关镇分解为4个办事处。现在，最好是将本市升格为次中心城市，将白沟镇提为正县级的区。

财税和行政体制问题，目前已成为制约包括白沟镇在内的许多小城镇进一步发展的障碍。尽管白沟镇近年保持了一定的增长速度，但

> 吸纳的外来劳动力数量没有什么变化，产业规模也没有什么大的提升，而且资金外流的现象严重。建立镇一级财政，是中共中央、国务院《关于促进小城镇健康发展的若干意见》的要求，现在关键是落实。独立的镇财政建不起来，那么占地和收费就有着刚性的制度外合理性，就会提高小城镇的进入成本，牺牲小城镇的活力。级别问题更难解决，可能的办法是对镇不再设行政级别，这个可以在一些发达地区先试点。否则，乡改镇、县改市的要求就会越发强烈，陷入一个永不休止的“级别陷阱”。

（三）财政能力不足导致政府严重地依赖于预算外收入

由于公共财政能力不足，基础设施建设和公共服务需求加大，借助预算外收入进行基础设施建设就成了小城镇政府的必然选择。在小城镇，土地出让金收入对增加小城镇政府机动财力的作用越发重要，从而引发了一系列值得关注的问题（专栏 5.7）。

据调查（李铁，2003），财政体制的不健全和金融制度的缺位，导致了包括小城镇在内的城市基础设施建设资金的匮乏，地方政府不得不依赖于“以地生财”的方式获得资金。一般意义上，城镇基础设施建设的资金来源由政府财政、政府所有的资产运营收益和企业构成，如果政府的公共收益相对稳定，商业银行可向政府所有的基础设施经营管理公司提供中长期贷款，用于基础设施的建设，公司可通过有偿服务和政府的稳定的还款和还息收益。由于中国的地方公共财政基本是保“吃饭”，没有充足的公共剩余进行基础设施建设。如广东某市 2002 年财政收入 186 亿元，上缴 131 亿元，所余财政收入只够用于行政事业的人头费开支，城市基础设施建设费用基本来源于财政之外的收入，土地出让金是重要的来源之一。据广东省测算，在小城镇的建设资金中，40% 来源于土地收益，30% 来源于农民带资，20% 来源于地方财政，10% 来源于银行信贷资金。在经济实力差的地区，小城镇基础设施建设的资金，更主要依赖出让土地的收益。以湖南省为例，每年省、市、县三级财政拨付给每个小城镇的建设资金不足 100 万元，对小城镇公共设施建设的作用非常有限。安徽某县2002年可支配财政收入是1.7亿元，财政供养人口1.4万人，当年基本建设投入1880万，其中使用土地出让金1541万，财政仅投入300万。

专栏5.8 陕西省郭杜镇财政收入结构分析

数据显示：1999年以前，郭杜镇的预算内财政收入一直保持在73%以上，仍旧是郭杜财政收入的主体，但是自从2000年以来，预算内财政收入所占比重一落千丈，甚至不足5%。换句话说，自从2000年郭杜开始对教育科技产业园区进行征地并进行土地出让以来，以土地出让收益为主体的预算外收入构成了郭杜财政收入的主体。2001年长安科技产业园建设的启动，使来自园区的分税收入逐渐成为郭杜工商财政可支配收入的主力军，园区分税收入自2002年占预算内财政可支配收入的52%以上。

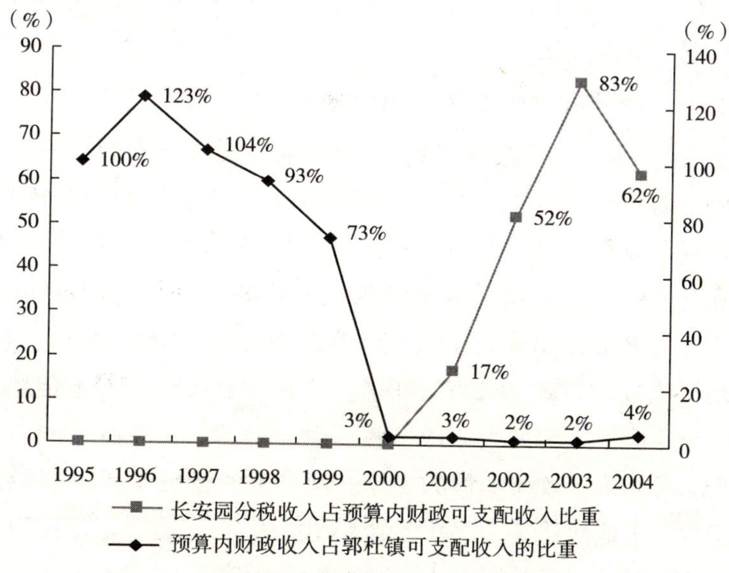

图5.4 郭杜镇财政收入结构分析图

总之，以2000年郭杜教育科技产业园项目建设和长安科技产业园项目建设为分水岭，郭杜的财政可支配收入结构发生了巨大转折；

由原来的以乡镇企业工商税收为主，开始转而依靠郭杜乡镇企业以外的两个园区收入（因为，长安科技产业园的税收实行园区独立核算，与郭杜工商所业务无关；郭杜教育科技产业园的收入是用于园区基础设施建设的土地出让收益）。

资料来源：小城镇中心，《郭杜镇经济社会发展规划》。

对于投资增长的迫切需求，是地方政府加快占用耕地的主要利益动机，而由于各级政府可以低价从农民手里强制性地剥夺土地，加速了占用耕地行为的扩张。对农民补偿地价过低，使各级政府可以通过土地征用，获得高额级差地租。在东部沿海地区，对农民的征地补偿除按国家标准之外，通过企业和政府的各项政策返还，农民因征地得到的一次性补偿可达3万~5万元/亩不等，在中西部，农民的征地补偿一般都在1万元/亩以下，而政府对于土地的经营性开发收入最少可达几十万元/亩。如果政府以零地价方式向工业投资者出让，企业降低了投入成本，政府可以有长期的税收收益。

（四）一次性征收的土地出让金政策，加剧了政府短期行为

由于政府可以一次性地获取土地出让的绝大部分利益，无论是这笔出让金用于贴补开发成本或是弥补政府开支，基本是由当届政府受益。贴补土地开发成本，实行零地价或低地价政策，可以吸引投资，形成投资数量和规模的政绩，但是对于投资造成的各类环境问题和社会问题，只能由后任通过继续出让土地或利用税收来解决。如果税收上缴过多，只能满足“吃饭”财政，未来的环境治理将会是政府的严重负担。如果土地出让金形成了足够的财政收益，从财力上满足了政府任期内政绩建设的需求，可以确保政绩工程的实施。从当前“形象工程”建设愈演愈烈的态势中，土地出让、一次性生财，确实“功不可没”。结果引发了持续性的追求政绩工程而持续出让土地的利益动机。

五、小城镇政府的规划管理

关于小城镇的规划，在政府治理结构中占有十分突出的地位，可以说，政府的公共决策在理论上，应该是通过规划来实施的。可是，规划在城镇化发展进程中起着十分重要的作用，已经列为城镇化研究系列中的一个重要组成部分，也是准备单独作为重点课题的研究。在本研究中，只是提出规划现存的主要问题，规划和政府治理结构的关系，以及对就业和城镇化发展的作用等提出简要的评价和论述。

小城镇的规划主要有经济社会发展规划、空间总体规划和土地利用总体规划等。目前，根据《城乡规划法》的要求，空间总体规划在小城镇的规划体系中起着主导作用，经济社会发展规划基本沿袭以往计划经济时代的国民经济发展规划，以对上级政府负责为主。土地利用总体规划的实质是按照耕地保护原则要求制定的建设用地规划，基本上以上级政府有关部门下达的耕地占用指标为规划的依据。

到2003年底，全国累计已有90%的乡镇完成了乡镇总体规划，81%的小城镇和62%的村庄编制了建设规划。虽然没有进行过专门统计，但绝大部分小城镇都相继制定了经济社会发展规划和土地利用总体规划。根据小城镇发展的实际情况看，空间总体规划在小城镇发展中发挥着主导作用。小城镇虽然基本都制定了规划，但是存在的问题也十分突出，因为规划反映出政府治理结构中主要的决策倾向。也就是说，小城镇政府在管理职能上出现的问题，基本都反映在规划的指导思想和制作方案中。

（一）规划滞后于经济发展的实际

中国小城镇的发展起源于乡镇企业的高速增长，而乡镇企业初始发展时期的无序，从村村点火、户户冒烟，到逐步开始向小城镇集中，已经在空间形成了现实的发展轮廓。因此，在此之后所制定的规划，则要面临着企业搬迁成本带来的压力。在珠江三角洲和长江三角洲出现的城乡连片发展的城镇居住和工业企业混合区域，就是经济迅速发展造成的后果。因此在这一类型的地区，一方面地方政府和村庄集体经济组织还有继续吸引投资扩张的动力，另一方面已经形成的空间要素的布局已经是现有总体规划难以控制的格局（专栏5.9）。

专栏 5.9　横山桥镇镇区空间布局

横山桥镇快速的经济发展与滞后的规划导致了布局较乱，各种用地功能分区不够明确（见图 5.5）。

不难看出，横山桥镇的用地模式基本上处于是一种无序的状态，也正如横山桥镇刘金甫镇长所说，“横山桥镇的发展在 60 年代萌芽，70 年代起步，80 年代以后处于加速发展时期，1996 年基本完成企业转制”。在发展的初期，大家最关注的就是经济发展，最希望看到的就是各项经济指标的逐年增长，从根本上忽视了工业、居住等用地如何更合理分布的问题，以至于形成“村村点火、户户冒烟”的混乱局面，为今天横山桥的进一步发展造成障碍。

布局的混乱所造成的直接后果就是：①居住、工作相互影响；②不利于公共服务设施的配套和基础设施规模效益的发挥；③用地空间结构上的分散，从客观上影响了商贸服务业的发展，使城镇中心区难以形成；④布局的混乱所衍生出来的人居环境、土地、资金等问题逐步制约了横山桥镇的进一步发展。

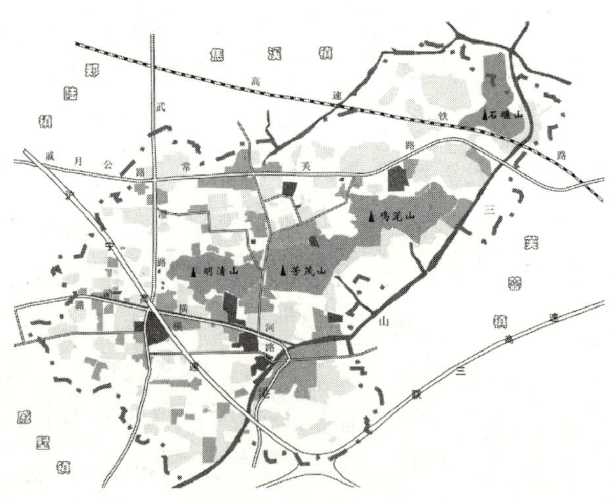

图 5.5　横山桥镇镇区空间布局

资料来源：小城镇中心，《横山桥镇经济社会发展规划》。

（二）政府的规划受到各种利益因素的制约

由于小城镇政府的职能还没有及时转换，在投资增长的利益驱动下，或者是在上级政府下达的政绩指标驱使下，规划基本反映着执政者任期内的利益导向（专栏5.10、5.11）。很难评价这种利益导向的是非，实际的利益冲动反映出多方面的决策主体（如上级政府、小城镇政府的负责人以及村集体经济组织和投资者）的交叉作用，导致了规划基本是在附属于现实利益约束下产生的决策。对于规划者来说，由于规划的收费按面积计价，规划面积越大，收费越高，政府占地的利益动机和规划收费动机不谋而合，造成了规划面积远远超出了政府实际的公共资源控制能力，而政府又可以利用规划的结果肆无忌惮地进行开发。

专栏5.10　中塘镇的规划管理现状

伴随着楼房化进程的加快，天津市大港区中塘镇的面貌发生了很大的变化，但并不能掩盖其目前布局分散，城镇功能分区混乱，基础设施配套不完善等方面存在的问题。造成这些状况的原因主要在于：首先，传统管理模式制约。在传统的管理模式下，它可以集体名义篡改规划；它可以违背市场经济发展规律去另行其道；它可以独来独往，越级沟通，我行我素，无视规划，无视当地政府，无视职能部门，违背客观规律、违背规划随心所欲搞建设。其次，行政干预。中塘小城镇建设发展存在的弊病往往来自于镇级以上领导。个别人、个别单位、个别村通过各种关系，各方面的感情，借用上一级领导的嘴说一句话，下一道指令就可以突破任何规划。再次，镇级领导班子的频繁调整。由于镇级领导班子的更换对原有的规划情况不了解，不熟悉。个别人、个别单位、个别村趁机而入，待领导清楚了，已经是木已成舟，无法挽救和事实。最后，在规划方面没有一个完整规范系统的管理机制。对突破规划的各种行为和举措没有遏制的手段和办法。

其实，在建设前期中塘镇是有规划的，正是由于规划管理的不足，使规划成果未能认真实施，不仅为今后中塘进一步发展制造了障碍。同时，还是人们对于规划产生了一个很不好的认识。目前，在社会上流传这样一句话："规划'鬼话'，规划规划，墙上挂，干的干，画的画，谁都不影响谁干啥。"使规划的严肃性受到了很大的挑战，这些现象表面上看是一些人急功近利，为了眼前的一点儿集体利益、个人利益、部落村情范围利益，展现个人行为，随意篡改规划。但这从实质上暴露了我们目前在规划管理上的一些不足，管理体制与机构设置不统一。城镇建设规模与管理机构设置不成配套，管理机制与管理制度无法统一，是形成目前问题的真正原因。

资料来源：小城镇中心，《中塘镇经济社会发展规划》。

专栏 5.11 山东省淄博市村镇规划管理现状

近年来，淄博市村镇规划管理工作虽然取得了较为显著的成绩，但一些不容忽视的问题仍然存在。首先，乡镇一级大部分设有"建设土地环保所"等机构，但是一个机构却承担了规划、建设、土地、环保、交通等多个部门的职能（大多依靠土地职能支撑），多数力量不足，工作人员基本上是兼职，而专业人员几乎没有，专业素质低。大部分为自收自支事业单位，人员工资无着落，机构运转艰难。这对于量大面广、任务艰巨的村镇规划建设管理来说，非常不适应。其次，乡镇没有规划建设的执法权，对于出现的违法工程，申请上级部门或法院执行的周期一般较长，对于建设周期较短的违法工程在管理上常常感到无能为力。再次，未批先建、少批多建等现象较为严重。许多乡镇驻地工业园区、公建等建设项目，大多是在办理土地征用手续时受土地部门办理程序的制约，才到规划建设部门补办规划建设手续；而不需要新办理征用土地手续的建设项目，基本不办理规划建设手续。许多村庄规划实施和管理力度不大，不少村干部对村庄规划建设认识不够，不按规划的要求建设，随意性大，再加上许多村干部更换频繁，规划实施缺乏连续性。村民建房，按规定应先有规划建设部门办理选址意见书和村民建房许可证，但大部分建设是在办理土地手续时补发该证，村庄建设管理无序。诸如此类的问题致使在小城镇建设过程违法建设的工程屡见不鲜。

资料来源：小城镇中心社会调研。

（三）规划服务于政绩工程和视觉效应

规划的本质应该是政府对管辖区范围内公共资源的空间配置过程，也就是说以完成公共服务目标作为主要依据，按照科学的方法并根据居民的实际需求，合理地安排空间资源，但是当政府的服务目标服从于决策者的意志，或者是满足政绩要求时，规划的行为和作用则发生了扭曲。因此，从近些年小城镇发展和建设的实际情况看，规划首先满足的是视觉需求，满足于广场和绿地的建设，满足于大的空间景观作品的出现，即使是规划的图纸和设计，都可以作为政绩成果展览，甚至利用所谓高科技的手段，因此偏离了公众需求的轨道。在江苏某镇，一个比较好的旅游风景区，花费几百万元人民币，聘请了国际著名的规划公司和国内最好的大学规划院，按照西方现代的理念，制作了可谓豪华的规划设计图纸和影像演示，试图把这个小镇所有的建筑模型、居住小区设计成堪与发达国家最现代的城镇相媲美的空间景观形态。问题在于，全镇还有 6 万多农民的年人均收入在 6000 多元，那么在城镇化的发展过程中，在城镇规划设计上，他们占有什么样的地位？可以看出，当规划已经失去了社会的监督，失去了为公众服务的目标，规划的成果必然导致大量形象工程的出现，造成公共资源的严重浪费。例如，北京市郊区的一些小城镇，2000 年后按照上级政府的指令，修建了一大批广场和景观建设，平均占用土地在 1000 亩左右，投资少则几百万，多则上千万。到目前为止，其中一部分已经成了小城镇政府管理的负担，每年要从财政拿出 100 多万的维护费用，可是广场或者景观建设的利用程度却很低，许多后任的政府负责人纷纷抱怨，当初不该浪费如此之大的公共资源，造成政府管理的难题。有些小城镇政府还试图把广场或者公园的管理下放给村，但这也必须确保管理费用的支出，村集体经济组织才愿意接管。

（四）规划忽视了市场配置资源的方式

传统的空间规划方法，以计划经济的方式来安排空间资源的分布，按照工程技术标准评估空间资源的配置关系。但是，在市场经济条件下，规划对于公共资源的来源、土地的价格评估、经济和社会发展的空间和容量、人口分布的特点和人群的社会差异以及政府的公共资源的供给能力很少给予研究和考虑，因此，往往规划制定以后，规划可以落实的部分在于已经有明确的投资计划进入。而对于规划中的绝大部分内容，由于投资机会的随机性，在规定的规划年限中，很难得到普遍实施。2000年，河北某镇制定的规划，要求镇建成区面积设计标准为3平方公里，但是当时全镇行政中心区所在地面积只有不到1平方公里，如果扩张两个平方公里的建设规划面积，一方面要解决计划性供给的建设用地指标占用问题，另一方面还要面临谁来作为投资主体进入的问题。虽然规划已经做出，而且决策者坚持如此之大的规划面积，才能体现出经济增长和城镇化进程的要求。时隔5年之后，规划已经成为一纸空文，城镇面貌依旧，原因在于用地指标申请不下来，没有投资者投资。

（五）规划不考虑空间资源的成本，浪费现象严重

小城镇发展的速度日新月异，城镇规模的扩张，在一些财政能力十分充足，土地出让速度较快的地方，表现尤为突出。无论是占地速度，还是道路修建，或者是景观工程，都体现出大而豪华的特点。在一些小镇，中心道路甚至达到50～80米的宽度，不乏绿化隔离带和各种功能性道路的分隔设计。即使是工业区，大面积的零地价的土地出让，规划道路也十分宽阔。而传统的城镇中心居住区，设施陈旧，基本公共服务设施仍十分不健全。安徽某镇，规划中的工业小区道路达50米宽，甚至也设计了绿化隔离带和自行车道、人行道及双向3条机动车道，然而在工作日的白天，基本看不见有车行驶。在当地政府介绍情况的时候，仍是反复强调土地资源的紧张，与此同时，却在惊人地浪费着土地。在许多小镇，规划仍在以摊大饼的方式向外扩张，当然这里有获取土地出让金的利益动机，也有通过征地开发减少城镇内拆迁成本的压力。但是，作为规划设计者基本没有考虑到城镇规模扩张后，直接的后果是未来基础设施供给的成本也将加大，将会影响到城镇政府公共服务的能力。

（六）规划偏重于人居条件，未能顾及到服务业的发展

城镇的密集度和城镇的空间形态一直是国际上城市研究学者关注的问题。城镇规划不仅可以解决商业的繁荣，甚至还可以有助于治安环境的改善。从规划的城镇发展形态来看，目前比较普遍的是关注于空间的扩张，关注所谓人居环境的改善。因此，在规划设计图纸和模型中，经常看到，卧城或者花园城镇的设计方式和理念。而在现实中，许多小城镇展现的风貌是视觉形象很好，但是商业并不繁荣。问题在于，过多地注重了视觉的效果，注重了生态环境的改善，往往会忽视一个重要的问题，在小城镇，经济发展水平尚处于起步或高速增长阶段时，收入和就业应该是最重要的考量。如果把就业特别是服务业的发展放到重要的位置，那在规划设计中，提高城镇人口容量，增加密集度，才是比较好的选择。我们在北方的一个中心城市郊区的小城镇调查时发现，城镇规划居然没有城镇中心区。在人均收入水平在6000元左右的小城镇，没有给城镇居民经商留下足够的积聚空间。其实不仅仅是商业的发展，只要人口足够稠密，服务业在市场机制下，自动地会创造出新的就业。这里当然有政府管理观念的问题，更重要的是，作为规划者，由于自身工程设计的缺陷，并没有了解到在中国的小城镇发展进程中，主要面临的并不是人居问题，更重要的是就业问题，而且在城镇，就业的主要潜力应该是服务业，而不是工业。

第六章　基本判断和政策设想

执笔：李铁

综上所述，中国的城镇化进程虽然在21世纪初有了较大突破，并且列入了中央政府的重要发展战略目标，但是由于长期实行城乡分割的管理制度，固化了城乡的利益格局，使得以人口转移为重点的城镇化进程发展受到了严重的制约和限制。从人口实现转移的途径来看，现实中可以实施的过程是通过非农就业完成就业的转移，在收入增长能够支撑在城镇就业的外来农民定居时，便逐渐地完成落户的迁徙。从已经发生的并进入中央政府统计轨道的过程中看，就业转移应该是当前中国城镇化进程的重点。

问题是就业转移在什么程度下可以支持定居形式的转移，在中国各类城镇发生的具体情况看，没有统一的标准。另外，现行的政策是否还是在推动就业转移群体的扩大，可能也是一个值得令人深思的问题。其实，决定农村人口向城镇迁徙，确实还有很多重要的制度因素，例如城镇管理、社会保障以及土地制度等等，重要的是需要在确认可行性的前提下，进一步完成政策的推进。所谓可行性必须是针对中国正在发生的城镇化进程中，对于各种要素之间的关系和制度因素有一个清醒的评价。如果在评价之后，也就像前面所描述的那样，所得出来的结论应该十分清楚，即中央政府试图推进城镇化进程，但是在落实这项政策的过程中，多元化目标的不同政策发生了撞车，使得政策在执行过程中出现了偏差，延缓了城镇化的进程。地方政府在推进城镇化进程的目标上和中央政府明显不一致，因为大量人口涌入城镇直接带来了城镇政府管理成本的增

李铁：国家发改委城市和小城镇改革发展中心主任、博士生导师。

加和难度，而且也直接影响到现有城镇居民的利益。同时，农民受现行集体土地所有制的约束，使得他们迁入城镇的心理预期受到影响。更重要的是，未来就业形势的艰难，也模糊了未来城镇化进程的预期目标。

在如此多重因素的影响下，可以想象，中国的城镇化进程一定会是一个十分缓慢和长期的过程。即使如此，当我们看到每年一个百分点的增长速度之后，也就对后来的可持续发展产生了一些隐忧。什么才是城镇化进程的终极目标？也就是说，人口转移以落户为标志还是两栖就业已经意味着一种过渡形态的完成，或者是就业本身也是终极目标之一？对于这些问题的不同回答，都直接影响到我们的基本判断。

一、关于城镇化进程和就业形势的基本判断

（一）城镇化发展的趋势

虽然在统计上可以保证城镇化率每年以1%的速度增长，基本依据主要来自以下几个方面：①行政区划调整之后，把一部分农村区域划为城镇管辖区带来的城镇人口的增长，当然这里也包括在耕地占用之后强制性划转为城镇居民的农村人口；②进城就业的农民工数量的增加，这同时取决于未来对就业增长的需求，不过按照我国服务业增长的潜力，未来农民进城就业的数量可能还有增长的趋势；③原来城镇人口的自然增长，在2000年统计数据调整之前，每年中国的城镇化增长率为0.45%。

比较有争议的是，城镇化率实际的增长，是对进城就业的外来农民身份的界定。传统上认定城镇人口是按照户籍的标准，2000年第五次人口普查把在城镇就业但没有户籍身份的农民工划定为城镇人口，是中国城镇化率大幅度提高的一个非常重要的因素。根据近些年的统计数据，在城镇就业的农民工在维持基本数量的基础上，一直保持着持续增长。他们没有城镇户口，在原籍农村拥有宅基地和承包地，80%以上的农民工是只身外出就业，没有携带家眷，这种两栖身份使他们在界定身份中遇到了难题。在统计中他们已经被纳入了城镇人口，虽然他们过了就业年龄还得回乡继续从事农业，人员不断变化，但基本数量不变。由于户籍的原因，城镇政府在计算GDP和公共财政支出时，并没有把外来就业

的农民工作为城镇人口计算，也就说明他们是否真正作为城镇人口，除了统计之外，还存在着不同的界定。所以判断中国城镇化进程未来走向的决定性因素，也就是农民工未来的增长和他们在城镇中的身份和地位。

如果继续沿用现在的统计方式，未来城镇化增长的水平，取决于城镇可以容纳的就业容量，也就是说农民工数量决定着未来城镇化水平。以2000年第五次人口普查的方法计算，如果中国仍保持着现有的经济增长速度，城镇化率仍可实现每年一个百分点的增长水平。如果政策上对于农民工地位有了重新的认定，如户籍制度上的变革，城镇公共支出加大了对农民工的服务力度，或者是城镇对农民进城落户和举家迁入采取了较大的支持政策，也可能意味着城镇人口数量的大大增加。按照现在的1.4亿外来农民进城就业人口计算，在此基础上，增加家庭人口，可以使现有的城镇化率提高10个百分点以上。

（二）未来农村非农就业增长的趋势

中国的经济是否能够带来农村非农就业的增长，答案是肯定的。因为中国继续保持着“世界工厂”的地位，对于劳动力的需求是显而易见的。而且，未来中国就业最为巨大的增长空间应该是来自于和城镇发展并存的服务业的增长。从现有的数字看，目前中国农村非农就业机构中，服务业的比重已经占有很大的比重，如2004年我国农村非农就业中，工业的比重为28.48%，服务业（包括交通通讯、商业餐饮等）比重为21.88%。

随着城镇化的加速，城市密集区的形成，还会创造出更多的服务业就业空间。按照中国目前的经济增长速度和城镇化发展水平，未来农村非农就业形势比较乐观。

值得注意的是，在2004年下半年以后，农村非农就业出现了一些征兆，预示着农村劳动力供给出现了短缺，并从广东开始逐步蔓延向全国。原因是多方面的，基本集中在以下几个方面：①劳动工资水平持续徘徊，降低了农民从事非农就业的预期；②劳动强度过大，使农民在从事非农就业过程中开始选择性就业；③区域间的选择性余地较大，给予了农民更多空间选择的机会；④结构性的短缺，意味着某些行业劳动力供给出现了短缺。但是最重要的因素就是因为中国劳动力供给的高峰已经过去，劳动力供给不足的局面开始出现。如果这样的判断成立，意味着，未来支撑城镇化增长的非农就业形势会发生根本的逆转，伴随着劳动力成本的提高和土地限制供给政策的加剧，非农就业增长的乐观形势将会发生逆转。

从以上两个方面分析，决定着中国城镇化进程中非农就业形势取决于几个以下重要因素：①政府的宏观政策是否支持非农就业的增长，关键在于，要在多元化目标取向中做出选择；②在城市和小城镇发展中，能否从改善政府治理结构入手，增加城镇的就业容量，为服务业的发展创造有利的空间。

二、政策建议

（一）加快促进农村非农就业

从 20 世纪 80 年代鼓励农村乡镇企业发展，到目前采取保障农民工切身权益的措施等，中国政府长期以来一直致力于采取促进农民增收的非农就业政策。实际上，加快非农就业最有效的目标，就是制定切实可行的支持农村非农就业人员数量增长的政策，这项政策不同于以往之处在于，通过避免了各级政府的直接干预和操作，减少了不必要的行政负担，更有效地发挥市场的力量和作用。

1. 促进中小企业的发展

根据国际上发达国家的经验规律表明，中小企业的发展最适合增加就业容量。从日本、韩国和中国台湾等人口密度比我们还大的国家和地区的结构转型经验看，如果在各类城镇中积极鼓励对中小企业的投资，会加大吸收农村剩余劳动力，不仅不会发生严重的失业问题，而且会导致出现劳动力短缺。因此应进一步完善中小企业的间接融资体系，要加大国有商业银行对中小企业的支持力度，扶持一批符合国家产业政策，有市场、有技术、有潜力的科技型、城市劳动密集型和社区服务型的优强中小企业。国有商业银行对于符合国家有关政策要求的中小企业，要开通贷款“绿色通道”，提高服务效率，为其提供优质的服务；对发展前景好、信用水平高、经营稳健的中小企业要实行倾斜政策；银行系统要加快金融创新，为中小企业提供多样化、综合化的金融产品，以满足企业的不同需求；在国有商业银行积极为中小企业服务的同时，要促进中小商业银行的发展，为中小企业提供专业的、多方位的金融服务。

要充分认识和重视中小企业信用担保体系的作用，要按市场经济发展的要求，建立起多层次、多结构、多种所有制并行的中小企业信用担保机构和再担保机构；完善和推动中小企业信用担保体系的规范发展，保证中小企业担保基金的运作符合市场经济规律的要求，避免中小企业信用担保基金成为企业转嫁风险的避风港。各类型的银行金融机构要与信用担保机构建立平等的业务联系，银行对有信用担保机构担保的中小企业要实行有差别的贷款利率和扶持措施。要推进全社会信息系统建设，使其尽快发挥信用水平识别的作用。

建立专门为中小企业服务的金融机构和相应的法律法规保障体系；适时发展中小企业债券市场，逐步拓宽中小企业直接融资的市场，以适应中小企业不同的融资需求渠道。

2. 鼓励劳动密集型产业的发展

根据中国国情，发展有利于农村非农就业的劳动密集型产业仍然是当前产业政策的要点。虽然随着城乡发展和区域发展的差异不断加大，在一些工业发展快速的地区和城镇，已经实现劳动密集型向资本密集型和技术密集型的转变，但是这并不意味着所有地区要照抄照搬发达地区的模式，而是要根据本地区发展的水平和特点以及劳动力素质的高低，进行最优的产业选择。因此，在一些发展水平相对落后的地方和城镇，应在鼓励发展资本密集型与技术密集型产业的同时，继续加强劳动密集型产业的发展，为劳动密集型产业的积聚，创造有利的政策环境和条件。要在充分研究当地的生态条件和要素分布特点的前提下，开辟适合劳动密集型产业集中的工业小区，而在经济发展较快的地方和中心城市，也不能轻易放弃有利就业的劳动密集型产业，应在城镇的功能分区和产业布局中，充分考虑就业的因素，留给劳动密集型产业发展的合理空间。应在各地制定的产业导向和发展政策时加以引导，防止盲目地强调高新技术和产业的发展，而对纺织、家电、加工制造业等劳动密集型产业采取摈弃的政策。

3. 加强生态环境政策和企业安全政策的分类指导

要采取经济手段和行政手段并存的方式，开展对企业环境污染和生产安全的治理。要根据地方生态环境的特点，通过规划实施针对性的环境保护政策，明确限制性产业的发展。要区别流域性污染和局部性污染，做好产业规划。对于已经投资的企业，要在加强监管的同时，鼓励采取金融手段，支持对企业的环境治理设施的投入。在工业投资相对集中的地方，可以在财政和税收政策上，提升地方分成的比例，鼓励地方增加环境基础设施建设，抵消企业投入造成的环境效应。加强企业安全生产的管理，对于发育尚不成熟的中小企业十分重要，但是应发挥法律手段、经济手段和行政手段多方面的作用。应尽快建立在中小企业就业的农民工的各项保障制度，特别是建立强制性工伤医疗保险，要提高工伤意外伤害的赔偿标准。要鼓励或采取强制性措施，要求企业加大对安全生产设施的投资。特别是要在政策上明确支持和稳定民营的中小企业和劳动密集型企业，让企业家建立长期的投资信心，防止短期行为的发生造成对环境和企业安全生产的破坏。

4. 建设用地政策的调整和改革

虽然关于建设用地问题涉及范围很广，而且我们的研究将会集中在另一个课题中进行，但是鉴于用地政策直接关系到非农就业的问题，因此，我们暂提出有关建议，通过改进和调整用地政策，来促进农村非农产业的发展和农村劳动力的转移。

在中央政府采取最严厉的耕地保护政策之后，也意味着建设用地供给政策将采用严格的计划分配方式。然而，中国的国情表明，所谓计划分配的方式意味着行政权力对公共资源分配的干预，在某种程度上会抵消市场在推进就业方面的作用。首先，曾经成为我国经济增长最重要的推动力之一的廉价土地供应方式已经不如从前；其次，建设用地的供应更多地要考虑到所谓公平的要素，也就是说，投资商的选择一定要依赖于地方政府在获取土地指标上的谈判能力；再次，由于中国城镇的等级管理体制，处于最底层的基层政府获取土地供应指标的机会大大降低，也就意味着农村人口向非农产业转移一定要向高行政级别的城市集中。而在这些城市，劳动密集型产业的发展或者是传统产业的生存，在政策上并不受到支持，结果是会以提高土地成本和就业门槛限制了非农就业的增长。实际上，在用地政策上还有很多可以考虑的空间。

①农村集体建设用地还有较大的集约使用的潜力，通过集体建设用地的整理，还可以回避耕地占用的矛盾。

②可以允许集体建设用地进入市场，使得农村集体经济组织可以在发展非农产业中获得自己的红利，并且可以通过长期的土地出让和出租收益，减少一次性的成本。

③对于占用耕地较多、发展已成规模的地区，应该进一步地限制土地占用，鼓励当地非农就业结构的调整和提高土地使用的效益。

④改革土地出让金征收制度，把一次性征收变成长期收益或者是改成不动产税的方式。

⑤从非农就业的长远目标出发，对于工业用地的供给和分配，应注意到劳动密集型产业和传统产业的发展，特别是对于欠发达地区有投资机会的，应给予重点支持和考虑。

5. 加快服务业的发展

研究表明，在人均 GDP 超过 1000 美元的时候，服务业的发展开始处于高速增长期；在人均 GDP 超过 3000 美元的时候，服务业的就业比重超出工业就业。相对应的城镇化水平达到 50% 以上时，服务业就业应该是未来就业的重点，但是政策上如何提高服务业就业的能力和水平，一直没有找到切入点，因为仅靠政府提供的优惠政策，既不现实也难以奏效。实际上，增加服务业最有效的办法，就是加快人口向城镇的集中，提高人口密集度才能创造出服务业就业的空间。当前中国服务业发展面临着三个政策瓶颈：①农村人口向城镇集中从就业转移到定居，还存在着较大的限制；②城镇规划大多铺摊子，规模太大，密度很低，实际上增长了服务业的成本；③在城镇管理观念中，限制低成本的服务业的发展，担心影响到城镇的公共环境。这三个方面的问题，都有着中国独特的城镇化发展背景。如果在不需迅速解决农村人口大量向城镇举家迁徙的前提下，调整城镇规划思路和城镇管理观念还是大有可为的。这就要求城镇政府在规划中，应该明确的采取提高密度的方式，来规划城镇商业服务区和居住区以及设置城镇交通体系。此外，不应把提高城镇视觉效果作为城镇管理的终极目标，应该为就业提供充足的空间和地点，来满足居民对于服务业方便快捷和便宜的需求。其实这里最重要的观点是，在人口密集区域，服务业一定会根据市场规则自动生成新的就业机会。

（二）要进一步完善对进城农民工的服务，把农民工纳入城镇居民的服务范畴

中国在2000年第五次人口普查时，把在城镇就业的外来农民工纳入城镇人口的统计范畴，使得中国的城镇化率有了明显的提高，但是由于统计只停留在人口的计算方法上，并没有涉及城镇的公共支出范畴，等于在制度上并没有发生根本的变化。从2003年起，国务院及有关部门制定的一系列文件，开始重视农民工在城镇遇到的管理和服务问题，并颁布了一系列相关政策，旨在解决农民工工资的拖欠、对农民工的各项不合理的收费、农民工的工伤医疗保障、农民工的社保、农民工的子女教育以及对农民工就业的培训和取消限制等问题。由于中央政府的高度重视，有关农民工的一些歧视性政策和管理服务问题，得到了地方政府的关注，并逐步取消了对农民工的各项限制性政策和不合理的收费，各项保障措施也在进一步地完善。然而关于农民工的问题并没有从根本上得到解决，关键在于基于户籍制度对身份和财产关系的认可，使得他们在城镇仍然是一个庞大的流动人口的群体，他们的最佳就业年龄仍然在18~35岁之间，一旦超出这个年龄，他们就不得不回乡继续从事农业生产。他们只有很少的一部分人可以在城镇长期定居，只有极少数的精英才能够获得城镇的户口，因此他们无法最终在城镇定居，也不能作为一个真正的城镇人口完成在城镇的最终消费。而城镇到目前为止，也没有把这批农民工作为平等的一员让他们享有城镇的公共福利支出。

实际上，在完成就业方面，农民工已经迈出了城镇化进程最重要的一步，但是到此为止，他们不得不在最佳就业年龄结束之后，回到农村。由此可以看出，非农就业仅仅是一个过程或者是条件，完成城镇化的最终进程，可能应该以获得城镇户口作为终点。只有拿到了城镇户口，才意味着城镇的公共福利支出向农民工敞开了大门，这就为未来的政策制定提供了一个选择的前提。是等待条件成熟后再解决户口，作为政策的设限，还是先提供公平的公共服务，逐步降低户口的福利含量作为政策制定的起点。如果假定户籍制度改革是一个漫长的过程，需要通过艰难的变革和等待来实现，是不是可以在现实阶段中采取比较实际又切实可行的方法，先逐步解决公平的公共服务问题。因此，从这里可以提出的公共政策可以包括以下几个方面。

1. 调整统计指标体系，把农民工纳入公共服务的范畴

应把在城镇暂住的外来流动就业人口，纳入人均 GDP 和各项公共服务的统计范畴。在了解一个城镇的经济指标时，应注意到 GDP 不再仅仅是统计户籍人口，而是在城镇化率统计中的已经包括的人口范畴。以此类推，人均的财政指标，人均的建设用地指标，人均的公共绿地、住宅、人均教育支出和卫生支出，人均的社会保障费用等等都不仅仅是统计户籍人口。这等于对城镇政府的公共服务提供了一个统计性的要求，外来就业的人口在统计观念上被排斥的做法将会从制度上加以根除。

2. 城镇的公共支出应包括对外来流动就业的农民工服务

各级城镇政府在确定年度预算时，应把农民工的服务问题列入年度预算范畴，其中应包括对农民工子女教育的支出，农民工子弟学校建设的费用和教师及学校教学设备的支出，对农民工防疫体系的设立，农民工居住区基础设施状况改善的投资，农民工集中区域文化娱乐配套设施建设，警力配备应把农民工的数量作为重要依据。在农民工集中的地方，应建立政府的服务机构或者是街道办事处等。

3. 城镇政府的公共服务和管理要对农民工一视同仁

应取消政府公共服务对外来流动就业的农民工的歧视，应取消在办理城镇政府有关服务项目中，要求出示本地身份证件的限制。在购买住房、汽车银行办理贷款手续等，以至于办理婚姻、出生、计划生育等事宜，应允许持有暂住证明的外来农民工享有同等权益。城镇的就业不应对农民工实行限制，应开放所有的岗位，允许农民工参与就业竞争。城镇对低收入人口的就业培训计划，也应该把农民工作为培训对象。

4. 应加快户籍管理制度改革，为农民工的定居和落户创造条件

党中央和国务院已经有明确政策，允许在县级市以下的小城镇放开对农民进城落户的限制，但实际上进展并不明显。各级城镇政府要逐步落实有关户籍管理制度改革政策，为接纳农民工进城落户定居创造条件。

具备条件的地方政府，在建设经济适用房和廉租房时，应允许外来经商就业的农民购买或者居住，应取消在购买经济适用房或者租赁廉租房对外来人口的限制。对于在城镇购买商品房或经济适用房的外来人口和务工经商的农民，可以办理落户手续。城镇政府要做好在城镇郊区购买土地，建设适合低收入的外来农村人口居住区的长远规划，为农民工进城就业和定居，加快推进城镇化进程，创造条件。

5. 切实保护流动人口的基本权益

城镇政府在现阶段应取消一切歧视性规定，使农民工与当地居民平等地分享公共服务的红利。要加强对农民工就业和生活安全的各项保障措施。有关部门加强对用人单位落实《劳动法》《安全生产法》等法规的监管，强制性建立劳动合同管理制度。要在雇用农民工的企业，强制性要求建立工会制度，鼓励农民工通过组织化程度的提高，遵照法律程序，提高自身权益的自我保护能力。积极开展农民工流出、流入地政府之间的合作，在城镇完善和加强推进农民进城就业或者定居服务的同时，农民工流出地也应及时改革土地管理制度，允许农地和宅基地的流转，活跃农村资本要素市场，减少农民进城就业和定居的隐忧。

（三）分类指导小城镇政府管理体制改革

“小城镇，大问题”，这是80年代中国著名学者费孝通先生在苏南农村考察时得出的重要结论。他只不过是在农村改革之后乡镇企业迅速发展中，注意到了农村市场的发育，农村的要素迅速集中到小城镇产生的巨大经济活力和社会变革的力量。从20世纪末开始，“小城镇，大战略”的提出，意味着小城镇的问题，已经上升到中国城镇化发展重要变革时期的一次根本性转变。而不久之后，一系列政策的演变，从小城镇的政府管理体制改革开始，直接冲击到现存管理体制中一些深层次的问题。

回过头来研究一下2000年党中央国务院颁发的《关于促进小城镇健康发展的若干指导意见》，不能否认，文件提出的在小城镇管理制度改革的政策已经深入到许多领域，如户籍管理制度改革，不仅仅影响到县以下城乡户籍管理制度的松动，在一部分大城市或者城市郊区，或多或少都发生了很多深层次的变革。在小城镇提出的投融资管理体制改革，要求放开对多元化投资主体对于小城镇公共基础设施投资的限制，也是对以往限制外资、民资进入政府公营领域基础设施市场的突破。在农村集体土地制度上，文件所涉及的允许土地承包权各种形式流转探索也在后来的有关法律、政策规定中逐步实施。有些在研究中已经提出但没有写进文件的，如乡镇行政区划调整等内容，在后来的政策文件中再次被提出，并已经在全国实施，使得撤乡并镇为进一步减少行政机构的重叠，精简乡镇机构和人员，做出了实质性的尝试，并开始大面积推广。

但是，并不是所有的政策都已经得到了地方政府的贯彻和落实，有的政策虽然已经提出，可是没有发生实际的效果，原因在于，文件中所提出的各项改革措施，已经超越了小城镇政府管理制度改革的范畴。也就是所在这一层面的政府治理结构，需要更大更高层次的范畴来提出，其中一部分已经涉及未来中国政府地方行政管理制度改革的基本内容。例如，如何理顺县级政府和小城镇政府管理职能的关系，如何完善县镇两级财政管理体制的分配关系，如何使小城镇政府的公共决策更多地为社区居民服务，如何改革小城镇的规划修编方法和管理制度等等，虽然在文件中已经提出，但是需要配套的政策措施还需要确保落实。

这里需要指出的是，在小城镇提出的许多问题一定适用于城市中出现的问题，限于本章所涉及的范围，因此针对性仅停留在小城镇为止。

1. 转变政府职能

小城镇政府转变职能涉及的内容很多，最为重要的是公共服务目标的转变和定位。在小城镇政府的决策过程中，存在着主要的制约因素是上级政府下达的任务和指令，自身决策的依据，社会需求的压力。如果上级政府下达的指令过多，影响到小城镇政府公共资源的流向，如完成教育达标，意味着优先投资学校的基础设施建设，如果是要求改变城镇形象，公共资源则优先考虑广场、绿化和街道的建设等。自身的决策水平取决于负责人的观念和管理水平，在一些地方的城镇发展进程中和公共设施的建设中，可以明显看到决策者观念留下的印记，而社会需求反映着群众的认可程度，绝大部分政府的决策事实上是以自身的决策观念代替了社会实际的公共需求。

因此，转换职能关键是要在合理完成上级政府下达的任务和指令的同时，要首先把自己的公共决策行为服务于社会需求，重点是改善城镇管辖区内与居民生产和生活条件有关的基础设施建设。要把居民的公共卫生安全如饮水、污水排放及治理、垃圾处理、居民居住区道路和清洁卫生、义务教育和贫困居民救助、社会治安、低保等问题作为政府服务的重要项目，要把促进农民收入增长和居民就业作为政府的战略目标。要根本上杜绝所谓的政绩观、指标观，要防止政府决策中短期行为的倾向。

2. 理顺县镇两级政府关系，合理划分权限和责任

在县和小城镇之间根据职能和责任划分事权及公共资源的分配关系，应该是中国政府未来地方行政管理层次改革的重要内容。如果不是从分权的思路出发，而是根据管理的范围和内容，合理调整两级政府之间的关系，也可以为未来的多级管理层次的地方政府改革进行探索和试验。值得特别提出的是，在中国，地方发展的差异决定了尽可能不用一刀切的方式来进行这样的改革，或者是区分两类不同发展阶段的小城镇，分类进行改革政策的指导。无论如何，也应该根据一个基本原则，即划分事权的原则，来进行改革。

在国际上，通常的做法是县负责转移支付，城镇是自治管理。在中国，应该借鉴的也是把县的功能定位在转移支付为主的体制，并配以负责统筹城乡和地方发展的责任。前者是要把各个乡镇之间的公共设施和资源统筹安排，协调乡镇之间管理的矛盾，后者是在社会管理上，负责教育、公共卫生和治安的管理。小城镇目前还做不到脱离农村的管理，但是对自身管辖范围的公共支出还是应该负有直接的责任，如城镇和管辖区基础设施的投资，农业和农村生产条件的改善，对村庄事务的协调和监管，城镇和管辖区的环境和卫生状况的改善，以及计划生育政策的实施等。县镇两级政府都有责任确保中央政府的政令畅通。

3. 应允许发展规模较大的小城镇设市管理

小城镇和上级政府之间矛盾比较突出的主要集中在经济发展十分迅速的地方。小城镇中已涌现出一批经济实力强、人口规模大的超级镇。2003 年，财政收入超亿元的镇达 538 个，其中 5 亿元以上的 39 个。人口

超过10万的镇达403个，其中人口20万以上的镇43个，30万以上的镇10个，50万以上的镇3个。2002年，按照收入水平和人口规模分组的前1000名小城镇，平均每镇非农就业分别达25952人和36376人，非农就业率分别达81%和67%。随着产业的梯度转移，中西部地区尤其是沿江地区也出现了部分增长势头良好、潜力巨大的小城镇。这些镇的平均人口和经济水平都达到了中小城市规模，非农就业率更是远高于全国50%的水平。由于体制的原因，它们发展的能力受到很大限制，提供公共服务的能力受到严重制约，安置城镇化人口的潜力更是远远没有发挥出来。例如，在广东的虎门、长安和小榄镇，管辖区人口包括外来人口已经分别达到100万、75万和35万，财政收入也分别为30亿、16亿和15亿左右，虽然仍然是镇的建制，本镇人口也只在十万左右，但是按一般对于城镇的理解，这里已经是中等城市甚至是大城市的规模了。在这里县镇矛盾十分突出，一个镇级的管理人员和机构设置，完全不能适应实际的管理需求，所以与发展迅速伴生的是社会治安混乱、环境污染严重、社会分层次导致的公共服务严重不平等。在全国，有上千的镇存在类似的问题，虽然上级政府所在地城市建设非常繁荣，但在经济发展已经达到了一定水平的小城镇，公共服务能力严重不足。因此，这些小城镇应尽快制定设市标准，允许在这些小城镇设市并按照新的职能来确定机构和人员编制，以利于这些小城镇可以通过自身的努力，完善管理职能，根据未来城市发展的需要，对城镇负起公共服务的职能。

4. 按照职能划分，确定小城镇政府的公共支出范畴

合理划分县镇两级政府的职能和权限是基础，重要的是解决小城镇政府公共支出的范围，明确小城镇政府公共支出的方向是解决基本公共服务问题。从以往存在的问题看，小城镇政府公共支出问题主要来自于上级政府的强制性转移，自身按照上级政府要求进行扩张性政绩支出，追求土地出让的短期收益服务于短期决策的投资行为，基本公共服务严重不足等。未来解决小城镇公共支出问题的基本思路也应该对症下药。

①根据事权划分的原则，完善分税制到小城镇，可在目前没有解决设市问题之前，对于发达的小城镇直接对省实行分税制，减少上级政府

多层次的行政转移，使小城镇有充足的财政能力，完善自身的公共服务能力。

②在财政税收已经达到1000万元以上的小城镇，可直接设立金库，确保公共财政财政的相对独立，并可通过资金周转，解决弥补公共服务能力的不足。

③严格限制上级政府，对小城镇提出政策或者行政性要求，特别是限制下达影响公共支出行为的行政性命令，防止小城镇把有限的公共支出，作为政绩性支出，而影响到居民公共服务的需求。

④明确小城镇公共服务支出的范畴，要减少不必要的机构和行政人员开支，要防止公共支出用于改善扩张或者豪华性的办公条件，杜绝把有限的公共支出用于盖办公楼等来满足于公务人员的服务需求。

⑤从收入来源上限制短期行为，在促进土地出让收益年租化的同时，应把土地出让收益和各种罚没款收益列入预算内科目，有利于审计部门的监管和公共的监督。

⑥严格预算公开的公共透明制度，使城镇及管辖区内居民了解公共支出的范畴，并参与意见。

5. 降低小城镇公共服务的门槛，以利于促进就业和人口积聚

在近些年的城镇发展和建设过程中，城镇基础设施投入的导向过多地注重公共视觉效果和城镇的形象，因此在一定程度上以牺牲就业和人口集聚作为代价。无论是在发展缓慢的中西部地区，还是在发展迅速的东部沿海地区，城镇形象的浪潮几乎侵蚀到了大大小小的城市和小城镇。在这种注重城镇形象的建设浪潮中，直接的导线是急迫地通过城镇形象来标志着城镇化进程的快速发展，而忽视了其中最重要的核心内容——就业和人口转移。所谓降低城镇公共服务的门槛就是一定要因地制宜，结合城镇自身的发展阶段，建立与居民就业结构和生活水平相适应的公共基础设施建设投入机制，也就是要求小城镇政府在公共服务投资导向上，把就业作为重要的衡量目标。由此提出的政策要求包括以下几个方面。

①避免城镇发展和建设中的大拆大建，特别是对商业小区、集贸市场和小摊小贩等，要通过政策引导，提供必要的低成本的经营条件，来

满足适应广大农村市场和低收入的小城镇居民的消费需求。

②减少和杜绝所谓的形象工程，把公共投资的重点转向必要的道路、供水和排水、垃圾处理和城镇绿化及清洁卫生等项目，以方便投资者或者外来务工人员的实际需求。

③在提供工业发展用地时应注意节约资源，降低用地成本，减少在工业小区内不必要的设施投入，如过宽的道路，奢侈的绿化带等。

④在经济发展刚刚起步的小城镇，要在基础设施建设投入上适应传统的劳动密集型产业的需要，防止把城镇建设的过高成本摊派为企业的经营负担。

⑤及早促进工业企业向小区集中，因为分散的农村工业规模太小，分摊成本较高，进行道路、电力、供水等配套共享性较差，投资较大。对于投资方来说，规模不经济，治理污染成本较高。管线、运营和维护等投资较大，服务业配套成本也过高。因此要创造农村工业企业进入园区或者集中到城镇，形成发展的聚集规模效应。

6. 要做好城镇发展规划和空间规划

小城镇政府应通过规划来做好对辖区内社会事务的治理，完善公共服务，发挥科学和民主的决策机制。目前规划中存在的问题主要是缺少多学科的规划方法，对市场在空间资源中的配置作用没有足够的认识，计划经济决策的思路还没有得到根本的改进，盲目地追求形象和视觉效果的规划，也造成了大量的公共资源的浪费，同时在决策过程中，也助长了短期行为。改革规划的最主要的办法有以下几种。

①合理地确定发展目标。要建立符合本地发展客观实际的战略观，在规划中，不要过高地估计本地经济发展的能力和潜力，要根据经济发展常规增长的规律来判断本地未来的公共资源投入的规模。

②要注重社会群体的实际需求，而防止主观决策的政绩性规划，特别是要防止把规划的主要目标放在政府办公区周围的环境塑造，而要充分考虑到居民生活条件和就业条件改善在规划中的位置，要在规划中制订符合当地居民和进城就业的农民实际的消费水平和经济承受能力的空间设施配套方案。

③要重视社会分层问题。在规划中，基础设施配套建设，要考虑到

不同消费水平的居民的实际需求，要注意公共服务应有针对性解决不同收入阶层居民的就业和生活问题，如针对外来人口子女的学校，基本的医疗服务的站点的设立，公共卫生防疫系统的服务等。在规划中，也要考虑到不同社会群体居住社区以及与之服务的商业配套设施的空间安排等。

④要通过城镇规划来促进服务业的发展。由于现有规划注重空间视觉形象，忽视了人口密集度提高对于服务业发展的影响。因此，在规划中要特别考虑到促进城镇中心区人口密集度和建筑密集度的提高，以此来带动商业和其他服务业的增长和繁荣。在城镇发展到一定规模时，通过对于农村范围居住社区的逐步集中，也可以作为未来的规划发展战略，只有这样，才有助于通过要素的集中，降低服务业的成本，促进服务业带动就业能力的增长。

⑤规划应注意市场作用和公共服务的区别。在现有的规划中，更多地强调产业的发展，实际上忽视了规划的本质。规划只能规定什么产业不能发展，但是无法预测随机性进入的企业投资因素。规划可以做出空间预留的发展区域，但是不能确定明确的产业进入。因此，应把规划的重点转向公共资源的合理安排和使用，把产业的发展更多地留给市场来决定。

7. 要建立小城镇政府治理结构的民主和科学的决策程序

小城镇政府要在管理职能转变过程中，更加注重决策的社会参与程度。要更好地发挥人民代表大会的监督作用，通过人民代表大会广泛地征求意见，动员广大居民了解政府的决策过程，使得政府的公共决策公开化、透明化。要建立行政决策的公开听证制度，要使重大决策通过人民代表大会充分地讨论和征求意见，并履行了民主程序之后实施。这样才能确保政府的决策得到社区居民的拥护，而不至于造成决策的短期行为，减少公共资源的浪费。所谓政府的决策主要包括规划的制订、投资的安排、财政的支出、服务收费标准的制订、拆迁等重大问题。在提出决策思路中，要广泛地动员居民参与讨论，在无争议之后，才可以提交人民代表大会讨论通过。

8. 建议中央政府对中西部欠发达地区的小城镇基础设施建设给予支持

完善小城镇政府的治理结构，促进小城镇聚集人口和吸纳就业的功能，更重要的是加强小城镇对管辖范围内农村和城镇的公共服务能力。对于中西部地区小城镇，由于自我积累的能力不足，公共资源无法确保公共服务能力，应通过中央政府的转移支付支持中西部欠发达的小城镇，改善基础设施条件，解决基本的供水、道路修建、排水系统的建立、学校设施的完善、医疗卫生站点设施改造、垃圾的清理等。以确保这些地区的小城镇完成对农村的基本公共服务，并有能力使中央政府的政令在这里畅通无阻。

参考文献

[1] 白南生．中国的城市化．管理世界，2003（11）

[2] 白南生．乡镇职能访谈记录．中国小城镇改革发展中心未发表的内部调研资料，2003

[3] 白南生，何宇鹏．回乡，还是外出？——安徽四川二省农村外出劳动力回流研究．社会学研究，2002（3）

[4] 白南生，何宇鹏，陈兰．城镇化进程中的人口迁移研究．中国小城镇改革发展中心未发表的内部研究报告，2004

[5] 波普诺．社会学．北京：中国人民大学出版社，2002

[6] 蔡昉．2002 年中国人口与劳动问题研究报告．北京：社会科学文献出版社，2002

[7] 蔡昉．人口转变、人口红利与经济增长可持续性——兼论充分就业如何促进经济增长．人口研究，2004（2）

[8] 蔡昉，孟昕．人口转变、体制转轨与养老保障模式的可持续性．比较，2003（10）

[9] 王小鲁，樊纲．中国经济增长的可持续性．北京：经济科学出版社，2000

[10] 蔡昉，都阳．转型中的中国城市发展——城市级层结构、融资能力与迁移政策．经济研究，2003（6）

[11] 蔡昉，都阳，王美艳．中国劳动力市场转型与发育．北京：商务印书馆，2005

[12] 王德文，吴要武，蔡昉．迁移、失业与城市劳动力市场分割——为什么农村迁移者的失业率很低？世纪经济文汇，2004（1）：37－52

[13] 蔡昉．中国劳动力市场转型和发育．北京：商务印书馆，2005

[14] 财贸所．中国：启动新一轮税制改革．北京：中国财政经济出版社，2003

[15] 陈书荣．中国城市化现状、问题及发展前景．城市问题，2000（1）

[16] 陈庆修．中国就业形势评估：http：//www. drcnet. com. cn/ 12/24/2003

[17] 陈仲常，吴永球．中国工业部门资本利润率变动趋势及原因分析．经济研究，2005（5）

[18] 崔传义．中国农村劳动力流动的现状与地位．“农村剩余劳动力转移和劳动力市场”课题报告，1997

[19] 杜鹰．21 世纪初中国农村就业及剩余劳动力利用问题研究．农业部农村经济研究中心内部研究报告，2001

[20] 杜志雄．布吉镇调查实录．提交中国小城镇改革发展中心的专家咨询报告，2002

[21] 段成荣．中国城镇人口增长与城市化趋势．北京：中国大地出版社，2002

[22] 国家发展改革委中小企业司．“十五”期间中小企业及非公有制经济工作情况与“十一

五”期间工作重点．简报，2006－1－6
[23] 国务院发展研究中心课题组（国务院发展研究中心“十五”计划研究课题组）．“十五”期间宏观经济改革取向．经济工作者学习资料，2000（41）
[24] 郭庆旺，贾俊雪．中国全要素生产率的估算．经济研究，2005（6）
[25] 农业部课题组．21世纪初期我国农村就业及剩余劳动力利用问题研究．中国农村经济，2000（5）
[26] 何宇鹏．镇兴人和，小城镇发展和中国的城市化．北京：中国财政经济出版社，2005
[27] 何宇鹏．扩大中国就业的关键是发展第三产业和中小企业．农村发展与城乡关系研究动态，2003（68）
[28] 何宇鹏．城镇化是扩大内需的治本之策．在国家发展改革委第四届中青年干部经济研讨会上的发言，2004
[29] 何宇鹏．小城镇发展概况．中国小城镇改革发展中心未发表的内部研究报告，2005
[30] 何宇鹏．提交国家发改委和亚行的欧洲小城镇考察报告．内部资料，2005
[31] 黄秉信．小城镇发展与农村就业问题研究．提交中国小城镇改革发展中心的专家咨询报告，2003
[32] 计委课题组（国家计委宏观经济研究院课题组）．关于“十五”时期实施城市化战略的几个问题．宏观经济管理，2000（4）
[33] 季建林．当前中国农村经济的主要问题与出路．经济理论与经济管理，2001（1）
[34] 李爱伶．我国劳动力转移和中小企业发展．中国农业资源与区划，2005（2）
[35] 姜爱林．新中国成立以来城镇化发展的历史变迁．河南大学学报（社科版），2002（5）
[36] 景普秋，陈甬军．中国工业化与城市化进程中农村劳动力转移机制研究．东南学术，2004（4）
[37] 李爱伶．我国劳动力转移和中小企业发展．中国农业资源与区划，2005（2）
[38] 李铁．城镇化进程中的人口迁移研究．国家人口发展战略研究课题，2004
[39] 李铁．耕地保护的治本之策在于制度创新．中国小城镇改革发展中心未发表的内部研究报告，2004
[40] 李人庆．龙港镇调研报告．提交中国小城镇改革发展中心的专家咨询报告，2002
[41] 林毅夫，李永军．中小金融机构发展与中小企业融．经济研究，2001（1）
[42] 林毅夫．中国的奇迹：发展战略与经济政策．上海：上海三联书店，1999
[43] 刘祖云．农民工：转型中的中国社会的特殊阶层．新华文摘，2006（10）
[44] 刘恒茂．论加快中国城市化进程．四川省委党校学报，1999（3）
[45] 刘茂松．中国农村城市化的战．经济学动态，2000（8）
[46] 刘勇．加快城市化进程钱从哪儿来．经济日报，2000－9－12
[47] 柳思维．关于发展农村小城镇与加快中国城市化的若干问题．湖南商学院学报，1999（5）
[48] 农调总队．2004年农民外出务工的数量、结构及特点．http：//www. sannong. gov. cn/fxyc/ldlzy/200507110158. htm

[49] 农业部课题组 . 21 世纪初期我国农村就业及剩余劳动力利用问题研究 . 中国农村经济，2000（5）

[50] 钱纳里 . 发展型式（1950 - 1970）. 北京：经济科学出版社，1980

[51] 人口所（中国社会科学院人口所）. 中国人口年鉴 1987. 北京：经济管理出版社，1988

[52] 人口所（中国社会科学院人口所）. 国外相应发展阶段农村劳动力及人口转移的经验教训研究 . 内部研究报告，2005

[53] 宋洪远，黄华波，刘光明 . 回乡，还是进城？——中国农民外出劳动力回流研究 . 北京：中国财政经济出版社，2002

[54] 宋洪远，赵长保：国民经济结构变革与农村产业结构调整 . 农业部农村经济研究中心内部研究报告，2002

[55] 苏振兴 . 发展模式与社会冲突：拉美国家社会问题透视 . 北京：当代世界出版社，2001

[56] 孙自铎，汪建国 . 农民收入增长的制度性约束与创新研 . 北京：中国财政经济出版社，2003

[57] 孙永正 . 城市化滞后的八大弊端 . 城市问题，1999（6）

[58] 世界银行 . 1984 年世界发展报告 . 北京：中国财政经济出版社，1984

[59] 世界银行 . 2020 年的中国：新世纪的发展挑战 . 北京：中国财政经济出版社，1997

[60] 世界银行 . 1998/99 年世界发展报告 . 北京：中国财政经济出版社，1999

[61] 王碧峰 . 城市化问题讨论综述 . 经济理论与经济管理，2001（3）

[62] 王德文，高文书 . 国际贸易与就业 . 小城镇中心委托课题，2005

[63] 王德文 . 全球化与中国国内劳动力流动：新趋势与政策含义 . 内部研究报告，2005

[64] 王德文，蔡昉，张学辉 . 人口转变的储蓄效应和增长效应：论中国增长可持续性的人口因素 . 内部研究报告，2005

[65] 王小鲁，樊纲 . 中国经济增长的可持续性 . 北京：经济科学出版社，1999

[66] 王一鸣 . 关于加快城市化进程的若干问题研究 . 宏观经济研究，2000（2）

[67] 汪光焘 . 认真研究社会主义新农村建设问题 . 在三农问题与村镇建设高层研讨会上的发言，http：//news. sina. com. cn/c/2005 - 07 - 18/20027257101. shtml

[68] 温铁军 . 中国的城镇化道路与相关制度问题 . 开放导报，2000（5）

[69] 武力 . 1978 - 2000 年中国城市化进程研究 . 中国经济史研究，2002（3）

[70] 吴敬琏 . 改革我们正在过大关 . 上海：上海三联书店，2002

[71] 夏小林，王小鲁 . 中国的城市化进程分析 . 改革，2000（2）

[72] 阳俊雄 . 农村非农就业劳动力 1.5 亿 . 提交中国小城镇改革发展中心的专家咨询报告，2003

[73] 叶裕民 . 中国城市化滞后的经济根源及对策思路 . 中国人民大学学报，1999（5）

[74] 姚战琪，夏杰长 . 资本深化、技术进步对中国就业效应的经验分析 . 世界经济，2005（1）

[75] 俞建国 . 中国小企业发展战略研究 . 北京：人民出版社，2002

[76] 袁志刚，范剑勇．1978 年以来中国的工业化进程及其地区差异分析．管理世界，2003（7）
[77] 张宝华．湖北省土地利用情况调查．中国小城镇改革发展中心未发表的内部研究报告，2004
[78] 张宝华．湖北省城镇化与小城镇发展情况．中国小城镇改革发展中心未发表的内部研究报告，2004
[79] 张军．资本形成、工业化与经济增长：中国的转轨特征．经济研究，2002（6）
[80] 张军．改革以来中国的资本形成与经济增长：一些发现及其解释．世界经济文汇，2002（6）
[81] 祖德．中国建制镇研究．北京：中国统计出版社，2002
[82] 中国小城镇改革发展中心，美国 PADCO 公司．中国小城镇发展战略研究（中期报告），2005
[83] 中国市长协会．中国城市发展报告：2001－2002. 北京：西苑出版社，2002
[84] 中国经济改革研究基金会（2005）．优化产业结构 扩张就业岗位中国就业扩张与“十五”期间产业结构调整的政策思考
[85] 周天勇，李春林．论中国集中性城市化之必然．人口研究，1989（2）
[86] 周天勇．发展中小企业：未来社会稳定最重大的战略．中国工业经济，2000（7）
[87] 朱宝树．中国城市化：从控制中发展到发展中控制．华东师范大学学报（哲学社会科学版），2000（1）
[88] 朱守银．中国农村城镇化进程中的改革问题研究．经济研究参考，2001（6）
[89] 朱铁臻．城市化是新世纪中国经济高增长的强大动力．经济观察，2000（1）
[90] 朱选功．城市化与小城镇建设的利弊分析．理论导刊．2000（4）
[91] 邹建锋．中国城市化步入快速发展期，五大问题不容忽视．中国经济时报，2002－11－25
[92] Chang, Gene Hsin. V. China's Urbanization Lag and Its Economic Impacts University of Toledo, 2002
[93] Henderson, V. Urbanization in China: Notes for North Holland Volume, 2002
[94] Henderson, V. Issues Concerning Urbanization in China. Brown University, 2004
[95] Johnson, D. Gale. Agricultural Adjustment In China: The Taiwan Experience and Its Implications, Office of Agricultural Economics Research. University of Chicago, 1999
[96] World Bank. *China Integration of National Product and Factor Markets: Economic Benefits and Policy Recommendations.* Document of the World Bank, 2005